职业院校饭店服务与管理专业系列教材

现代饭店营销

主　编　刘长英

副主编　时　进　黄万鹏　李文放

李少立　买海峰　庞　娟

主　审　苗雅杰

中国物资出版社

图书在版编目（CIP）数据

现代饭店营销/刘长英主编 .—北京：中国物资出版社，2010.8（2015.2 重印）
（职业院校饭店服务与管理专业系列教材）
ISBN 978 - 7 - 5047 - 3471 - 6

Ⅰ.①现… Ⅱ.①刘… Ⅲ.①饭店—市场营销学—高等学校：技术学校—教材
Ⅳ.①F719.2

中国版本图书馆 CIP 数据核字（2010）第 118179 号

策划编辑 寇俊玲
责任编辑 张利敏
责任印制 何崇杭
责任校对 孙会香 杨小静

中国物资出版社出版发行
网址：http：//www.cfpress.com.cn
社址：北京市西城区月坛北街 25 号
电话：（010）68589540 邮政编码：100834
全国新华书店经销
中国农业出版社印刷厂印刷

开本：787mm×1092mm 1/16 印张：16.5 字数：412 千字
2010 年 8 月第 1 版 2015 年 2 月第 2 次印刷
书号：ISBN 978—7—5047—3471—6/F·1377
印数：3001—5000 册
定价：32.00 元
（图书出现印装质量问题，本社负责调换）

出版说明

职业教育与普通教育的不同在于，普通教育强调较强的系统理论基础，培养的是学术型、工程型人才；而职业教育强调较强的实践技术和专门技能，培养的是技术型、技能型人才。因此，职业教育既有高等教育在教育领域的某些共性，更有职业教育的个性，即特色。这种特色首先表现为独特的办学理念和办学思路：以就业为导向、与社会经济发展紧密结合，以社会需要为出发点和落脚点，以行业企业为主导的校企合作、产学研结合等。

实现职业教育的目标、体现职业教育的价值离不开优秀的教材！

事实却是，市场上的教材不是本科教材的简单删减，就是培训教材的粗略扩充，导致职业教育教材中的部分内容是已被淘汰的知识，新知识、新技术、新内容、新工艺、新材料不能及时反映到教材中来，教材与紧密联系生产一线的职业教育专业设置不符，给学生就业带来弊端。

为了解决上述问题，我们策划并组织编写了这套“职业院校饭店服务与管理专业系列教材”，期望能够满足广大老师和学生的需求。本套教材从策划伊始到出版，都伴随着策划人详尽的调研和编写老师严谨的耕耘。这些使得本套教材具有以下特点：

1. 通俗易读，深浅有度。理论知识广而不深，基本技能贯穿教材的始终。图文并茂，以例释理的方法得到广泛的应用，十分符合职业院校学生的学习特点。

2. 注重“双学型”特点的体现。职业教育对“双师”和“双证”的要求，必然呼唤教材具备“双学”的特点：一方面，教材能够协助教师对学生进行在校的理论和实践教育；另一方面，还能够帮助学生取得相关职业技能证书，向劳动部门颁发的职能鉴定标准看齐，为就业做好准备，为了做到这一点，本套教材与这些技能考试相结合，以考试的试题为课堂训练或者拓展模块，实现两者的有机结合。

3. “套餐式”教材，电子教案请专业人士制作。现代化的手段可以帮助丰富和发展传统的教材，PPT 可以使学生的注意力更加集中，书本的附加内容可以使书本内容形象生动，适量的配套练习、详细的参考答案可以培养学生自学自测的能力……特别是，本套教材的这些“套餐式”杜绝流于形式，那些不能用、不适用的课件做了还不如不做。

4. 模块式的编写思路。以大模块嵌套小模块的方式来编写。实践证明，这种模块式的教材更能吸引学生产生学习兴趣。

“职业院校饭店服务与管理专业系列教材”符合职业教育的教学理念和发展趋势，能够成为广大老师和学生教与学的优秀教材，同时也可以作为饭店管理人员、相关从业人员的自学读物。

前　言

饭店营销是饭店经营管理的核心，也是决定饭店经济效益与市场竞争力的关键环节，其工作绩效直接关系到饭店的生存和发展。本书遵循现代饭店营销的行业规律和人才需求特点，注重吸收最前沿的理论研究成果，引用最新颖的行业动态资料，紧紧围绕培养现代饭店业高技能应用型营销人才的目标来编写。

本书按照必需、够用的原则，以应用为目的，以现代饭店营销理论的系统阐述为基础，通过对现代饭店营销知识与技能的优化整合，在最短的时间内培养学生从事现代饭店营销工作必需的知识与技能。本书突出案例教学的特点，采用了大量直接反映当前旅游业与饭店业现状的新型案例和国内外饭店营销的典型案例，探讨如何有效地开展饭店营销工作，突出职业院校饭店服务与管理专业高技能应用型人才培养的特点。

在内容安排上，本书以现代饭店营销的知识和技能为核心，通过活泼的形式展现理论知识的框架，通过平实浅显的语言引导学生深入浅出地理解和掌握现代饭店营销技术。选材时，既考虑到国内外饭店业发展的现实需求，又注重理论研究的超前性和未来饭店业发展的态势，从而有选择性地吸收了国内外饭店营销的前沿理论和实践经验。

从整体上看，全书内容翔实，信息量大，资料新颖，做到了既突出实践又有一定的理论深度，并且通俗易懂，体现了实用、创新的特色。通过对本书的学习，学生能迅速理解和掌握现代饭店营销技术。

全书由刘长英担任主编。参与编写的人员及分工如下：刘长英编写第一、第七、第九章；买海峰编写第二章；时进编写第三章；庞娟编写第四章；黄万鹏编写第五章；李文放编写第六章；李少立编写第八章。最后由刘长英统稿、修改并定稿。

在编写过程中，我们参考、引用了大量的国内外相关研究成果，限于篇幅未能一一注明。长春大学管理学院苗雅杰教授和中国物资出版社张利敏编辑为本书的编写提出了很多的宝贵意见和建议，并给予了大力的支持和帮助。在此，向他们表示衷心感谢。

本书针对性强，主要适合于职业院校饭店服务与管理专业的学生使用，也可以作为旅游与饭店业管理人员、营销人员的培训用书。

书中习题答案、PPT课件、课时安排建议及其他补充资料已制作成电子资料包，敬请登录http：//www.clph.cn下载使用。

刘长英

2010年6月

目　录

第一章 认识现代饭店营销

学习目标

1. 理解饭店营销的内涵及特点；
2. 掌握不同市场需求状态下的饭店营销对策；
3. 准确把握现代饭店营销的几个核心概念；
4. 掌握饭店营销理念及其演进历程；
5. 初步养成现代饭店营销理念。

动脑筋

市场需求低于星级酒店预期

2008年，随着奥帆赛的临近，原本被看好的青岛酒店市场却一直没有火起来的迹象。大部分星级酒店将原计划在7月中旬开始执行的奥运价格，推迟到8月上旬执行。业内人士预计，岛城的酒店价格在8月7日之前会一直维持在一个较低的水平，甚至有些酒店价格还会低于往年同期。

距离奥帆赛开幕越来越近了，然而青岛市区内不少星级酒店，打出了客房打折、降价的招牌吸引顾客。据调查发现，尽管生意明显比6月份好许多，但岛城多数星级酒店目前的入住率不到70%，远远达不到预期的目标。大部分星级酒店原来计划在7月中旬开始执行奥运价格，但因为市场行情不如预期，这些星级酒店纷纷将奥运客房价格推迟到奥运会开幕前执行。

携程旅行网有关负责人分析说，出于对奥运期间酒店市场的期待，很多高星级酒店早期纷纷大幅上调奥运会期间的酒店价格，有些酒店的价格涨幅甚至高达五六倍。但让酒店业没有想到的是，受奥运安全管制、燃油附加费上涨以及地震后人们出行意愿降低等因素的影响，自7月份以来，来青岛旅游的人数较往年同比下降明显，市场需求远远低于酒店预期，导致很多酒店人气不高。为招揽人气，于是很多酒店纷纷推出降价措施救市。

饭店①营销的首要问题是饭店的市场需求问题。在市场经济环境中，任何市场都会存在不同的需求状态，饭店市场也不例外。由于众多的因素影响到饭店的市场需求，从而形成不同的市场需求状态，因此，饭店营销者应该根据不同的市场需求状态，采取相应的营销策略来应对和解决不同的需求状态。唯有如此，才能更好地实现饭店的经营目标。

看到这里，您大概还是不能理解饭店市场需求，也不能提出不同市场需求状态下的饭店营销对策。没关系，从现在开始，我们将带领您全面认识饭店营销的世界。相信在学习完本章后，您会对饭店营销、不同市场需求状态下的饭店营销对策、营销理念及其演变过程有一个更加全面的了解。作为饭店员工，掌握饭店营销知识，树立现代饭店营销理念，有利于我们以客人需求为中心更有效地开展饭店营销工作。

第一节　什么是饭店营销

饭店营销是营销的一种，也是饭店经营活动的重要组成部分，它始于饭店提供产品和服务之前，涉及满足客人需求的产品和服务，以及从饭店流通到终端客人的一切业务活动。

一、饭店营销的概念及内涵

饭店营销（Hotel Marketing）是指饭店为了创造产品或服务的交换而进行的计划和创意、定价、促销、渠道、服务的过程。具体而言，也就是饭店在激烈竞争和不断变化的市场环境中如何识别、分析、评价、选择和利用市场机会，如何开发适销对路的产品，探求饭店生产和营销的最佳形式和最合理途径，最终使饭店实现其预设的经营目标。

对于饭店营销的内涵，我们可以从如下几个方面加以理解和把握。

（1）饭店营销不是简单的销售。著名管理学家彼得·德鲁克（Peter F. Drucker）曾经指出："可以设想，某些推销工作总是需要的，然而营销的目的就是要使推销成为多余，营销的目的在于深刻地认识和了解客人，从而使产品或服务完全地适合客人的需要而形成产品自我销售，理想的营销会产生一个已经准备来购买的客人，剩下的事就是如何使客人便于得到产品或服务……"美国营销学权威菲利普·科特勒（Philip Kotler）也认为："营销最重要的内容并非推销，推销只不过是营销冰山上的顶点……如果营销者把认识客人的各种需求并开发适合的产品，以及定价、营销和促销等工作做得很好，那么这些产品就会很容易地销售出去。"由此看来，饭店营销就是负责调查、研究客人的合理需求和消费欲望，确定饭店的目标市场，并且设计、组合、创造适当的饭店产品和服务，以满足这个目标市场的需要，增进饭店的收益。

（2）交换是饭店营销的核心。饭店营销实质上是一种交换活动，它是在合适的时间，以合适的价格，并通过合适的渠道，将合适的饭店产品和服务传递给合适的终端客人。换言之，这是饭店与客人双方为满足需求与欲望而展开的交换活动。这种交换过程是一个主

---

① 饭店，国际上通用的英文名称为Hotel，国内经常使用的名称还有宾馆、旅馆、酒店等。鉴于我国官方机构统称为旅游饭店，本书除引用的资料或专有名称外，均采用"饭店"这一名称。

动、积极寻找机会，满足双方需求和欲望的社会过程和管理过程，它既指客人的货币与饭店的产品或服务之间的交换，也指客人的行为或态度与饭店的行为或态度之间的交换。在现代饭店营销活动中，我们更应该重视后一种交换，因为它能使饭店树立良好的形象，获取长期的利益。

(3) 交换过程能否顺利进行，取决于营销者创造的产品和价值满足客人需求的程度和交换过程管理的水平。饭店营销是一个动态的管理过程，饭店为了实现自己的经营目标，就需要通过营销调研、营销计划、营销策略的执行和控制等一系列营销管理活动来完成饭店的目标任务。

(4) 饭店营销的最终目标是满足客人的需求与欲望，并实现饭店的经营目标。饭店营销就是为了满足客人的合理要求，为使饭店赢利而进行的一系列经营、销售活动。它是一种买卖双方利益的双向沟通过程，即饭店的赢利和客人的需求与欲望的满足。

二、饭店营销的特点

饭店营销的特点是由饭店产品的特征决定的，因此，我们必须针对饭店产品的特殊性来研究饭店营销活动的特点。饭店的产品是有形设施和无形服务的结合，它不是单纯以物质形态表现出来的无形产品，作为销售这些特殊产品的饭店营销，具有综合性、无形服务性、时效性、缺乏灵活性等特点。

(一) 综合性

对外而言，客人除了食、住等基本需求外，还包括旅行、游玩、购物、娱乐、信息交流、商务活动等更高层次的各方面综合需求。这一特性决定了饭店营销活动的复杂性和综合性。对内来讲，现代饭店营销与饭店内部每位员工的关系都很密切，只要有一位员工的服务使客人不满意，就会形成 100－1＝0 效应。结果不但这位客人不会成为饭店的回头客，而且还会因为这位客人的负面宣传而使饭店在业界的口碑不好，这样将会有更多的客人选择其他饭店。饭店营销综合性的特点要求饭店营销部门必须明白饭店全体员工对营销工作理解和支持的重要性，积极争取各个部门对饭店营销工作的支持和帮助。

(二) 无形服务性

服务是饭店的主要产品，饭店所有的产品都伴随服务出售，不论是餐厅销售的菜肴，还是出租的客房，或是娱乐康体中心的娱乐和健身，都离不开服务。而服务又是无形的，是无法被人们触摸或者以其他指标来进行度量的，客人在购买之前无法亲身感受它们，这就给饭店营销活动带来了很大的困难。另外，客人购买的饭店产品的无形服务性特点，决定了客人基本上只能在一定时间和空间内拥有使用权，而无法占有它们。由于对客人的质量评价主要取决于他们对由服务支配的饭店产品的主观感受，经常带有浓厚的个人色彩，因此，要求饭店强化服务营销系统，在营销的诸多环节上体现“服务意识”，确保饭店产品与服务质量的相对稳定性。

（三）时效性

饭店产品是不可储存的，具有效用瞬时性的特点。例如，客人到饭店餐厅用餐或到客房住宿时，饭店才会加工菜肴或提供客房服务。而且餐厅和客房的产品和服务是不能储存的，一旦没有被购买使用，很快就丧失了使用价值。因此，饭店的客房、餐厅、娱乐设施等产品和服务一天没有销售出去，这一天的价值就白白地丧失了，而且永远无法补偿。因此，饭店营销要掌握合适的时机，在合适的时间里提供合适的产品，提高产品的时间效用，尽量实现产品的使用价值，减少损失。同时，还要注重协调供给与需求的关系。例如，采用分时计价（高峰价格、低峰价格）、分量计价（菜肴大小盘之分）和增加服务方式（人手不够时开辟自助项目）等手段。

（四）缺乏灵活性

从微观上考察，客人消费饭店的产品和服务只能在饭店内进行，带走的只能是一种感受和体验；从宏观上考察，饭店营销受政治、经济、社会及自然因素的影响很大；从客观上考察，淡、旺季的季节性波动增添了饭店营销的难度。因此，饭店必须根据目前市场的大小决定饭店的设施规模和接待能力，有效地组织开展相应的营销活动，实现对饭店产品与服务的灵活销售，以追求更高的经济效益和社会效益。

三、营销在饭店经营中的地位与作用

营销虽然不是饭店成功的唯一因素，但却是其中的关键因素。从微观上考察，营销贯穿饭店经营的每一个环节；从宏观上考察，营销有效解决了社会生产与消费之间的矛盾。正如美国著名管理学家彼得·德鲁克所说："营销是企业的基础，不能把它看做是单独的职能。从营销的最终成果，亦即从客人的观点看，营销就是整个企业……企业经营的成功不是取决于生产者，而是取决于客人。"当今，营销已成为企业经营活动考虑的第一任务。关于营销在现代饭店经营中的重要地位与作用，我们可以从以下几个方面进行探讨。

（一）营销是现代饭店寻找市场机会的法宝

现代饭店市场的特殊性、客人及其购买行为的复杂性决定了寻找市场机会的难度，这就要求饭店必须以专业的眼光和超凡的睿智来分析和研究市场。而营销的立足点就是分析客人的各种需求，从需求和供给的时空差距中寻找市场。借助营销这一法宝，对广阔市场中人群的不同需求和市场环境的动态变化进行分析，寻找饭店经营的市场机会，已成为现代饭店经营的必然选择。

（二）营销是现代饭店实现经营目的的保证

作为一个经济组织，饭店经营的目的肯定是为了赢利。随着经济社会的不断发展，简单的创造利润的经营模式终将会被市场淘汰。营销树立的"以客人为中心"的核心理念，强调以满足客人需求为饭店的根本任务。它通过自觉改进产品和服务，来适应客人不断变化的需求，从而把饭店经营中创造利润的过程建立在满足客人需求的基础之上。

（三）营销能合理调节饭店市场供求关系

饭店产品无法储存的特性决定其供给弹性很小。旺季，饭店的需求超过供给能力，造成市场机会的流失；淡季，又由于供过于求，造成饭店设施与员工闲置。可见，调节供求关系是饭店经营的关键环节。现代饭店营销的重点是研究市场需求，分析客人的需求状况，确定相应的营销策略，以卓有成效地解决供求关系的矛盾，保持相对稳定的经营状态。

（四）营销是打造饭店竞争力的关键

营销是连接市场需求与饭店供应的中间环节，是饭店用来把客人需求和市场机会变成现实的饭店机会的一种行之有效的方法，亦是饭店战胜竞争者、谋求发展的重要方法。在日益激烈的竞争市场中，哪家饭店能最合理地选择目标市场，并为目标市场制定相应的营销组合策略，哪家饭店就会成为市场竞争中的真正赢家。

第二节　不同市场需求状态下的饭店营销

一、市场的概念

菲利普·科特勒认为："市场是由一切具有特定的欲望和需求并且愿意和能够以交换来满足这些欲望和需求的潜在客人所组成的。"这个定义是从营销的角度提出来的，体现了现代市场的真正内涵，主要表现在以下几个方面。

（1）突破了地域的限制，强调市场就是买方的需求。一种产品有没有市场关键就在于它有没有客人的需求，只要有需求就会有市场。

（2）把买方的潜在需求纳入市场概念范围之中。市场包括现实的需求和潜在的需求，这样的市场更具有动态性，展现出了广阔的发展前景。

（3）对于市场活动中的买卖双方，强调买方的地位和利益。现代市场的实质主要是买方的需求，买方是市场的核心，不能满足买方需求的卖方无法拥有市场。

菲利普·科特勒的市场定义强调，市场是所有实际和潜在客人的集合。我们可以用下列公式来表示：

市场＝人口＋购买力＋购买欲望

这个简单的公式包含了市场的三个基本构成要素。

（1）人口。人口是构成市场的基本要素，人口的多少决定着市场的规模和容量，而人口的构成及其变化则影响着市场需求的构成和变化。

（2）购买力。购买力是指客人支付货币以购买产品或服务的能力，是构成现实的市场的物质基础。购买力的大小是由客人的收入水平决定的。

（3）购买欲望。购买欲望是指客人购买产品或服务的动机、愿望和要求，它是使客人的潜在购买力转化为现实购买力的必要条件。

用上面的公式来分析市场，我们会发现：人口是市场的基本要素，人口的多少是决定市场大小的基本条件；购买力是第二因素，客人的收入水平决定了其购买力的大小，比如，中国13亿人口就是一个大的市场，英国只有不到1亿的人口，但人均消费1个人可比中国10个人，也称得上是个大市场；购买欲望是构成市场的主观要素，没有它也不能形成现实的市场。因此，人口多但没有购买欲望或没有购买力仍不能形成现实的市场，只能称其为潜在市场。一旦以上三个要素同时具备时，潜在市场就会转化为现实市场。

二、市场的类型

根据不同的分类标准来划分，市场可以划为不同的类型。

（1）根据市场的范围来分类，可划为区域市场、国内市场、国际市场。区域市场又可分为农村市场和城市市场，或者沿海市场与内地市场等。

（2）根据市场客体来分类，可划为消费者市场、生产力市场、中介市场、政府市场等。

（3）根据市场状况来分类，可划为买方市场和卖方市场。

（4）按人文标准来分类，可划为妇女市场、儿童市场、老年市场。

（5）根据竞争程度来分类，可划为完全竞争市场、完全垄断市场、寡头垄断市场、竞争垄断市场。

（6）按市场的时间标准来分类，可划为现货市场和期货市场。

三、市场需求的几种状态

菲利普·科特勒在其《营销管理》（Marketing Management）一书中以实例的方式区分出8种不同的市场需求状态，针对这8种需求状态，分别提出不同的营销任务。这种对市场需求的科学的划分方法，对饭店营销同样具有指导作用。需求是营销的起源，饭店营销者必须认识和理解市场需求是如何对饭店营销起作用的，如表1－1所示。

表1－1　市场需求的八种状态

序号	需求状态	状态描述	应对方式	营销策略
1	负需求	不喜欢或厌恶，甚至愿意出钱回避	分析为什么不喜欢？是否可以重新设计产品、降低价格或者采取更积极的营销方案	改变营销
2	无需求	对产品和服务毫无兴趣或者漠不关心	设法将产品和服务的好处与人的自然需要和兴趣联系起来	刺激营销
3	潜在需求	现有产品无法满足特定人群的市场需求	衡量潜在市场的范围，开发有效的产品或者服务	开发营销
4	下降需求	回头客越来越少	分析需求下降的原因，决定是否开辟新市场，或采取有效的沟通手段来刺激需求	再创造营销

续 表

序号	需求状态	状态描述	应对方式	营销策略
5	不规则需求	旅游高峰情况	灵活定价、推销或者采用其他刺激手段来改变营销的时间模式	协调营销
6	充分需求	组织对业务量满意就说明达到了充分需求	提高或维持产品和服务的质量，不断衡量客人满意程度	维持营销
7	过度需求	客房出租率长期处于95%以上	提高价格，减少推销活动和服务	减缓营销
8	不健康需求	黄、赌、毒等	禁止提供这些服务，或劝说人们放弃这种爱好	抵制营销

（一）负需求

负需求（Negative Demand）是指市场上众多客人不信任或厌恶某一饭店，或者不喜欢饭店的某种产品或服务，并且对饭店作负面宣传。负需求市场状态的形成有诸多原因，如某住店客人的财物被盗、传言客房纺织用品中有毒物质会损害健康、饭店发生意外伤亡事故等。在这种情况下，饭店营销者的主要任务是分析人们为什么不喜欢这些产品，并针对目标客人的需求重新设计产品，或重新定价，作更积极的促销，或者改变客人对某些产品或服务的信念，诸如宣传该饭店是绿色饭店等。把负需求变为正需求，称为改变营销。

（二）无需求

无需求（Nonexistent Demand）是指目标市场客人对饭店的某种产品从来不感兴趣或漠不关心，只有很少的客人偶然来购买饭店的产品或服务。造成无需求状态的主要原因是客人对饭店的情况不了解。例如，新开的饭店位置一般，或者与附近其他饭店相比没有什么特色，自然它就不会引起人们的兴趣，人们也不会主动去了解它，那么该饭店的效益肯定不会好。针对这种情况，饭店营销者的任务是创造需求，通过有效的促销手段，把产品利益同人们的自然需求及兴趣结合起来，引起人们的兴趣，刺激人们的需求。例如，一些饭店在开业时多采用“五折”折扣、“买一送一”或“消费 500 送 500”等活动来吸引客人，这些做法就属于刺激营销。

（三）潜在需求

潜在需求（Latent Demand）是指人们对饭店的产品或服务有兴趣，具有心理上或现实的需求，但仍没有购买的行为。例如，许多工薪阶层对高档饭店的产品和服务具有心理上或现实的需求，都想去体验和享受，但又担心消费不起。造成这一状况的主要原因是，饭店目前的产品或服务还不能满足许多客人的强烈需求。例如，老年人需要高植物蛋白、低胆固醇的保健食品等，但许多饭店尚未重视老年餐饮市场的需求。饭店营销的任务是准确地衡量潜在市场需求的类型和规模，开发合适的产品和服务，把目标市场的潜在需求开发为客人现实的购买行为。这就是开发营销。

（四）下降需求

下降需求（Declining Demand）是指目标市场客人对饭店的某些产品或服务的需求出现了下降趋势，如饭店的回头客不断减少，效益明显下降。饭店营销者要了解客人需求下降的原因，或者通过改变产品的特色，采取更有效的沟通方法再刺激需求，即创造性的再营销，或者通过寻求新的目标客源市场，重新创造需求。当然，要创造需求，就要创新产品、创新营销方式，不断提升饭店产品和服务在市场上的竞争力和影响力，以扭转需求下降的局面。

（五）不规则需求

不规则需求（Irregular Demand）是指饭店的产品和服务在市场上需求很不稳定，销售量经常因季节、月份、周、日、时等变化的影响而出现很大的波动，从而造成生产能力、产品和服务的闲置或过度使用。例如，旅游高峰季节，饭店人满为患，设施设备超负荷运行。而在旅游淡季，却又出现大量客房、餐饮设施空闲。在这种情况下，饭店营销者的任务是通过灵活定价、促销及其他激励手段来改变需求时间模式、调整供求关系。例如，淡季和旺季实行不同的价格政策，淡季采用降价、折扣、奖励等策略，提高淡季的销售量。这称为协调营销。

（六）充分需求

饭店的产品和服务拥有充足的需求，客房、餐饮、商场、娱乐等设施得到了充分的利用，这种理想的状态就是所谓的充分需求（Full Demand）状态。但由于客人的需求是不断变化的，市场的竞争也日益加剧，因此，饭店营销的任务是改进产品质量并不断预测和评估客人的满意程度，保持饭店产品和服务的高质量和客人的高满意度，如发放会员卡、优惠餐券、赠送礼物等，以维持现时需求。这就是维持营销。

（七）过度需求

当市场对饭店的需求过于强烈，客人对某些产品和服务的需求超过了饭店设施所能承载的能力时，就已经进入过度需求（Overfull Demand）状态。其主要表现是，客人很多、产品供不应求。比如，饭店的客房出租率长期处于95％以上等。当饭店长期处于过度需求状态时，由于超负荷运行，必然会导致饭店产品和服务质量下降，接待水平不高，从而破坏饭店形象，影响饭店的可持续发展。在这种状态下，饭店营销的主要任务是减缓营销。通过提高价格、减少促销等手段来降低需求，以维护饭店的长远利益。一般而言，饭店常会选择那些利润较少、要求提供服务不多的目标客人作为减缓营销的对象。减缓营销的目的不是破坏需求，而是减少或转移需求。

（八）有害需求

有害需求（Unwholesome Demand）是指对客人、对社会、对饭店都有害无益的市场需求状态。针对这种有害的产品或服务，诸如赌博、吸毒、色情活动等，饭店营销的任务就是要严格执行国家政策法规，遵守社会道德规范，抵制和清除这种不健康的需求，以维护饭店的形象和声誉。这就是抵制营销。抵制营销的目的是采取相应措施来消灭这些有害需求。

第三节 饭店营销理念的演进

小案例

迪士尼乐园

2005年9月12日上午，历时5年多建成的香港迪士尼乐园举行盛大的开幕典礼，国家副主席曾庆红、香港特区行政长官曾荫权出席了开幕仪式典礼。曾庆红在致辞中说，香港迪士尼乐园的建成，为香港经济的繁荣发展提供了一个新的增长点。下午1时，在海内外关注的目光中，香港迪士尼乐园正式开启迎接首批游客的大门，全日接待1.6万名早已预订好门票的海内外游客。中国香港迪士尼乐园是继日本之后亚洲第二个、也是全球第五个迪士尼乐园。乐园预计首年入场人次达560万。

2009年11月4日8：30，上海市人民政府新闻办公室授权宣布，上海迪士尼项目申请报告已获国家有关部门核准。据有关部门透露，在国家有关部委的关心与指导下，上海迪士尼乐园项目经过中美双方多年接触和谈判，本着互惠互利的原则，于2009年年初签订了合作框架协议，并按有关程序向国家有关部门上报了项目申请报告。2009年10月底，上海迪士尼项目已获国家有关部门核准。目前，中美双方正就合作的具体内容和细节进行深入磋商，将长期合作在上海浦东新区共同建设世界一流的迪士尼乐园。

迪士尼乐园中，欢乐如同空气一般无所不在。它使得每一位来自世界各地的儿童得以美梦成真，使各种肤色的成年人产生忘年之爱。因为迪士尼乐园自成立之时起便明确了它的目标：它的产品不是米老鼠、唐老鸭，而是快乐。人们来到这里是享受欢乐的，公园提供的全是欢乐，公司的每一个人都要成为欢乐的灵魂，游人无论向谁提出问题，谁都必须用“迪士尼礼节”回答，绝不能说“不知道”。因此，游人们一次又一次地重返这里，享受欢乐，并愿为之付费。

现代营销理念是一种新型的企业经营哲学，以满足客人需求为出发点，客人需要什么，就生产什么。它要求企业一切计划与策略均应以客人为中心，正确确定目标市场的需要与欲望，比竞争者更有效地实现目标市场所要求的满意度。企业营销要贯彻“客人至上”的原则，将营销重心放在善于发现和了解目标客人的需要上，并千方百计地去满足它，使客人满意，从而实现企业目标。

一、现代饭店营销的几个核心概念

（一）需要、欲望、需求

人的各种需要和欲望是饭店营销活动的起点。

需要（Needs）是指人们没有得到某些基本满足的感受状态，这种状态与生俱来，主要包括对衣食住行等的物质需要、对亲情和友情的社会需要，以及自我表现和自我实现的个人需要。

欲望（Wants）是指人们想得到属于基本需要的具体满足物的愿望。例如，饿了想要吃饭，这是一种需要，可以吃米饭，也可以吃面食，这就是欲望。欲望是一种个人受不同文化和社会环境影响所表现出来的对满足其基本需要的愿望。

需求（Demands）是指人们对于有支付能力并且愿意购买的某个具体产品的欲望。

需要、欲望、需求这三者与饭店营销之间的关系是这样的：饭店营销并不创造需要；需要在饭店营销活动出现之前早已存在；饭店营销者及社会上其他影响因素只能影响人们的欲望，并试图向他们指出何种产品可以满足其特定需要，进而通过强化吸引力和适应客人的支付能力来影响需求。

拓展·阅读

马斯洛需要层次理论

美国著名心理学家马斯洛（Abraham Harold Maslow）于1943年出版了《人的动机理论》（A Theory of Human Motivation Psychological Review）一书，提出著名的需要层次理论（Need—hierarchy theory），他认为人有五个层次的需要：生理需要、安全需要、社交需要、尊重需要、自我实现需要。

1. 生理需要

生理需要（Physiological needs）是指维持人类自身生命的基本需要，包括食物、水、住所和睡眠以及其他方面的生理需要。马斯洛认为，"人是永远有需要的动物"，在一切需要之中生理需要是最优先的。如果一个人为生理需要所控制，那么其他需要均会被推到次要地位。"对于一个处于极端饥饿的人来说，除了食物没有别的兴趣"。

2. 安全需要

生理需要得到满足后，安全需要（Safety needs）即成为主要的需要，这是一种免于身体危害的需要。安全需要包括许多方面：心理安全，如希望摆脱监督的威胁，避免不公正的待遇等；劳动安全，如希望工作安全、不出事故、环境无害等；职业安全，如希望免于天灾、战争、破产等；经济安全，如希望医疗、养老、意外事故有保障等。这种需要得不到满足，人就会感到威胁与恐惧。

3. 社交需要

社交需要（Society needs）包括友谊、爱情归属及接纳方面的需要，是人要求与他人建立情感联系，如结交朋友、追求爱情的需要。爱的需要包括给他人以爱和接受他人的爱，这种爱体现在互相信任、彼此理解和相互给予上，包括给予和接受爱。社交的需要与个人性格、经历、生活区域、民族、生活习惯、宗教信仰等都有关系，这种需要是难以察悟、无法度量的。

4. 尊重需要

尊重需要（Esteem needs）是指人的归属感一旦得到满足，他们就要求自觉和受到别人的尊重。内部尊重因素包括自尊、自主和成就感；外部尊重因素包括地位认可和关注等。这种需要得到满足会使人体验到自己的力量和价值，而这种需要得不到满足会使人产生自卑感并失去自信心。

5. 自我实现需要

自我实现需要（Self actualization needs）是指个人的成长与发展、发挥自身潜能、实现理想的需要。这是一种追求个人能力极限的内驱力，能最大限度地发挥自己的潜能，不断完善自己，完成与自己能力相称的一切事情，是人类最高层次的需要。

需要的这五个层次，是由低到高逐级形成并逐级得以满足的。生理需要与安全需要称为较低级的需要，而社交需要、尊重需要与自我实现需要称为高级的需要。一般来说，饭店消费动机的形成与人们的高级需要有很大联系。

（二）产品

能够用以满足人们需要或欲望的任何东西都可称为产品（Product）。人们通常用产品和服务（Service）来区分有形产品和无形产品。饭店营销者的任务是，不仅要描述产品的特性，更要向市场展示产品所包含的利益和服务。

（三）效用、价值和满足

效用（Utility）是指产品满足人们欲望的能力。这种能力既包括满足客人购买该产品对其属性的需要，还包括客人心理层次上的一种满足感，也就是满足客人某种心理的能力。它往往来自于客人个人的主观评价。

价值（Value）主要是指客人从购买和消费饭店产品和服务的过程中所获得的价值与所付出的成本费用之差。

费用（Cost）是指客人用于购买产品及使用该产品所支出的花费，既包括购买产品实体所支付的成本，还包括使用成本。

满足（Satisfaction）取决于客人所理解的某一产品和服务的功能与期望值的比较。

（四）交换、交易和关系

交换（Exchange）是指通过提供某种物品或行为作为回报，从他人处取得所需之物的行为。人们有了需求和欲求，还不能解释为营销，产品只有通过等价交换，买卖双方彼此获得所需的产品，才产生营销。

交易（Transactions）是交换活动的基本单元，是由双方之间的价值交换所构成的行为。交换是一个过程，而不是一种事件。如果双方正在洽谈并逐渐达成协议，称为在交换中；如果双方通过谈判并达成协议，交易便发生。交易是交换的基本组成部分。交易是指买卖双方价值的交换，它是以货币为媒介的，而交换不一定以货币为媒介，它可以是物物交换。

关系（Relationships）：精明能干的饭店营销者都会重视同客人、营销中介等建立长期、信任和互利的关系。而这些关系要靠不断承诺及为对方提供高质量产品、良好的服务及公平的价格来实现。处理好饭店同客人关系的最终结果是建立起营销网络。营销网络是由饭店同营销中介建立起的牢固的业务关系。

（五）营销者

在交换的双方中，如果一方比另一方更主动、更积极地寻求交换，我们就将主动方称为营销者（Marketers），将被动方称为潜在客人。可见，营销者是指希望从别人那里取得资源并愿意以某种有价值的东西作为交换的人。营销者可以是卖方，也可以是买方。

二、营销理念的演进历程

营销理念（Marketing Concept）是指企业进行经营决策、组织管理营销活动的基本指导思想，也就是企业的经营哲学。它是一种观念、一种态度，或一种企业思维方式，它决定着企业如何看待客人和社会利益，如何处理企业、社会和客人三方的利益协调。营销理念经历了从最初的生产理念、产品理念、推销理念到营销理念和社会营销理念的发展与演变过程。

（一）生产理念

生产理念（Production Concept）认为，消费者喜欢那些可以随处买到的和价格低廉的产品，企业应当组织和利用所有资源，集中一切力量提高生产效率和扩大营销范围，增加产量，降低成本。显然，生产理念是一种重生产、轻营销的指导思想，其典型表现就是“我们生产什么，就卖什么”。生产理念流行的背景，是在 19 世纪末 20 世纪初，经济和技术比较落后，生产的发展不能满足消费需求的增长，消费者的需求量大，多数产品处于供不应求的“卖方市场”。销售与消费只是被动地适应市场，企业生产什么，市场就卖什么，生产多少就卖多少，没有多大的选择余地。只要有产品，质量尚可，价格便宜，就不愁在市场上找不到销路，有许多产品是客人上门求购。例如，改革开放后，我国的国门逐渐打开，海外游客蜂拥而至，但我国的饭店接待能力有限，处于卖方市场，只是扩建饭店，提高饭店的接待能力，这就是以生产理念为指导的典型例子。

（二）产品理念

产品理念（Product Concept）是与生产理念并存的一种营销理念，都是以生产为中心。产品理念认为只要产品好，质优价廉，又有特色，就一定可以销售出去，不需要考虑推销等活动，也不需要关注市场及市场多样化的需求。在这种理念的指导下，公司常常迷恋自己的产品，致力于提高产品质量，表现出面向“标准”而不是面向市场需求的产品导向意识，以至于没有意识到产品可能并不迎合时尚，甚至市场正朝着不同的方向发展。在设计产品时只依赖工程技术人员而极少让消费者介入。

如果说生产理念重产品，是“以量取胜”的话，那么产品理念则是“以质量取胜”。由于坚持把加强生产管理、提高产品质量当做企业成功的关键，因此产品理念显然使市场上的同类产品有了竞争，想以自己优质的、有特色的产品取得优势，比生产理念先进一点。然而若是永远只关注自己的产品，看不到市场动态的变化，就会维持现有产品而不进行新的开发，终究会使自己陷于困境。坚持“拥有质量就拥有购买者”的经营思想并没有错，但产品只是经久耐用，货真价实，并不会永久畅销。饭店经营者只顾客房整洁、餐饮质量，而不研究考察市场的发展变化，不研究客人不断变化的需求，终究要走向失败。

（三）推销理念

推销理念（Selling Concept）认为，消费者通常有一种购买惰性或抗衡心理，若听其自然，消费者就不会自觉地购买大量本企业的产品，因此企业管理的中心任务是积极推销和大力促销，以诱导消费者购买产品。其具体表现是："我生产什么，就推销什么，并设法让人们买什么。"执行推销理念的饭店，相信产品和服务是"卖出去的"，而不是"被买去的"。他们重视销售环节，着力于饭店产品的推销，注意采取价格手段，做大量广告，但仍然不是从消费者和市场需求的角度出发，只想通过推销产品的刺激，激发消费者的购买欲望。

推销理念产生于由"卖方市场"向"买方市场"转变的过程中。其社会背景是，从20世纪20年代末开始，随着生产力的提高，社会产品日益丰富，品种不断增加，市场上许多产品开始供过于求，企业竞争激烈。特别是1929年资本主义国家爆发了空前严重的经济危机，堆积如山的货物卖不出去，市场萧条。面对如此严重的危机，许多企业认识到，即使有高质量的产品也未必能卖得出去，要在激烈的市场竞争中求得生存并不断发展，企业的中心工作必须由生产转移到促进销售上来，由此形成了以推销为核心的理念。与过去相比，这一阶段的企业开始把注意力转向市场，但仅停留在产品生产出来以后如何尽力推销的层面上。

推销理念不仅考虑生产和质量，同时还考虑生产出来的产品能否卖得出去。经营者开始努力研究推销策略，重视市场研究和销售渠道的选择以及销售技巧的运用。但推销理念仍然是建立在以企业为中心的"以产定销"上，而不是建立在满足消费者真正需要的基础上。它以现有产品为企业经营活动的中心和出发点，忽视消费者的需求，追求的目标还是短期利润，这种理念只适用于未成熟的"买方市场"。有鉴于此，推销理念与前三种理念一起，被称为传统理念。

（四）营销理念

营销理念（Marketing Concept）是作为对传统理念的挑战而出现的一种新型的企业经营哲学。前述三种传统理念都是从自我出发，从企业生产和产品出发，去吸引和寻找客人。营销理念从"生产什么就销售什么"转为"市场需要什么就生产什么"，从市场出发，按照目标市场的需要和欲望去组织生产，销售产品，一切以消费者为中心，并且比竞争者更有效地传送目标市场所期望的产品或服务，进而比竞争者更有效地满足目标市场的需要和欲望。

营销理念产生的社会背景，是在第二次世界大战以后，随着第三次科学技术革命的深入，市场提供的产品数量激增，品种日新月异，同时，由于大量的军工企业转而生产民用产品，使产品市场的供应量急剧扩大，供给大于需求的现象日益突出，买方市场开始出现。在买方市场条件下，消费者有了充分选择产品的余地，可以在充裕的产品中通过比较从中选择自己喜爱的产品。另外，随着社会的发展，消费者的收入水平和文化生活水平不断提高，消费者的需求日益向着图便利、追时尚、求愉悦、多变化的方向发展。时代的变革和市场环境的变化向企业的生存与发展提出了严峻的挑战，过去那种“酒香不怕巷子深”的优越感已不复存在。在这种理念的指导下，企业的一切活动都以客人的需求为中心，谁拥有客人，谁就得以生存和发展。

20 世纪 90 年代后，我国的饭店业出现了供大于求的局面，过去那种在店内坐等客人上门的情形已经一去不复返了。饭店营销必须实行“以客人的需求为中心，以市场为出发点”的经营策略。根据目标市场的需要和欲望，预测需求趋势，制订整体营销计划，使饭店产品、价格、促销和渠道都适于营销理念，不断进行产品和服务的完善，最大限度地提高客人的满意度，实现饭店的各项经营目标。营销理念与推销理念的对比如表 1-2 所示。

表 1-2　营销理念与推销理念的对比

	出发点不同	中心不同	方向不同	导向不同	目的不同
营销理念	目标市场	客人需求	以拉为主	客户自愿选择	饭店利润 客人满足
推销理念	生产厂商	产品销售	以推为主	客户被迫接受	饭店利润

(五) 社会营销理念

从 20 世纪 70 年代起，随着全球环境破坏、资源短缺、人口爆炸、通货膨胀和忽视社会服务等问题日益严重，要求企业顾及消费者整体利益与长远利益的呼声越来越高，西方国家兴起了“保护消费者利益”的活动。“保护主义”认为：单纯的营销满足了市场眼前需求，却忽视了社会长远利益。只顾眼前需求，造成资源无限掘取，环境污染，物资浪费，影响了社会的长远发展。正是在这种背景下，西方营销学界的许多学者提出了一系列新的理念，以修正和替代简单的营销理念，如人性理念、理智消费理念、生态强制理念等。这些新的理念所关注的都是整个社会不同方面的问题，人们称其为“社会营销理念”(Social Marketing Concept)。

社会营销理念是经济、文化和社会运动发展的必然结果。它的核心内容是：企业提供的产品和服务，不仅要满足消费者的市场需求或短期欲望，而且要符合社会的长远利益和长远发展，强调企业利润、消费者需求、社会利益这三者的有机统一。社会营销理念在饭店市场上的运用是在 20 世纪 80 年代以后，人们提出饭店业的发展也不能只顾客人和饭店的眼前利益，而必须符合社会发展的长远利益。比如客房的洗衣袋，过去一直用塑料袋，不但方便，而且成本很低，用过即可扔掉，对客人和饭店都很有利，但是对社会不利，对环境不利。现在很多高星级饭店已经采用棉麻制品的洗衣袋，重复循环使用，其出发点是考虑社会公共利益。

三、现代营销理念的新发展

(一) 关系营销理念

在传统的营销模式下，企业利用营销 4P 组合策略来争取客人和创造交易，以达到扩大市场份额的目的。买卖双方是一种纯粹的交易关系，交易结束后不再保持其他关系和往来。企业认为卖出产品赚到钱就是胜利，客人是否满意并不重要。而事实上，客人的满意度直接影响到重复购买率，关系到企业的长远利益。传统营销理念与关系营销理念（Relationship Marketing）的比较如表 1-3 所示。

表 1-3　　传统营销理念与关系营销理念的比较

序号	传统营销理念	关系营销理念
1	单向沟通	双向沟通
2	重视物质利益	重视情感因素
3	强调企业赢利	强调企业和客人“双赢”
4	有限的客服承诺	高度的客服承诺
5	关注一次性交易	关注保留老客人

与寻求新客人相比，保留住老客人更便宜、更经济。有研究表明，开发一位新客人所花的费用是保留一位老客人的 5 倍以上，客人再次购买率提高 5%，利润就增加 25%。以客人的满意度与忠诚度为标志的市场份额的质量取代了市场份额的规模而成为决定利润的主要因素，由此产生了新的营销理念——关系营销。它突破了传统的 4P 组合策略，强调充分利用现有的各种资源，采取各种有效的方法和手段，使企业与其利益相关者如客人、营销中介、供应商、政府等建立长期的、彼此信任的、互利的、牢固的合作伙伴关系，其中最主要的是企业与客人的关系。这种以从追求每笔交易利润最大化转化为追求同各方面关系利益最大化为特征的关系营销，也是当今营销发展的新趋势。

如何留住客人并与客人建立长期稳定的关系，是关系营销的实质。要维持现有客人，培养对企业高度忠诚的长期客人，企业就必须重视与客人建立良好的关系，并为客人提供能带来价值增值的服务。在关系营销管理中，对客人的服务是企业获得高市场份额质量的关键，也是企业获得竞争优势的重要途径。人的购买行为是一种复杂的社会行为，会受众多因素的影响。关系营销注重同客人的交流和沟通，强调通过对客人的服务来满足、方便客人，让客人了解、喜爱、信任、购买和宣传饭店的产品和服务，以提高客人的满意度与忠诚度，达到提高市场份额质量的目的。由此看来，我们要注意利用一切机会来树立自己饭店的形象，开展公关宣传，把对饭店产品和服务的营销看做是一种广泛的为客人所接受的社会行为。

小知识

营销 4P 组合策略

在营销 4P 组合策略中，4P 分别是产品（Product）、定价（Price）、渠道（Place）、促销（Promotion）。

产品组合，主要包括产品的实体、服务、品牌、包装。它是指企业提供给目标市场的货物、服务的集合，包括产品的效用、质量、外观、式样、品牌、包装和规格，还包括服务和保证等因素。

定价组合，主要包括基本价格、折扣价格、付款时间、借贷条件等。它是指企业出售产品所追求的经济回报。

渠道组合，主要包括营销渠道、储存设施、运输设施、存货控制。它代表企业为使其产品进入和达到目标市场所组织、实施的各种活动，包括途径、环节、场所、仓储和运输等。

促销组合是指企业利用各种信息载体与目标市场进行沟通的传播活动，包括广告、人员推销、营业推广与公共关系等。

4P是营销过程中可以控制的因素，也是企业进行营销活动的主要手段。对它们的具体运用，形成了企业的市场营销战略。

（二）绿色营销理念

英国威尔斯大学肯·毕提（Ken Peattie）教授在其所著的《绿色营销——化危机为商机的经营趋势》一书中指出："绿色营销是一种能辨识、预期及符合消费的社会需求，并且可带来利润及永续经营的管理过程。"绿色营销理念（Green Marketing）认为，企业在营销活动中，要顺应时代可持续发展战略的要求，注重地球生态环境保护，促进经济与生态环境协调发展，以实现企业利益、消费者利益、社会利益及生态环境利益的协调统一。

绿色营销理念是在当今社会环境破坏、污染加剧、生态失衡、自然灾害威胁人类生存和发展的背景下提出来的新理念。自20世纪80年代以来，伴随着各国消费者环保意识的日益增强，在世界范围内掀起了一股绿色浪潮，绿色工程、绿色工厂、绿色商店、绿色产品、绿色消费等新概念应运而生。在这股浪潮的冲击下，绿色营销理念也就自然而然地产生了。在绿色营销理念的指导下，企业在生产经营过程中，将企业自身利益、消费者利益和环境保护利益三者统一起来，并以此为中心，对产品和服务进行构思、设计、营销和制造。

绿色营销理念最突出的特点，就是充分顾及资源利用与环境保护问题，要求企业按照环保与生态原则来选择和确定营销组合的策略，实现人类的共同愿望和需要——资源的永续利用以及保护和改善生态环境。它是一个导向持续发展、永续经营的过程，其最终目的是在化解环境危机的过程中获得商业机会，在实现企业利润和消费者满意的同时，达成人与自然的和谐相处，共存共荣。

目前，西方发达国家对于绿色产品的需求非常广泛，而发展中国家由于资金和消费导向以及消费质量等原因，还无法真正实现对所有消费需求的"绿化"。发达国家已经通过各种途径和手段，包括立法等，来推行和实现全部产品的绿色消费，从而培养了极为广泛的市场需求基础，为绿色营销活动的开展打下了坚实的根基。

绿色营销是为适应21世纪的消费需求而产生的一种新型营销理念，也就是说，绿色营销还不可能脱离原有的营销理论基础。因此，绿色营销模式的制定和方案的选择及相关资源的整合还无法也不能脱离原有的营销理论基础，可以说绿色营销是在人们追求健康

(Health)、安全（Safe)、环保（Environment）的意识形态下所发展起来的新的营销方式和方法。

实施绿色营销战略，需要贯彻5R管理原则：研究（Research)，重视研究企业应对环境污染的策略；减少（Reduce)，减少或消除有害废弃物的排放；循环（Recycle)，对废旧物进行回收处理和再利用；替代（Replacing)，以绿色产品替代普通产品；保护（Reserve)，积极参与社区的环保活动，树立环保意识。实施绿色营销是国际营销战略的大趋势，我国饭店业在这方面应该有一个清醒的认识，并积极付诸行动。

小知识

绿色饭店

绿色饭店（Green Hotel）是指运用环保、健康、安全理念，倡导绿色消费，保护生态和合理使用资源的饭店。具体而言，是指在饭店建设和经营管理过程中，坚持以节约资源、保护环境为理念，以节能降耗和促进环境和谐为经营管理行动，为消费者提供更加安全、健康的服务的饭店。我国绿色饭店分为从A级到AAAAA级共5个等级，以银杏叶为标志，最高级别为五片银杏叶。

1. 绿色饭店的核心

绿色饭店的核心是在为顾客提供符合安全、健康、环保要求的绿色客房和绿色餐饮的基础上，在生产过程中加强对环境的保护和对资源的合理利用。

2.“绿色”的含义

(1) 提供的服务本身是绿色的，即要为顾客提供舒适、安全，符合人体健康要求的绿色客房和绿色餐饮等。

(2) 服务过程中使用的物品是绿色的，即要求用于服务的所有物品是安全、环保的。

(3) 经营管理过程中注重保护生态和对资源的合理利用。

总之，要在确保服务品质的前提下，做到尽量节省能源，降低物质消耗，减少污染物和废弃物的排放。

3. 绿色饭店的指导思想

绿色饭店的指导思想是以环境友好为理念，将环境友好行为、环境管理融入饭店经营管理中，贯彻环保、节约、健康和安全的宗旨，坚持绿色管理和节约资源，建设绿色消费、保护生态环境和合理使用资源的饭店。

4. 绿色饭店的特点

绿色饭店的特点是环保、健康、节约、安全。

(三) 文化营销理念

文化营销理念（Culture Marketing）是指饭店成员共同默认并在行动上付诸实施，从而使饭店营销活动形成一种特有的文化氛围的营销理念。它反映的是在现代饭店营销活动中，经济与文化的不可分割性。现代饭店的营销活动不可避免地包含着文化因素，这些因素决定了饭店的环境氛围、传统习惯与组织特征。文化通常对员工的行为具有约束作用，在饭店员工的头脑中，“这就是我们做事的方式”影响着其对有关问题的定义、分析与解决。因此，为了更好地实现经营目标，饭店应善于运用文化因素来实现营销制胜。

在文化营销理念支配下的现代饭店营销活动，一般奉行一项基本原则，即给予产品、服务、企业、品牌以丰富而个性化的文化内涵。具体可以从以下几个方面来加以分析。

(1) 现代饭店的产品和服务中蕴涵着文化。例如，香格里拉酒店集团的“香格里拉「气」Spa”这一产品，它的实质就是按摩与护理。但是，它在这一产品中注入了更多的文化要素，强调以亚洲养生古方及手法为本，结合中国传统五行（金、木、水、火、土）理论，调和身体能量，也就是所谓的“气”。它引入了中国传统哲学，“气”是世间万物的主宰，它掌控着人类的健康和精力。人们认为只有“气”在体内畅通无阻地流动，才能保持身体健康。“气”一旦堵塞，就会患上“疾病”，导致身体不适。而运动是清除阻塞的关键方法。香格里拉「气」Spa 的哲学基础正是通过运动、伸展、按摩、水疗和在松弛与冥想中使精神与运动相结合，来帮助身体自然循环更新。它还融入了香格里拉的美丽传说，让客人找到属于自己的平和、陶醉和舒适的享受，使身心达到最完美最和谐的境界。

(2) 现代饭店的前景目标体现了文化。例如，香格里拉酒店集团企业文化的前景目标定位为“成为客人、员工、股东和经营伙伴的首选”。饭店希望员工能够由衷地为饭店所获得的成就而自豪，但在对待客人时仍表现出温良谦恭的品质。总之，真正的成功是不需要大肆宣扬的。

(3) 现代饭店的经营活动中凝聚着文化。例如，香格里拉酒店集团企业文化的经营思想是“热情好客香格里拉情”。香格里拉秉承独特的亚洲式殷勤好客之道，努力为客人提供独具特色的亚洲式殷勤好客服务乃是其有别于其他饭店的关键，同时也是香格里拉酒店集团赢得世界级饭店集团美誉的基础。

(4) 现代饭店的使命宣言引领着企业文化的方向。香格里拉酒店集团经营的成功得益于其饭店内部全体员工共同信奉和遵从的价值观、思维方式和行为准则，即所谓的企业文化——“每时每刻令客人喜出望外”。在力求“每时每刻令客人喜出望外”的过程中，香格里拉人始终希望能够超越客人的期望，始终如一地为客人提供物有所值的优质产品与服务。这也正是香格里拉要寻求那些勇于创新、追求成就、引领潮流的专业人士的原因。

营销活动中尊重人的价值，重视文化建设，重视管理哲学及求新、求变精神，已成为当今饭店经营发展的趋势。

第四节　现代饭店营销的发展趋势

一、饭店营销发展现状

我国的饭店营销始于改革开放之后，与西方发达国家相比起步很晚。相对而言，我们的营销机制尚没有很好地建立起来，营销人才缺乏，营销手段也相对落后，这就需要我们不断提高理论水平，积累操作经验，为饭店业更好地走向市场，参与竞争，获得更大的发展奠定基础。具体来说，我国饭店营销方面存在以下问题。

（一）营销理念缺乏创新，营销文化无特色

在竞争异常激烈的今天，大多数饭店都想以“新”“奇”“特”的营销方式来吸引更多的客人，为的是在竞争中立于不败之地，这种想法本身是积极的，但是一些饭店的营销理念是错误的，或者说是片面的。他们一般只追求在形式上的新、奇、特，而忽略了在实质上的创新。目前，我国大多数饭店在营销中工作的重点仍是刺激或激励客人更多地消费产品。近几年旅游饭店的数量增长过快，尤其是高档饭店普遍过剩，旅游淡季客房出租率不高，引起饭店之间恶性削价竞争，饭店服务质量下降。可见，营销理念的创新已经迫在眉睫。

（二）营销组合没有进行有机整合

由于在当今社会，信息的传播速度非常快，往往营销形式都是大同小异，甚至有的就是直接照搬，没有任何新意。有相当一部分饭店营销管理依然停留在走团队、签合约或简单的推销、低级的削价等传统营销手段上。缺乏对自身饭店进行市场分析及市场定位，或分析不够深入，定位不够准确，使饭店经营策略模糊。而且，饭店的营销方式比较单一，没有对营销组合进行有机整合。单调、无新鲜感的营销活动很难给客人造成强烈的视觉冲击和留下深刻的印象，达不到促使人们购买产品的目的。

（三）营销人员素质不高，营销激励体制不完善

目前，我国饭店业员工的流动性很强，综合素质也不高，这就给营销活动的开展带来了一定难度。目前，有不少饭店营销的激励体制不完善：一是缺乏激励的意识；二是缺乏科学绩效评估体系，很多饭店没有建立科学的绩效评估体系，员工绩效的好坏几乎都由业主根据自己的主观意识断定，而且大多不对员工公开。

（四）营销战略目标不清晰

当前，大部分饭店营销的主要精力放在了解对手上，跟同行拼规模、拼价格、拼服务、拼文化，在现有饭店市场中展开技术或成本竞争，只是在努力发掘自己的“潜力”，逐渐导致了“闭关自守”“闭门造车”，使自己饭店的客源市场人为地变小，从而使全行业陷入“红海战略”的危机之中。

现代饭店营销活动还是要遵循“80/20 法则”，即饭店 80%的营业额是来自于其中 20%的忠诚客人的重复购买或消费，而其他 20%的营业额才来自于那些 80%的游离客人。不少饭店就缺乏对 20%忠诚客人需求的研究，没有考虑到如何才能吸引他们入住，如何才能根据他们的需要进行饮食、娱乐、社交等活动和消费的激励促销，更没有考虑到如何进行“个性化”的经营销售。

小知识

红海战略和蓝海战略

所谓红海战略，就是我们平常所说的竞争战略，进行产业的分析、竞争分析、定位等，包括差异化的战略和低成本战略，红海战略主要是在已有已知的市场空间里竞争，在这里，你相对于你的对手成本低，或是可以比他更好地达到差异化的战略，两者取其一，游戏规则是已经定好的，按照这个游戏规则进行针锋相对的竞争，你所要分析的就是竞争态势和已有产业的条件，这是红海战略需要研究的变量和因素。

所谓蓝海战略，就是企业突破红海的残酷竞争，不以竞争对手为标杆，不把主要精力放在打败竞争对手上，而主要放在全心全意为顾客与企业自身创造具有质的飞跃的价值上，即价值创新，“价值”和“创新”同样重要。价值的“创新”，鼓舞企业要攀登新的高峰，使得企业不仅抛弃对手产生“替代”效应，更能对顾客产生“另类选择”。由此，企业开创新的“无人竞争”的市场空间、彻底甩脱竞争，开创属于自己的一片蓝海。

二、现代饭店营销的新发展

饭店营销是饭店经营管理的核心，也是决定饭店经济效益与市场竞争力的关键环节，其工作绩效直接关系到饭店的生存和发展。如今，网络化、全球化，以及政治经济形势和社会的变化等各种因素给饭店营销环境带来了纷繁复杂的变化，对饭店营销战略和策略产生了不可忽视的影响。当然，这其中有挑战，也有机遇。

（一）创新是饭店营销的灵魂

现代饭店营销的核心是以客人为中心。它认为市场需求引起供给，每个饭店都必须依照客人的需要与愿望组织产品的生产与营销。比如，美国“旅馆大王”希尔顿曾这样说：“请你在离开我的希尔顿饭店时留下改进意见，当你再次光临我饭店时就不再会有相同的意见——这就是我的经营诀窍。”也正是因为具有这种强烈的创新内驱力，才促成希尔顿的辉煌。

然而，随着消费需求的多元性、多变性和求异性特征的出现，客人的需求往往表现出了模糊不定的趋势，许多饭店对市场需求及走向常感捕捉不准，适应需求难度加大。这就要求饭店必须自觉学习新理论，引进新技术，把握未来的市场发展趋势，捕捉新的营销机会，开发新产品，提供新服务，抢先一步占领市场，在激烈的市场竞争中占有一席之地。

另外，完全强调按客人购买欲望与需要组织生产，在一定程度上会压抑产品创新，而创新正是经营成功的关键所在。为此，一些饭店总结现代营销实践经验，提出了创造需求的新理念，其核心是指营销活动不仅仅限于适应、刺激需求，还在于能否生产出对产品的需要。

（二）网络化营销与国际化营销已经成为饭店营销的发展趋势

网络为现代饭店营销活动创造了新的空间。在互联网条件下，饭店的营销环境已经从传统的依赖于现实资源的实体经济向以信息资源为主体的网络经济转变。一种新的营销模式——网络化营销（On-line Marketing）——正在改变着现代饭店营销的法则。首先，通过网络，饭店可以向位于世界任何地方的客人提供全天候的产品信息，客人无须离家或离开办公室就可以得到大量的有关公司、产品和竞争者的信息。他们可以把注意力集中于客观的判断标准上，而无须面对营销人员，可以避免各种劝说的影响以及情感的因素。这是以往任何传媒都无法做到的。其次，它突破了双向沟通与单向沟通的界限。目前饭店与客人的双向沟通必须由营销中介来完成，与客人群体的单向沟通则要借助大众传媒，而互联网同时具有以上两种功能。比如，饭店产品或服务的推广不需要面对面地与客户直接进行，而是借助计算机在互联网上与客户沟通；客户则可以利用互联网及多媒体手段主动与饭店建立互动式的商业关系。最后，它极大地降低了沟通成本。

信息技术将全球融合为一个巨大的、没有时空差异的统一市场。随着自由贸易区域的扩大和各国政策法规对外国投资的放宽，可以预计未来的全球市场将进一步统一，所有的饭店面临的市场竞争不仅来自于本国，更要接受国外强大竞争者的挑战。

（三）未来的饭店营销是品牌的营销

在饭店市场上，假日、喜来登、希尔顿、马里奥特、雅高、地中海俱乐部、香格里拉等品牌对客人具有磁石般的吸引力。现代饭店如果能培育出市场认可的国际品牌，就等于占领了饭店市场竞争的至高点。打造知名品牌已成为饭店营销的重要任务。

品牌就是一种理念。虽然理念的形成是一项缓慢的系统工程，但是理念一旦形成，却很难更改，所以，饭店要重视这种理念的竞争。乘坐过新加坡航空公司航班的许多乘客，都认为那是他们生命中非常值得留恋的美妙时光。新加坡航空公司不是大公司，恐怕也永远成不了世界性的大公司，但它无疑是世界上最好的航空公司之一，其根本的原因就在于新加坡航空公司的员工所一贯秉持的理念：待客人如亲人。这种理念深入骨髓、溢于言表，体现于员工的举手投足之间。因此，从本质上来说，品牌营销并非一种策略，而是一种基本的态度，是一种信念。

未来的饭店营销是品牌的营销，饭店要拥有自已的市场，就必须拥有占主导地位的品牌，品牌既是饭店综合竞争力的体现，也是饭店立足于市场的基石。只有在饭店营销工作中进行准确的品牌定位，才能在客人中树立有价值的地位。

什么是品牌营销？品牌营销（Brand Marketing）是指饭店通过利用客人的品牌需求，创造品牌价值，最终形成品牌效益的营销策略和过程。或者说，它是通过运用各种营销策略使目标客户形成对饭店产品和服务品牌的认知过程。品牌营销从高层次上把饭店的形象、知名度、良好的信誉等展示给客人，从而在客人的心目中形成饭店产品和服务的品牌形象。品牌营销，说得简单些，就是把饭店的品牌深刻地印入客人的心中，如香格里拉、希尔顿等。

品牌营销的前提是产品要有质量上的保证，这样才能得到客人的认可。品牌建立在有形产品和无形服务的基础之上。有形是指产品的新颖度、独特设计，以及富有象征吸引力的名称等。而服务是在营销过程当中或售后服务中给客人满意的感觉，让客人真正体验到做“上帝”的幸福感。让客人始终觉得选择购买这种产品和服务的决策是对的，买得开心，用得放心。从技术层面上来看，目前市场上的产品质量其实已经没有什么差距，但从客人的角度来看，他们看重的往往是饭店所能提供的服务多寡和体验的效果如何。因此，从长期竞争来看，建立品牌营销是饭店发展的必要途径。

品牌不仅是饭店、产品、服务的标识，更是一种反映饭店综合实力和经营水平的无形资产，在商战中具有举足轻重的地位和作用。对于一个饭店而言，唯有运用品牌，操作品牌，才能赢得市场。现在，国外跨国公司与知名品牌已大举进入我国市场，我国饭店和产品与世界知名品牌饭店和产品在同一市场角逐，产品的竞争实际上已过渡到品牌的竞争。因此，积极开展品牌营销，实施品牌战略，提高产品知名度，已成为我国饭店营销的当务之急。

品牌营销的策略包括品牌个性、品牌传播、品牌销售、品牌管理四个方面。

品牌个性（Brand Personality，BP）包括品牌命名、包装设计、产品价格、品牌概念、品牌代言人、形象风格、品牌适用对象等。

品牌传播（Brand Communication，BC）包括广告风格、传播对象、媒体策略、广告活动、公关活动、口碑形象、终端展示等。

品牌销售（Brand Sales，BS）包括通路策略、人员推销、店员促销、广告促销、事件营销、优惠酬宾等。

品牌管理（Brand Management，BM）包括队伍建设、营销制度、品牌维护、终端建设、士气激励、渠道管理、经销商管理等。

小知识

雅高酒店集团旗下六大品牌及其品牌特点

1. 索菲特酒店：奢华酒店重现法式优雅

SOFITEL
LUXURY HOTELS

索菲特奢华酒店巧妙地将法国传统与当地文化精华融为一体，在全球最具吸引力的旅游胜地建造了独一无二的奢华酒店。索菲特在其员工与客人之间建立了专属的联系，其专业服务人员为来自全球各地追求卓越尊贵美妙体验的顾客们提供着诚挚的服务。无论是美食、美酒，还是寝具、设计以及个人护理用品，索菲特都向客人充分展现法式优雅、提供尊贵享受。置身索菲特酒店，客人可以与他人分享或独自尽享生活情趣，客人的每一次下榻都将成为独特难忘的体验。

2. 铂尔曼酒店：专为商务旅行者打造的高档酒店网络

pullman
HOTELS AND RESORTS

铂尔曼品牌强化了法国雅高集团非标准化设计的高档酒店网络。该品牌专为商务旅行者打造，不仅在设计与装修上独具匠心，还位处商业中心，毗邻机场等主要基础设施。每家铂尔曼酒店都经过精心设计，将宁静、休闲与便利融为一体。

为了打破冷漠、乏味的酒店模式，铂尔曼提供了一整套创新服务，旨在满足苛刻、繁忙的商务旅客的要求。铂尔曼酒店将不单只是一个休憩之所，它将成为会晤、交流及向城市与大众开放的场所。

3. 诺富特酒店：领导商务酒店住宿潮流

NOVOTEL HOTELS

诺富特（Novotel）作为世界知名的商务型酒店品牌，经过逾30年的不懈努力，正在向一个新的发展里程迈进。

其400间酒店分布在全球61个国家，其中包括在亚太区的80间，诺富特的酒店网络跨越全球，并一直保持其快速的增长。

诺富特品牌分布于主要城市以及旅游胜地，为商务散客和商务团体以及度假客人提供符合国际标准的住宿及服务，让客人充分体验物有所值。

4. 美爵酒店：提供带有地方特色的豪华酒店住宿

Grand Mercure

以独特的风格及个性而闻名的每一家美爵酒店都与当地特色相融合，从设计、装潢、餐饮到服务，全都反映出当地最独特的风格。

下榻美爵酒店的客人可分为商务旅行、会议团队，亦可是享受浪漫之旅或与家人共度美好时光的个体游客。训练有素的美爵酒店的员工们能够预见并满足每一位客人的不同需求。

5. 美居酒店：城市真貌，异曲同工

Mercure

美居品牌的特色是让酒店能够体现当地特色。从旅游胜地的豪华度假村酒店到便利经济的美居经济酒店，为客人展现了各个美居品牌酒店不同的精粹和风格。美居酒店特别注重当地民俗风情、饮食和本土员工的融合，并以此来贴切地反映出美居的精华：城市真貌，异曲同工。

6. 宜必思酒店：物超所值，国际享受

宜必思酒店品牌以其经济性的价位，提供国际标准的酒店住宿引领着该价位酒店市场。

宜必思品牌酒店位于主要城市的商务区域和枢纽地带，面向商务往来人士。宜必思品牌即意味着物超所值，深深吸引着无论来自国际还是区域的商务客人。

宜必思酒店的房间皆依循其品牌标准，其设施完全体贴客人需要，而非旨在增加酒店价格及成本，且能最大限度地满足客人的需要，不但如此，宜必思酒店还提供房间送餐、商务服务以及休闲设施，如泳池以及健身中心等多元服务。

（四）未来的饭店营销是个性化的营销

个性化营销（Personalization Marketing），就是饭店直接服务客人，并按照客人的特殊要求定制个性化的产品和服务的新型营销模式。它避开了中间环节，注重产品和服务创新设计、服务管理、资源的优化整合，实现市场的快速形成，是饭店打造核心竞争力的有力武器。特别是随着信息技术的发展，个性化营销的重要性日益凸显。比如，客人可以在任何地方、任何时间将自己特殊的需求利用互联网便捷地告知饭店，而饭店也可以随时通过互联网了解和跟踪客人的需求反馈。

饭店的个性化营销把对人的关注、人的个性释放以及对人的个性需求的满足推到空前重要的地位，饭店与市场逐步建立一种新型关系，建立客人数据库和信息档案，与客人建立更为个人化的联系，及时地了解市场动向和客人需求，向客人提供一种个人化的营销和服务，客人根据自己的需求提出产品与服务的性能要求，饭店尽可能按客人的要求进行生产，迎合客人个别需求和品味，并应用信息，采用灵活战略适时地加以调整，以生产者与消费者之间的协调合作来提高竞争力，以多品种、中小批量混合生产取代过去的大批量生产。这样有利于减少中间环节，降低营销成本。个性化营销最终实现的目标是为单个客人定制产品或提供定制服务。

与传统的目标营销相比，个性化营销具有以下明显的优势。

（1）更加充分地体现了现代市场营销观念。现代市场营销观念就是“一切以客人为中心”的思想。

（2）增强企业市场竞争力。个性化营销是根据自己的个性化需求自行设计、改进出来的产品，是顾客最满意的产品。

（3）最大限度地满足消费者的个性化需求。

（4）能带动企业提高经济效益。由于和消费者保持长期的互动关系，因此企业能及时了解市场需求的变化，有针对性地生产，不会造成产品积压；缩短了再生产周期，降低了流通费用；另外，个性化产品为产品需求价格增加了弹性，使售价提高，从而提高了单位产品的利润，企业经济效益自然明显。

拓展·阅读

会展旅游与饭店的市场营销拓展

会展旅游是依托产品展览交易会、文化旅游节、会议、体育赛事等各类会展活动而兴起的一项旅游活动。作为一个新兴的旅游项目，会展旅游已成为提高各地旅游产业质量、加快产业结构调整和国际化发展的一个新的突破点。

会展旅游的发展同时也给饭店业带来巨大商机，成为推动饭店业发展的新动力。然而，目前我国饭店对于会展旅游市场还处于“被动接待”的状态。以市场为中心，积极开拓市场，已是当今饭店在激烈竞争中立于不败之地的关键。因此，饭店必须对会展旅游市场进行深入的分析，变被动为主动，积极开拓市场。

（一）饭店在会展旅游中的角色分析

(1) 饭店是开展会展旅游的必要组成部分。饭店为会展旅游者提供餐饮、住宿、商务服务等，满足其活动的基本需要。

(2) 饭店为会展提供了第二场地。一般而言，大型会展的筹备会议、新闻发布会、分组交流会都安排在饭店会议厅、多功能厅或客房进行。而规模不大的会展，包括展厅在内的所有场地和活动都安排在饭店。

(3) 饭店是会展活动的延伸。饭店为会展旅游者提供了交流的平台，丰富和拓展了会展活动。会展旅游者可以在餐厅、客房、大堂和其他娱乐场所进行沟通交流，在轻松的气氛中结识、相交，达成合作意向。

(4) 饭店为会展活动提供前后期服务。饭店会根据会展举办单位的要求，为会展活动提供一系列服务，如发放邀请函、接待、会场布置、车船票预订、市内交通服务、旅游安排等。

（二）饭店会展旅游市场现状

伴随着社会进入信息时代以及我国加入 WTO，全球每年将有 2800 亿美元的会议旅游市场，国内政府及商务会议旅游市场估计也不会少于上千亿元人民币。近两年，我国内地每年举办的达到一定规模的展会活动项目达 3000 个左右，进入市场的会议项目则数以万计。大量的参展商、观展商以及新闻媒体记者，形成了饭店巨大的客源。在大型会展活动期间，房价上涨，城市客房爆满，甚至辐射到周边地区。尤其是在北京、上海、广州这三大会展城市。

北京作为全国政治、经济、文化中心，会展旅游的发展使当地饭店业具有得天独厚的经营优势。例如，为向奥运会注册人员提供约 22000 套合适的饭店客房，北京奥组委按照《奥运会住宿接待服务协议》于 2004 年 3 月 18 日与北京饭店、中国大饭店、北京贵宾楼饭店、港澳中心瑞士酒店、北京国际饭店、昆仑饭店、北京皇冠假日酒店签订接待合同，它们将为奥运会提供客房 3500 间。北京奥组委在申奥报告中承诺，到 2008 年北京饭店规模将满足预计到京的80万名运动员、记者、观众和游客的住宿要求。

上海作为一个国际商务城市，一直都备受国际会展的青睐。APEC会议、《福布斯》全球行政总裁会议等180多个展会相继在上海举行，又取得了“世博会”的举办权，因此会展旅游将成为上海市住宿业最主要的客源渠道。会展高峰期，住宿率达到90%以上，房价通常会翻上几番，因为供求不平衡，直接带动了周边地区的住宿业市场发展。

据不完全统计，广州每年举办大型展览会350多个，各种展示、展销会1100多场。具有“中国第一展”美誉的中国出口商品交易会（又称广交会），仅在2005年春交会中，就吸引了来自200多个国家和地区，共计30万客商参加。广州会展旅游给饭店业带来的营业收入占全部收入的一半。

（三）会展旅游市场的消费特点

(1) 计划性强。会展旅游计划性强，且不受气候和季节的影响，客房一经预订，到客率高，便于饭店经营管理，提前做好接待准备。

(2) 人均天消费水平高。在不同的旅游目的地的海外过夜旅游者中，会展旅游人均收入高于总平均水平，据香港旅协的统计数据，在港参加展览、会议的商务客人人均消费达1.2万元左右，是普通游客消费5500元的2倍多。

(3) 逗留时间长。参加会展的人员，既要参加会议、展览，有时还要参观游览，因此，他们逗留的时间比一般旅游者要长。

(4) 季节消费均衡。会展旅游多避免在旅游旺季进行，这样可以有效地调节饭店旺季与淡季客源的不平衡，提高饭店的全年利用率。

（四）饭店会展旅游市场拓展策略

会展旅游市场包含公司业务会议、奖励旅游、协会、团体组织会议和展览四个部分。

1. 公司业务会议、协会、团体组织会议市场拓展策略

根据皇冠假日品牌酒店在新加坡、悉尼、上海、中国香港和伦敦市场为期12个月的市场调查结果显示，会议筹备人员选择酒店的标准如下：预见、满足或超越会议筹备人员的需求，提供全方位天衣无缝的协助；能确保处理最基本、最简单的事情的正确性；无须会议筹备人员费心，主动满足他们的需求；切实让他们无论从物质还是情感上都感受到家外之家的舒适；灵活处理事情，让会议筹备者完全信赖，并且适时为他们的商务活动提供更多有价值的帮助。

饭店应根据会议市场的需求，积极完善会议接待设施，如对会议厅扩容改造工程，扩大会议厅面积，推出大型多功能厅等，同时对宣传推广、价格议定、专业服务等方面进行专业操作，提高对会议代表的往来接送、会议期间的餐饮服务、会后的活动安排等的服务质量。

为在日益增长的会展旅游市场取得一席之地，全球知名的洲际酒店集团投资50万美元在亚太地区率先推出“会议成功计划”，包括在每一家皇冠假日酒店设立一位专职皇冠假日会议总监，全面协助会议主办者策划及安排会议；两小时反馈服务及一系列会议创新服务。这三个要素仅是会议成功计划推出的第一步，随后还将有一系列创新出台。

2. 奖励旅游市场拓展策略

根据国际奖励旅游协会（SITE）的定义，奖励旅游是现代企业管理的法宝，目的是

协助企业达到特定的目标，并对实现该目标的参与人士给予一个尽情享受、难以忘怀的旅游假期作为奖励。

饭店要加强研究、探索和交流，积累经验，不断提高开发奖励旅游市场的专业化水平，逐步做到设计专业化、产品专业化、接待专业化、服务专业化；要着眼于产品的高价值，保持奖励旅游市场的高端性，避免无序的价格竞争；要把奖励旅游和会展旅游、商务旅游等综合起来考虑，通过培训加快培养奖励旅游专业人才；将委办企业的企业文化融入奖励旅游产品之中，因为奖励旅游不同于一般的团队旅游，奖励旅游应该把企业文化融入其中，尽可能使参与者感受到奖励旅游不是旅行社或旅游公司的行为，而是企业的一种荣誉至上的集体活动；通过各种媒体、展会等，加强对奖励旅游产品的宣传。

3. 展览旅游市场拓展策略

具有一定规模和实力的饭店，可采用集团式独立经营方式，利用饭店资源条件，通过购买、建造、控股和租赁等形式拥有展览场所与设备，直接招徕并组织展览活动。饭店应充分发挥自身优势，走特色经营的道路，以准确的市场定位为基础，通过完善各项展览服务，打造展览品牌。同时加强展览服务人才建设，并注重对其展览营销能力的培养。

本章小结

饭店营销是指饭店为了创造产品或服务的交换而进行的计划和创意、定价、促销、渠道、服务的过程，是饭店在激烈竞争和不断变化的市场环境中如何识别、分析、评价、选择和利用市场机会，如何开发适销对路的产品，探求饭店生产和营销的最佳形式和最合理途径。饭店营销具有综合性、无形服务性、时效性、缺乏灵活性等特点。

市场是由一切具有特定的欲望和需求并且愿意和能够以交换来满足这些欲望和需求的潜在客人所组成的。市场有八种不同的需求状态，分别是负需求、无需求、潜在需求、下降需求、不规则需求、充分需求、过度需求、有害需求。

营销理念是企业进行经营决策，组织管理营销活动的基本指导思想，也就是企业的经营哲学。它经历了生产理念、产品理念、推销理念、营销理念、社会营销理念五个阶段。

我国饭店营销存在着营销理念缺乏创新、营销文化无特色、营销组合没有进行有机整合、营销人员素质不高、营销激励体制不完善、营销战略目标不清晰等问题。

饭店营销是饭店经营管理的核心，其工作绩效直接关系到饭店的生存和发展。网络化、全球化，以及政治经济形势和社会的变化等各种因素给饭店营销环境造成影响，这其中有挑战更有机遇，从而对饭店营销战略和策略产生不可忽视的影响。现代饭店营销具有创新是饭店营销的灵魂、网络化营销与国际化营销已经成为饭店营销的发展趋势、未来的饭店营销是品牌的营销和饭店的个性化营销等趋势。

经典案例

希尔顿的微笑服务

美国“旅馆大王”希尔顿于1919年把父亲留给他的12000美元连同自己挣来的几千美元投资出去，开始了他雄心勃勃的经营旅馆生涯。当他的资产从1500美元奇迹般地增值到几千万美元的时候，他欣喜而自豪地把这一成就告诉母亲，想不到，母亲却淡然地说：“依我看，你跟以前根本没有什么两样……事实上你必须把握比5100万美元更值钱的东西——除了对顾客诚实之外，还要想办法使来希尔顿旅馆的人住过了还想再来住，你要想出这样一种简单、容易、不花本钱而行之久远的办法去吸引顾客。这样你的旅馆才有前途。”

母亲的忠告使希尔顿陷入迷惘：究竟有什么办法才具备母亲指出的“简单、容易、不花本钱而行之久远”这四大条件呢？他冥思苦想，不得其解。于是他逛商店、串旅店，通过自己作为一个顾客的亲身感受，得出了准确的答案：“微笑服务”。只有它才实实在在地同时具备母亲提出的四大条件。从此，希尔顿实行了“微笑服务”这一独创的经营策略。每天他对服务员的第一句话是“你对顾客微笑了没有?”他要求每个员工不论如何辛苦，都要对顾客投以微笑，即使在旅店业务受到经济萧条的严重影响时，他也经常提醒员工记住：“万万不可把我们的心里的愁云摆在脸上，无论旅馆本身遭受的困难如何，希尔顿旅馆服务员脸上的微笑永远是属于旅客的阳光。”

为了满足顾客的要求，希尔顿“帝国”除了到处都充满着“微笑”之外，在组织结构上，希尔顿尽力创造一个尽可能完善的系统，以便成为一个综合性的服务机构。因此，希尔顿饭店除了提供完善的食宿外，还设有咖啡厅、会议室、宴会厅、游泳池、购物中心、银行、邮电局、花店、服装店、航空公司代理处、旅行社、出租汽车站等一套完整的服务机构和设施，使到希尔顿饭店投宿的旅客，真正有一种“宾至如归”的感觉。当他再一次询问他的员工们：“你认为还需要添置什么?”员工们回答不出来，他笑了：“还是一流的微笑！如果是我，单有一流的设备，没有一流的服务，我宁愿弃之而去，住进虽然地毯陈旧，却处处可见到微笑的旅馆。”

案例分析

微笑服务体现了以客人为中心的营销理念。从表面上看，希尔顿是靠“微笑服务”吸引和留住客人的，但之所以能够留住客人绝不仅仅是靠对客人微笑。微笑只是一种形式，其含意是非常丰富的。它体现了一种理念、一种心态。一种把客人的利益置于中心位置的经营理念。在这种理念的支配下，为了满足客人的要求，希尔顿“帝国”除了到处都充满着“微笑”外，在组织结构上，希尔顿尽力创造一个尽可能完善的系统，以便成为一个综合性的服务机构。饭店除了提供完善的食宿外，还设有咖啡厅、会议室、宴会厅、游泳池、购物中心、银行、邮电局、花店、服装店、航空公司代理处、出租汽车站等一套完整的服务机构和设施，使到希尔顿饭店投宿的旅客有一种“宾至如归”的感觉。这才是留住客人的根本原因。

考考营销小专家

一、填空题

1. 饭店营销是指饭店为了__________________而进行的计划和创意、定价、促销、渠道、服务的过程。

2. 饭店营销具有__________、__________、__________及缺乏灵活性等特点。

3. 营销理念包括生产理念、__________、__________、__________、社会营销理念五种。

4. 推销理念产生于由__________向__________转变的过程中。

5. 实施绿色营销战略，需要贯彻 5R 管理原则，即__________、__________、__________、替代和保护。

6. 饭店的个性化营销应该从__________、__________、__________三个方面去考虑。

二、选择题

1. “客人需要什么，饭店就生产什么”是____的具体表现。

A. 生产理念　　B. 产品理念　　C. 销售理念　　D. 营销理念

2. ____是由一切具有特定欲望和需求并且愿意和能够以交换来满足这些需求的潜在客人所组成的。

A. 需要　　B. 市场　　C. 关系　　D. 交换

3. ____是指企业进行经营决策，组织管理营销活动的基本指导思想，也就是企业的经营哲学。

A. 营销部门　　B. 营销手段　　C. 营销理念　　D. 营销活动

4. 现代营销理念的核心是以____为中心，认为市场需求引起供给，每个企业都必须依照消费者的需要与愿望组织产品的生产与营销。

A. 企业　　B. 消费者　　C. 饭店　　D. 员工

5. ____是指饭店成员共同默认并在行动上付诸实施，从而使饭店营销活动形成文化氛围的一种营销理念。

A. 关系营销理念　　B. 绿色营销理念

C. 创新营销理念　　D. 文化营销理念

三、简答题

1. 简述饭店营销及其内涵。

2. 饭店营销理念的演进及其含义。

3. 我国饭店营销存在哪些问题？

走近市场

【实训名称】

认识现代饭店营销。

【实训内容】

选择本地一家三星级以上饭店为例，结合实地走访的情况，谈谈饭店营销的作用和意义。

【实训要求】

能够较为形象地描述自己对现代饭店营销的认识。

第二章　如何进行饭店营销调研

学习目标

1. 了解饭店营销环境；
2. 熟悉饭店客源市场调查的内容和方法；
3. 掌握市场调查访问的方法和技巧；
4. 了解饭店市场预测的方法。

动脑筋

如家酒店　缝隙里找到大市场

采取连锁运营，布局在经济发达城市，选址在交通便利、生活设施齐全的地段，不像星级饭店那样附设大量休闲娱乐场所和服务设施，而是充分利用饭店附近已经成熟的社区服务网络；硬件环境也不追求奢华和排场，但是安全、卫生、舒适。最突出的是，平均房价在200元以内。这样的饭店有没有吸引力？

事实上，在2002年如家成立之初，国内饭店业已经处于饱和状态，房间平均出租率只有50%多。2004年，启动资金只有1000万元的如家饭店连锁公司，营业额已达1.3亿元，利润1600万元。其饭店数量也从2002年的5家迅速发展到2004年的55家，平均出租率一直保持在90%以上。据如家的CEO孙坚介绍，到2005年年底，如家开业的店面将达到70多家，覆盖全国25个城市。

在西方国家，经济型饭店已经成为旅游住宿业的主流趋势。美国饭店业协会的统计表明，美国经济型饭店约有6万家，客房平均出租率为70%。一项对海外旅游发达城市的调查显示，美国经济型饭店与豪华星级饭店的比例一般为7∶3。经济型连锁饭店的收入占美国饭店业收入的64%，每年创利数千亿美元。

如家借鉴国外经验，打破产业常规，通过跨越传统饭店业的两个产业集团——星级饭店和普通旅社，重新定义产业内部的构架。

如家酒店在已经趋近饱和的饭店业市场中闯出了一条新路，并且获得了超过常规的发展。截至 2008 年年底，如家酒店集团旗下拥有如家快捷酒店、和颐酒店两大品牌，现已在全国 30 多个省和直辖市覆盖 100 多座主要城市，拥有连锁饭店 500 多家，形成了遥遥领先业内的最大的连锁饭店网络体系。2006 年 10 月，如家酒店在美国纳斯达克上市，成为中国饭店业海外上市第一股。

饭店想要在竞争日趋激烈的市场中生存并发展起来，就需要有针对性地展开营销活动，推出符合市场需求的产品，其中的基础环节就是了解市场、分析市场。如家之所以能够成功，正是因为其充分了解了中国饭店业市场的现状与未来发展趋势。

本章系统阐述了饭店营销市场调研活动的调研内容、调研方法与技巧，以及市场预测的基本方法。在当前的市场上，市场调研与预测的方法，已经成为市场参与者必须掌握的内容。而且，现代的市场环境是瞬息万变的，饭店对市场信息的运用也不再是“一劳永逸”或者“时有时无”，而成为饭店日常经营活动不可缺少的一部分。

第一节　了解饭店营销环境

一、饭店营销环境的概念

营销环境是指影响饭店的市场和营销活动的不可控制的参与者和影响力。具体地说，就是“影响饭店的营销管理能力，使其能否卓有成效地发展和维持与其目标客户交易及关系的外在参与者和影响力”。它是与饭店营销活动有潜在关系的所有外部力量和相关因素的集合，是影响饭店生存和发展的各种外部条件。

饭店作为社会经济组织或社会细胞，都是在与其他企业、目标客人、其他相关社会群体以及社会公众的相互联系中开展营销活动的。这些外部环境处于不断变化之中，一方面，它给饭店带来了市场机会；另一方面，也给饭店带来了某种威胁。饭店作为整个经济系统的一个组成部分，其生存和发展是以一定的外部环境为条件的。因此，营销环境对饭店的生存和发展具有重要意义。饭店必须重视对营销环境的分析和研究，并根据营销环境的现状和预期变化来制订有效的营销策略。

对饭店来说，其营销活动是饭店自身与其他相关企业及部门、目标客源以至普通社会公众共同参与、共同作用的过程。营销环境的构成如图 2－1 所示。

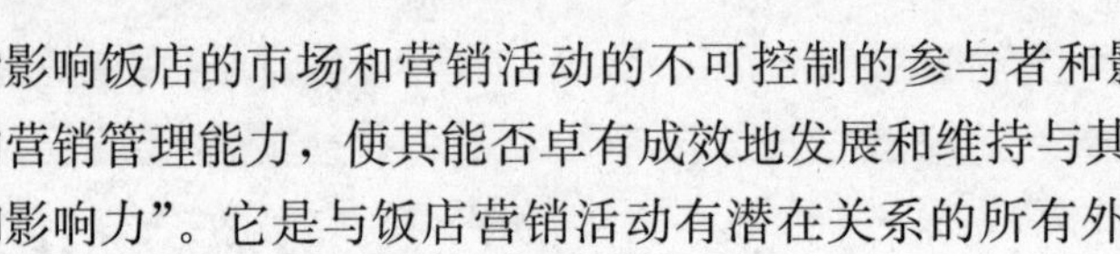

图 2－1　营销环境

从图 2－1 中可以看出，一个饭店的营销环境可以分为三个层次：第一个层次是饭店自身，它处于饭店营销环境的中心，是饭店可以控制的因素；第二个层次是饭店所处的微观环境；第三个层次是饭店所处的宏观环境。后两个层次都是饭店营销活动中不可控的外部因素。对作为旅游服务业一部分的饭店业来说，宏观的政治经济大环境为饭店发展提供了可能性；微观的市场环境为饭店的发展提供了机会，也带来了挑战；饭店自身能力与具体情况等内部因素则提供了发展的内在动力。对饭店营销环境的调查和研究，可以使饭店管理层了解饭店发展的有利因素、市场机会，或者及时发现饭店面临的威胁，以采取有效对策。2008 年北京奥运会的举办大大促进了我国旅游业的发展，同时也为饭店业提供了难得的发展机遇。2010 年举行的上海世博会则又是中国饭店业面临的另一次大好机会。

二、营销环境分析与饭店战略选择

饭店营销环境是饭店生存和发展的前提和条件。现代营销学认为，企业之所以能够在市场中生存并不断发展，是因为企业能够适应不断改变着的外部市场环境。“适者生存”既是自然选择的法则，也是饭店营销活动的法则。饭店对外界环境的适应，并不是简单地去消极被动地服从，而是要积极主动地、能动地去适应环境。饭店既可以以各种方式来增强自身适应环境变化的能力，更可以在变化的环境中发现新的市场机会，甚至可以运用自身的资源在一定范围内去影响和改变营销环境，为饭店创造一个更有利的营销空间。

饭店在选择营销战略之前必须进行市场环境分析。饭店营销环境的改变，既可能给饭店带来市场机会，也可能给饭店造成严重威胁。因此，分析饭店营销环境的目的包括认清饭店的优势和劣势以及抓住饭店营销机会和分析饭店面临的营销威胁两个方面。SWOT 分析方法是在分析饭店的营销环境及制订饭店营销战略方面最常用的工具。

SWOT 分析法又称为态势分析法，20 世纪 80 年代由美国旧金山大学管理学教授海茵茨·韦里克（Heinz Weihrich）提出，目前是企业在分析市场环境、制订企业营销战略时最常用的工具。SWOT 这四个字母分别代表优势（Strength）、劣势（Weakness）、机会（Opportunity）和威胁（Threat）。从整体上看，SWOT 可以分为两部分：第一部分为 SW，主要用来分析内部条件；第二部分为 OT，主要用来分析外部条件。

（一）企业的优势和劣势分析

通过对企业自身情况的研究和企业之间的横向比较，发现企业在人力资源、资金实力与规模、企业及品牌社会信誉、与供应商及渠道的关系、独占资源、区位及企业软硬件设施等方面的优势与不足，能否形成某些竞争优势。在分析中，要注意区分潜在的优势与现实的优势、绝对优势与相对优势、整体优势与局部优势。同时，由于竞争的原因，企业的优势和劣势也是在不断动态变化的。企业在经营中，要立足于现实优势的发挥，并根据竞争态势及时挖掘潜力，使潜在优势转化为现实优势；集中力量经营优势项目和服务，保持和巩固企业的优势地位；在保持局部优势的同时，努力形成整体优势。

（二）市场机会与环境威胁分析

企业的外部环境变化将会对企业造成两方面的影响，一方面是有利的影响，市场上出现了新的未被满足的需要，即市场机会；另一方面是不利的影响，环境中的不利因素对企业的营销形成了挑战，即环境威胁。饭店的经营者必须要根据外界环境的变化，及时发现并判断其变化对企业的影响方向与程度，并制订科学的应变措施，抓住市场机会，避开市场威胁。应该注意，不是所有的市场机会都有利用的价值，也不是所有的市场威胁都对企业有严重的影响。在具体分析时要综合考虑机会的来源、强度，威胁的可能性与严重性，可以根据市场机会矩阵（图 2－2）与环境威胁矩阵（图 2－3）进行分析和评价。

潜在的吸引力 ＼ 成功的可能性	小	大
大	2	1
小	4	3

图 2－2　市场机会矩阵图

威胁潜在的严重性 ＼ 出现威胁的可能性	小	大
大	2	1
小	4	3

图 2－3　环境威胁矩阵图

在市场机会矩阵图中，横排代表“成功的可能性”，纵列代表“潜在的吸引力”，据其可作出对策如下。

1 区：最佳机会，要及时捕捉并利用；

2 区：监控并作准备，一旦机会成功的可能性提高，应及时抓住；

3 区：监控并作准备，一旦机会的吸引力提高，应及时抓住；

4 区：忽略放弃。

在环境威胁矩阵图中，横排代表“出现威胁的可能性”，纵列代表“威胁潜在的严重性”，据其可作出对策如下。

1 区：对企业有较大威胁，应迅速应对；

2 区：密切检测变化，积极化险为夷；

3 区：制订应急措施，防止事态扩大；

4 区：可暂不考虑。

需要注意的是，对于不同的饭店，同一市场机会或是威胁出现在矩阵中的位置是不同的，这是由企业的内部因素，即优势和劣势决定的。

将 SWOT 分析的四个因素综合起来考虑，可用图 2－4 所示的 SWOT 分析矩阵来分析。

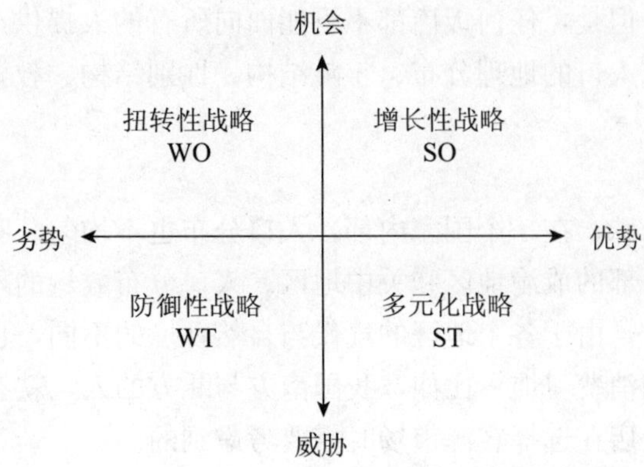

图 2-4 SWOT 分析矩阵图

在企业位于 SWOT 矩阵的不同象限时，采取的营销战略是不同的。具体如下：

SO，增长性战略。在此情况下，饭店即具有内部优势，外部又出现了市场机会，企业可以采取增长性战略，快速发展。

WO，扭转性战略。在此情况下，饭店在竞争中处于劣势，但是外部出现了市场机会，企业可以采取扭转性战略，努力改变自身的劣势。

ST，多元化战略。在此情况下，饭店虽然具有竞争优势，但是外部环境不利，企业可以采取多元化战略，寻找新的市场机会。

WT，防御型战略。在此情况下，饭店的内外部因素都处于不利状况，企业应该采取防御性策略，而不是盲目扩张或多元化经营。

三、营销宏观环境分析

宏观环境是指全面地、间接地影响饭店长远发展的外在因素，通常被称为 PEST 因素，即政治影响因素、经济影响因素、社会影响因素和技术影响因素，另外还包括自然因素和人口因素，如图 2-5 所示。

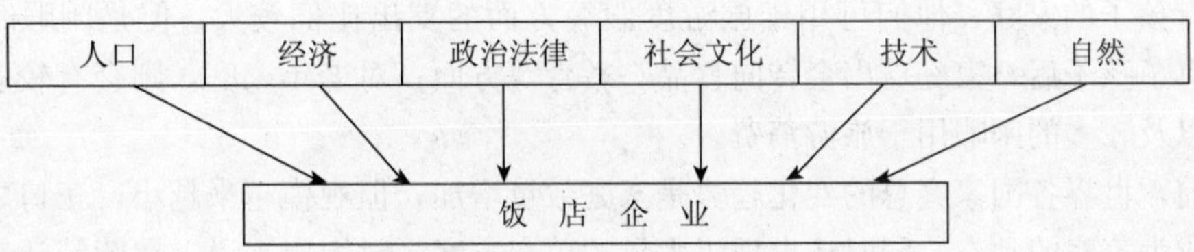

图 2-5 饭店宏观营销环境

（一）人口环境

人口是构成市场的基本要素，人是形成市场的先决条件，因为市场就是由全部有购买欲望并且有购买力的人所组成的。在一定的市场环境下，人口的多少直接决定了潜在的市场容量。改革开放后，许多跨国饭店集团将我国看做一个巨大的潜在市场，原因之一就是我国庞大的人口基数。但是，任何饭店都不可能面向所有的人提供产品，因此，对人口的考察还必须具体地研究人口的地理分布、年龄结构、性别结构、教育程度、家庭构成以及宗教信仰等其他因素。

1. 地理分布

世界各国的人口悬殊，在一个国家内部，人口分布也不均匀。我国的人口大多数集中于中东部各省区以及西部的成渝地区和关中地区。人口分布数量的不均衡直接影响了各个地区的市场容量。同时，由于各个地区的气候与自然环境的不同，也使不同地区的人群形成了不同的生活习惯和消费习惯。比如，我国南方与北方的人，就有着不同的居住习惯与饮食习惯，这些都是饭店在选择客源市场时需要考虑到的。

2. 年龄结构

人口的年龄结构也直接影响着市场需求。不同年龄段的人口对饭店有着不同的要求和购买力，由于生活观念的不同，甚至会对产品有不同的价值观念。老年人闲暇时间较多，消费能力较强，对饭店要求安静、舒适；中年人多是商务旅行，要求饭店有完善的商务设施；年轻人的消费能力不强，但出游频率高，会选择一些廉价饭店或青年旅舍等。饭店的营销人员要根据客源地的年龄结构来选择合适的营销策略。

3. 性别结构

男性与女性在消费能力、消费行为以及对产品的喜好上都有不同。一般来讲，女性在选择饭店时更加注重细节，更加在意服务的内涵，对安全性的重视程度也比较高。随着女性社会地位的提高，其消费能力和选择权利也随之增长，饭店如果能从女性角度出发，认真研究，提供适合女性客人需要的产品和服务，将是做大市场的一条捷径。

4. 受教育程度

客人的受教育程度影响了其收入、修养以及生活习惯和消费习惯。其文化水平使客人对产品的品种、式样、色彩等的选择和偏好也各不相同。通常，受教育程度越高，客人对服务中蕴涵的文化因素就越重视，消费也越理性。

5. 家庭结构

家庭是消费的基本单位，家庭数量、家庭规模与家庭结构对市场需求的影响很大。对新婚没有孩子的家庭，他们可用于旅游度假等方面的支出比例较大，但是闲暇时间却不多；当有了孩子后，家庭支出会转向食品、教育等方面；对老年家庭，则会有较多的可支配收入以及较多的闲暇用于旅游消费。

目前，世界各国家庭总的变化趋势是家庭数量增加，但规模越来越小，三口之家、二人世界成为家庭的常态，同时还出现了大量的单亲家庭。对饭店来说，在营销活动中应该针对这部分客人提供合适的产品和服务。

6. 民族习惯

我国是一个多民族国家，许多少数民族有自己特殊的风俗习惯。饭店在提供产品时，要注意一些民族禁忌，也可以提供一些符合民族和宗教需要的产品。比如，伊斯兰国家的饭店房间内会有一间祈祷室，以方便客人做礼拜；同样在我国西北的穆斯林聚居地区，饭店在饮食方面就要考虑到其持殊的需求。

需要注意的是，人口环境并不是一成不变的，随着社会发展，人口分布、文化程度、人口的年龄构成等都会发生变化。随着我国人口出生率的持续下降，将逐步进入老龄化社会，老年人的度假旅游市场也就会迅速发展。

（二）经济环境

经济环境是指营销活动中所面临的社会经济条件及其运行状况和发展趋势，包括两方面的内容：其一是社会经济环境，包括经济发展水平、经济发展速度与经济周期；其二是客人的消费能力，最主要的指标是社会购买力。影响购买力的主要因素包括个人可支配收入、客人支出模式以及储蓄和信贷状况。

1. 经济发展水平

由于自然、历史的原因，各个国家，以及国内各个地区之间的经济发展水平是不同的。在我国，东部沿海地区的经济发展水平高于内地，城市高于农村，平原高于山区。一般来说，经济发展水平高的地区，会有较强的消费能力。

2. 经济发展速度

经济发展速度越快，经济越有活力，越能给饭店带来机遇；反之，经济停滞不前时，饭店就很难寻找到发展契机。饭店应该根据国家的经济发展速度来确立合乎实际的发展规划，同时寻找新的发展机会。

3. 经济发展周期

无论是一个国家、一个地区还是一个行业，其经济发展都会有一定的周期性。饭店应该及时发现经济的变化周期，根据周期来调整经营方向，在经济衰退时收缩防御，而在经济复苏时大胆发展。2008 年的全球金融危机影响到了绝大多数行业和企业，旅游业和饭店业是其中的“重灾区”。而从 2009 年年末开始，大多数国家开始从金融危机中缓慢恢复，饭店在制订战略时应该充分考虑到金融危机的影响，并有针对性地制订自身的发展策略。

4. 个人可支配收入

客人的收入是其购买力的来源，但并不是客人的所有收入都可以用于消费，其中要扣除客人个人缴纳的各种费用以及所得税等，剩余部分才可以用于消费和储蓄。个人可支配收入是影响客人购买力的决定性因素。

在个人可支配收入中，还有相当一部分要用来维持个人与家庭的必要支出和其他固定支出，如房租、抵押贷款等，还有一部分会被用于储蓄以备不时之需，剩余部分才可以用来购买饭店的产品。

5. 客人支出模式

客人支出模式又称为消费结构，主要受其收入的影响。“恩格尔定律”指出，随着客人收入的增加，其对于食品等基本生活资料方面的支出占总支出的比重在不断下降，而对于健康、娱乐、教育等活动的支出所占的比例则上升很快。可以看出，随着我国居民收入的不断增长，客人对于旅游、度假等消费活动的需求也在不断增加，这对于饭店业的发展是相当有利的因素。

6. 储蓄和信贷情况

个人可支配收入除了用于消费之外，相当一部分被储蓄起来。由于经济发展以及社会文化背景的不同，各个国家地区以及不同年龄、职业的客人对待储蓄的态度是不同的。欧美等国的储蓄率较低，而东亚地区的储蓄率一直很高。储蓄是一种推迟的潜在的购买力，但是会影响到现时的消费能力。

目前，我国的个人消费信贷业务发展迅速，不仅住房、汽车等大宗消费品可以通过贷款购买，甚至旅游支出也可以通过分期付款、银行贷款等方式支付，信用卡也成为旅游者消费时的主要支付手段之一。能否接受信用卡也成为旅游者选择饭店的因素之一。另外，从 2010 年 3 月起，个人也可通过试点的消费金融公司获得小额个人贷款，用于大宗耐用消费品以及旅游等其他个人用途。

（三）政治法律环境

任何饭店都是在一定的社会形态和政治体制中运行的，并且要遵循政府的政策和法律。影响饭店发展的主要政治和法律环境主要包括三个层次。

1. 政府的有关经济方针政策

随着政治经济形势的变化，国家以及各级地方政府会根据不同的经济目标，制定适合本地区发展的方针、政策。这必然会影响到饭店的营销战略。我国实行对外开放以来，随着国外旅游者的涌入，涉外饭店得到了迅猛发展。近年来，许多城市的政府在制订本地区产业规划时，都将旅游产业作为本城市的主导甚至支柱产业来规划，这对于饭店来说也是良好的发展契机。

2. 政府颁布的各项经济法令法规

政府的方针政策是宏观的、指导性的、经常变化的；而法令法规则具有强制性，比较稳定。政府颁布法令法规，主要目的是规范市场经济秩序，保护正当竞争，保护客人权益等。这对饭店的发展也有一定的影响，饭店必须了解、遵守这些法令法规。

3. 社会团体力量

这是指为了维护某一部分社会成员的利益而有组织的去影响立法、政策和舆论的某些团体，如消费者协会。饭店在营销中，要善于应付客人保护运动的挑战。也可以利用公众对环境保护与社会公益事业的关注，而与某些社会组织进行合作来进行自身的营销。

（四）社会文化环境

不同的民族地区或国家，会有各自不同的适应其生存环境的生活准则和生活方式，这类生活准则和生活方式就是饭店面临的社会文化环境。这也会对饭店的营销活动产生影响，具体包括以下几方面。

1. 团体信仰

人们由于归属的需要、政治统治的需要以及历史原因，往往归属于某一宗教团体。各宗教团体内具有共同的信仰、爱好和需求。不同的宗教制度在思想观念和生活方式、宗教活动、禁忌等方面又约束了人们的言行，这直接影响了其消费习惯和需求。

2. 价值观念

价值观念指人们对于事物的评价标准和崇尚风气，对营销影响深刻，主要反映在阶层观念、财富观念、创新观念、时间观念等方面。当今的客人对于环境方面的要求越来越严格，绿色理念已经成为一种思潮，能够满足环保要求的饭店也更容易受到青睐。

3. 风俗习惯

由于地理环境等的影响，不同国家和地区的不同民族之间，在居住、饮食、服饰、礼仪等方面都有不同的风俗习惯，也影响着饭店的营销。

4. 社会时尚

与风俗习惯不同，社会时尚的形成往往是短期的现象，但也在特定的范围内吸引客人。其区别在于，习惯是时尚经久不衰后的文化积淀。每一次社会时尚的到来都可能是饭店的一次市场机会，但由于社会时尚变化很快，饭店如果没有及时抓住机会，就会造成投资失误。对饭店来说，不仅仅可以及时发现时尚，甚至可以提前介入，通过营销手段来创造时尚。

（五）技术环境

科学技术是第一生产力。技术的创新往往会使市场环境发生急剧变化。互联网的出现和快速发展，使得饭店的促销方法、营销渠道等都发生了巨大的改变。影响饭店营销的主要技术环境因素包括以下方面。

1. 技术政策

政府对于新技术开发的扶持政策，比如针对高新技术企业的税收和其他方面的优惠，能够促进企业发展技术，提高生产能力。

2. 技术发展速度

技术革命的发展，总体来说是越来越快的。随着技术进步，不仅产生了许多新的生产部门，在丰富市场供应的同时也大大增加了市场需求，另外，对人们的消费结构和生活方式，包括消费习惯都有深远的影响。饭店在进行营销时，要注意搜集最新的信息，及时学习和应用新的技术，以降低成本，提高经济及社会效益。

拓展·阅读

企业网站

随着网络技术的发展，企业网站已经从最初的企业展示平台变成了饭店企业与顾客互动交流的场合，网络订房已经成为发展的趋势。目前在国内，除了e龙、携程等旅游网站之外，如家、七天等经济型饭店以及许多星级饭店都将网络预订作为营销的发展方向，七天更是有超过七成的预订是通过网络完成的。网络订房对饭店企业来说，可以扩大饭店客源范围，提高饭店知名度，还可以降低营销成本。目前，利用网络方式进行客房预定已经成为大势所趋。

（六）自然因素

饭店在营销中所涉及的自然环境，主要是指饭店自身的资源环境。对依赖于旅游景点、景区的度假型饭店来说，自然景观与自然资源是影响饭店经营与发展的决定性因素，优质而丰富的旅游资源能够带来更多的客源，增加游客的逗留时间，为度假型饭店带来更多的机会。对其他饭店而言，丰富且价格低廉的原材料、便利的交通、适宜的气候也是影响其发展的重要因素。

四、营销微观环境分析

饭店营销的微观环境是指对饭店服务于其客人的能力构成直接影响的各种力量，包括市场上的客人，渠道企业、供应商等协作企业，竞争对手和社会公众。这些都会影响饭店为其目标市场提供服务的能力。其与饭店之间的关系如图 2-6 所示。

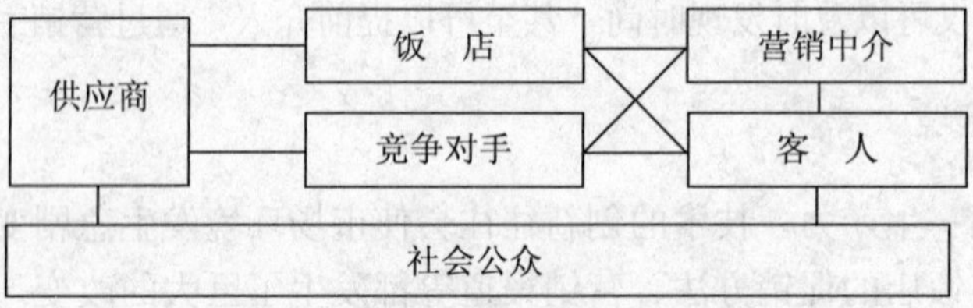

图 2-6　饭店营销微观环境

如图 2-6 所示，饭店和饭店微观营销环境之间形成协作、竞争、服务和监督的关系，直接制约和影响着饭店提供产品和服务的能力。

（一）客人

饭店的经营目的是为尽可能多的客人提供产品和服务，所有这些潜在的客人就组成了饭店的目标市场。现代营销把满足客人需求作为营销的起点，客人对营销的影响是各项环境因素中最重要的。

（二）供应商

供应商是指为饭店的生产活动提供原材料、能源、设备、劳务等资源的其他企业和社会组织。饭店获得这些资源的能力和价格直接影响饭店生产产品和提供服务的成本，也进而会影响到最终的利润。与好的供应商保持稳固而良好的关系是饭店取得竞争优势的一个重要方面。

（三）营销中介

营销中介是为饭店的营销活动提供各种服务的其他企业和社会组织的总称。其主要功能是帮助饭店推广和营销产品、融通资金以及提供其他的服务，具体包括以下方面。

（1）营销中介，如批发商、零售商，以及销售代理公司和经纪人，是产品流向客人的重要渠道。前两者拥有产品的所有权，而后两者则是靠佣金作为收入来源。对于饭店来说，依靠自身进行销售是比较困难的，通常会委托一些营销中介进行销售。

（2）物资分配企业，包括物流公司和仓储公司等。这些公司是否安全、经济和便利直接影响饭店的营销效果。

（3）营销服务机构，是饭店营销活动中提供专业服务的公司。其提供的服务主要包括市场调查、广告、营销咨询等。

(4) 金融机构，其主要功能是为饭店的营销活动提供融资和理财服务，包括银行、保险公司、信托投资公司等。这些机构虽然不直接经营产品，但是对推进饭店的营销活动起着举足轻重的作用。

(四) 竞争对手

在市场经济条件下，任何饭店在进行营销活动时，都不可避免地会遇到竞争对手的挑战。即使对于完全垄断市场，也会存在潜在的竞争。

饭店竞争对手的情况直接影响着饭店的营销活动。在制定营销战略和策略时，竞争对手的产品功能、价格、广告与促销手段都是需要仔细考虑的因素。对饭店的竞争环境进行分析，需要注意以下几点。

(1) 竞争者是否存在。包括现实的竞争者与潜在的竞争者，各类竞争者的数量、规模，以及竞争饭店的优势和劣势。

(2) 竞争者的策略。只有了解到对手的竞争策略，才可以有针对性地提出自身的营销策略。一般来说，竞争者策略可分为正面攻击策略、包围攻击策略、侧面攻击策略和游击攻击策略。饭店应当根据自身的市场地位与市场竞争情况选择合适的营销战略与竞争策略。

(五) 社会公众

社会公众是饭店在营销活动中与之发生关系的各种社会群体的总称。公众对饭店的态度，对饭店的营销效果会产生重大的影响。饭店必须处理好与主要公众的关系，为自己营造一个和谐、宽松的营销环境。饭店面临的公众主要有以下七种。

(1) 融资公众；

(2) 媒体公众；

(3) 政府公众；

(4) 社团公众；

(5) 当地公众；

(6) 一般公众；

(7) 内部公众。

五、饭店内部营销环境

对饭店营销宏观、微观环境的分析，旨在寻求饭店的市场机会，以及发现饭店面临的环境威胁。饭店能否发现机会、抓住机会并利用机会，则完全由饭店自身决定，也就是饭店内部营销环境，具体而言，包括饭店的战略思想、组织结构等方面。

(一) 饭店战略思想

战略思想是饭店立足于市场，达成最终目的的全局性指导思想，它决定了饭店的大政方针、经营目标、饭店宗旨与经营思想，进而决定饭店的营销理念、营销策略与组织结构等。饭店的一切经营行为都源自于其战略思想。

饭店的战略思想并不是一成不变的，而要适应外界环境的变化，包括宏观环境和微观环境。饭店的外部环境一般是不可控制因素，饭店只能改变自身的战略思想来适应它。例如，对政府不支持的行业，饭店即使具有某些优势，也是没有必要进入的。

饭店在制订战略思想时还要考虑到自身的相对优势。对于某些具有良好发展前景的行业或产品，如果饭店缺乏人力、技术、资本或者其他资源，也是很难选择为主要经营目标的。

饭店在制订战略思想时，还要考虑到饭店文化的影响。饭店文化是饭店及其职工共同拥有的思想观念、价值取向和行为准则。它源自饭店的战略思想，又是达成饭店战略思想的重要手段。在饭店制订或改变战略思想时，要考虑已有的饭店文化的影响。

（二）饭店组织结构

饭店是由不同的部门组成的，对于饭店来说，一般包括服务、采购、后勤、营销等部门。饭店内部各职能部门之间的组织方式及协调能力，直接影响到营销活动的执行效果。

饭店组织结构的主要形态有如下几种：①职能式结构，包括直线制、职能制和区域制；②联合分权式结构，包括分级、分部和事业部制；③矩阵式结构，例如不同部门之间联合成立的攻关组或者课题组；④系统管理结构。饭店内部合理的组织结构有利于情况沟通和相互协调，以共同达成营销目的；不合理的组织结构会造成下情不清、上令不明、信息不通，阻碍组织目的的传达。

除了饭店内的正式组织，还需要注意饭店内部的非正式组织。其主要特征为：比较相同的观点，密切的感情和一致的行为，凝聚力较强；组织内具有自卫性和排他性；组织的稳定性不强。非正式组织影响着员工的心理和行为，对饭店营销活动的效果也有一定的影响。

第二节　实施饭店客源调查

在目前高度发达的市场经济条件下，市场情况瞬息万变，为了随时了解市场信息，市场调查的工作是必需的。现代饭店的经营决策对市场信息的运用不是“一劳永逸”的，也不是时有时无的，而是要永不间断地去寻找和发现新的市场信息。饭店要在不断变化的市场环境中及时发现和捕捉机会，适时调整经营计划，使自己立于不败之地，必须依靠有效和稳定的市场调查工作。

一、市场调查的概念

市场调查是通过有目的地对一系列资料、情报、信息进行收集、筛选、分类和分析，来了解现有的和潜在的市场，并以此为依据作出经营决策，从而达到进入市场、占有市场并取得预期效果的目的。市场调查是营销活动的第一个步骤，也是整个营销活动的一个基础环节。好的营销活动都是立足于成功的市场调查的基础之上的。

饭店进行市场调查的目的是了解饭店所处的市场环境，包括宏观环境和微观环境，从中发现市场机会与环境威胁，并比较本饭店与竞争饭店的优势与劣势。其中，宏观环境对饭店的营销活动有间接影响，而微观环境则直接影响饭店的营销行为，对饭店微观市场环境的调查包括客户调查、竞争者调查和供应商、渠道商等协作者调查。

饭店的客源市场是指在一定时期内，某一地区范围内存在的对本饭店产品具有支付能力的现实和潜在客人的总和。对饭店来说，客人需求是饭店营销活动的起点和最终目的。了解饭店客源市场的规模、市场结构、发展状况以及客人的具体行为与消费动机，对其开展有效的营销活动是非常有必要的。

对饭店来说，进行客源调查的目的主要是了解以下几方面的内容：

WHO? 谁是我们的潜在客户？

WHERE? 我们的客户从哪里来？

WHEN? 我们的客人什么时候会来？

WHY? 为什么客人会选择我们的饭店？或者为什么不选择我们的饭店？

HOW? 我们的客人是如何做出选择的？

拓展·阅读

主题酒店

据《中国旅行者酒店旅游趋势报告》的最新数据显示，大多数中国旅行者出行住宿的主要选择还是经济型酒店，但长期跟踪研究酒店业的人士表示，事实上，在经历了2000—2008年这8年的井喷式发展后，近两年的经济型酒店日渐式微，长期保持90%～100%的客房出租率已成明日黄花。

而据某知名网站的酒店点评页面的点击浏览量显示，2010年第一季度，高星级奢华酒店的点击率有明显上升，与2009年第四季度相比，增幅达到35%，这表明对高星级酒店感兴趣的旅行者人数在增加。

而主题酒店作为高星级酒店中的特色，在2009年的发展更是迅速。仅就香港迪士尼乐园酒店来说，其旗下两家酒店，共计1000个房间，去年的平均入住率便在80%以上。

业内人士表示，因为设计千篇一律，缺乏特色和创意，经济型酒店已难以满足消费者日益增长的文化诉求；而我国星级饭店虽已挂牌数千家，但最缺乏的还是文化内涵。该人士表示，从内涵到形式，再到经营理念都占上风的主题酒店才会脱颖而出。

已经在特色上战胜经济型酒店的主题酒店，近年来为了揽客更是花样翻新。继前期将乐园门票和酒店房卡打包销售后，香港迪士尼乐园酒店营运驻店经理何慧思近日在领取了中国十佳度假酒店和中国最具魅力酒店奖后表示，从3月19日起到7月15日，有港澳通行证的游客，购买一张香港迪士尼乐园正价门票，再多付100元，就可以得到一张通行证，可无限次到乐园里游玩。

二、饭店客源市场调查的原则

（一）时效性原则

在现代饭店经营活动中，时间就是机遇。丧失机遇，就会导致整个营销活动的失败。市场调查的时效性表现在应及时发现和捕捉市场上的信息，为饭店所有经营和营销活动进行适时的战略调整和策略部署创造条件。调查时间的拖延，不仅会增加调查费用，还会使生产和经营滞后，可能会错过市场机会。

（二）准确性原则

市场调查要对收集到的资料、情报和信息进行筛选、整理，再经过分析得出调查结论，供饭店经营决策之用。因此，要求我们在调查工作中必须实事求是，切忌主观臆造。同时，以偏赅全也是不可取的。

（三）系统性原则

市场调查要求全面收集与饭店经营和营销有关的信息和资料。调查时，不仅要了解本饭店的情况，也要了解竞争对手的情况；不仅要调查外部宏观与微观环境，也要了解本饭店内部的机构设置、人员配置等情况。同时，还需要系统地调查所有这些方面对饭店经营和营销的具体影响。

（四）经济性原则

市场调查是一项费时费力的活动，在调查内容不变的情况下，采取不同的调查方法，费用支出也会不同。因此，调查活动要讲经济效益，在饭店财力能够支撑的范围内，尽量达到最好的调查效果。

（五）科学性原则

市场调查并不是简单的信息收集工作，为了提高效率，在时间和经费允许的情况下得到更多和更准确的信息，就必须对调查过程进行科学的安排。在调查方式选择、问卷设计、调查对象抽样，以及调查的全过程中，都需要运用到社会学、心理学等多方面的知识。对调查结果的分析还需要用到一些数学模型和公式。

三、饭店客源市场调查的过程

市场调查一般分为四个阶段，即市场调查的准备阶段、实施阶段、分析处理阶段和追踪反馈阶段。

（一）市场调查的准备阶段

这一阶段是整个市场调查工作的开始，其主要内容包括确定调查目标和调查项目、拟订调查方案和工作计划、选择调查方法和调配调查人员等。这一阶段需要完成的文件包括调查项目建议书、调查计划表、调查费用估计表等。通过准备阶段的工作，调查小组明确了调查目标，决定了调查方案，包括调查时间、调查地点和调查对象等，选择了调查方法，并估算了调查的费用。

（二）市场调查的实施阶段

一般情况下，市场调查收集到的资料既包括二手资料，也包括调查员亲自调查得到的一手数据。这两方面对调查工作同等重要。对于二手资料，主要通过文献查询的方法，查询公开出版物、年鉴、公开报告，以及饭店的财务报表等各种文字资料，也包括图表和图像资料等来获取。对于一手数据，则需要调查人员深入到实地，通过观察、问卷等方法获得真实的信息。在此阶段，科学的抽取样本是工作的关键。一般来说，可供调查者选择的抽样方法包括普查、典型调查和抽样调查三种，其中抽样调查的成本较低，效果较好，为调查部门所常用。

（三）市场调查的分析处理阶段

此阶段的主要工作包括调查资料的编辑和整理、分类汇总以及统计和分析，以及最终完成调查报告。目前，一般需要运用计算机来进行资料的处理和统计，将最后得到的分析结果作为撰写调查报告的依据。调查报告是以书面形式来反映整个调查活动的结果，是调查结果的最终体现。一个好的调查报告除了对与市场客观情况的罗列，还需要反映出调查人员的分析、判断和建议。同时，在调查分析的基础上，还应提出各种预测性信息。

（四）市场调查的追踪反馈阶段

为了更好地履行调查工作的职责，还应进行追踪调查，需了解的情况包括：①追踪调查前一段工作的成效；②调查结果的采纳情况；③实际执行过程中，执行人员的行动是否正确。

四、饭店客源市场调查的主要内容

饭店客源市场调查的主要内容既包括饭店客源市场的构成与特征等宏观环境，也包括饭店客人的消费具体行为与消费动机等微观因素。具体包括以下几点。

（一）宏观环境

1. 市场容量与市场占有率

饭店在做客源市场调查时，最先要了解的就是饭店面向的客源区，即目标市场的容量有多大，目前的市场占有率如何，同时也需要了解到饭店的目标市场的增长前景。不同类型的饭店所处的位置不同，面向的消费群体不同，其客源市场的容量也是不同的。

2. 客人基本情况信息

客人的基本情况包括饭店客人的国籍、出发地、年龄、性别、职业等。

3. 政府相关政策

关于以上宏观方面的内容，一般都可以从饭店自身的客源档案以及公开发行的一些文字资料中获得。

（二）微观因素

1. 客人消费行为的特征

客人消费行为的特征主要包括饭店客人的住宿时间、客房类型选择、消费水平、是否为回头客以及餐饮与其他需求。

2. 客人的动机

客人的动机主要包括饭店客人的住宿目的，如度假或公务等；选择具体饭店时考虑的主要因素，如价格、服务、品牌等；以及客人的出行方式，如散客或组团等。

关于饭店客人的具体行为研究，本书将在第三章进行详细阐述。

饭店进行客源市场调查，除了需要详尽了解本饭店的客源情况，还需要尽可能地了解竞争对手的客源情况及其经营情况。

五、饭店客源市场调查的方法

饭店客源市场调查的调查形式主要可分为实地调查和网络调查，目前，随着网络技术的发展，网络调查已经得到越来越广泛的应用。在进行饭店客源市场调查时，必须根据调查的目的、对象和项目内容选择合理的调查方法。一般来说，主要的调查方法包括文献调查法、观察调查法、访问调查法和实验调查法。

（一）文献调查法

文献调查法是指利用公开资料进行市场调查的方法，又叫资料调查法，具有省时、省人工、省费用的特点，但是得到的信息是二手资料，具有片面性，而且一般时效性较差。

文献调查法中搜集到的文献包括公开出版发行的各种年鉴、行业报告、政府文件，以及行业内饭店的年度报告和各种专著、论文等，还包括本饭店自身的经营资料，如各种报表与客史档案等。

用于文献调查的信息源不仅仅是各种纸质文献，还应尽可能地利用音频、图像资料。文献主要可以从公司内部长期积累的资料库、外部图书馆等处得来，随着网络技术的发展，网络已经成为调查文献的一个重要来源。

一般情况下，文献调查用于客源市场调查的初始阶段，可以以较少的投入得到概括性的结论，为下一步的实地调研作好准备。文献调查经常用于调查宏观市场环境，而对于客人行为和动机等微观因素方面通常是不可用的。

进行文献调查时需要注意以下几点。

（1）文献资料具有时效性，能得到新的资料就不用旧的。

（2）文献调查得到的信息必须经过分析评价，某些信息原则上是不可用的。

（二）观察调查法

观察调查法是指调查者在现场对饭店客人的情况直接进行观察，以取得客源市场资料信息的方法。一般来说，调查者不会与被调查者直接接触，而是通过某些设备或仪器，记录和考察被调查者的行为、态度和表现，其调查取得的是第一手资料。

观察调查法的优点是：可以比较客观、真实地收集第一手资料；被调查者的行为是一种自然的表现，不会影响调查精度；简便易行，可以随时随地进行调查。观察调查法的缺点是：只能观察现象，不能了解内在原因；受时间和空间的限制，只能用于小范围的调查；费用支出较大。

对饭店来讲，观察调查法常用于以下方面。

（1）饭店客流量调查；

（2）客人需求调查；

（3）饭店经营状况调查；

（4）广告和营销效果调查等。

（三）访问调查法

访问调查法是调查人员以询问为手段，从调查对象的回答中获得信息资料的一种方法。它是市场调查中最常用的方法。其主要调查手段是调查问卷。按照调查人员与被调查者的接触方式来区分，访问调查法可分为面谈法、电话调查法、邮寄调查法和留置调查法等。

（1）面谈调查法是指调查人员与被调查者面对面地接触，询问或观察被调查者以获取信息资料的方法，通常包括个人面谈、小组访谈和集体访谈。

面谈法是市场调查中最常用的调查方法之一。在对客人进行调查时，调查人员会面对面地与客人互动，有利于沟通，能够控制调查进程，得到比较准确的结果。但是其成本高、时间长，调查范围有限，而且在调查中，被调查者容易受到调查人员的影响。

（2）电话调查法是指通过电话对被调查者询问有关问题以获取信息资料的方法。其优点是速度快、费用低，容易控制，调查范围较广，由于调查人员不在现场，被调查者可以比较自由地回答问题。但是，电话调查只能针对有电话的群体，而且受时间限制，调查时了解问题不够深入，也不能调查较为复杂的问题。

（3）邮寄调查是用邮寄的方法将事先设计好的调查问卷寄给选定的被调查者，要求被调查者在填写完毕后再寄回饭店，从而收集信息的一种调查方法。通常，饭店会用这种方法调查客人的满意度。

其优点是调查成本低、调查范围广泛，被调查者有充足的时间来回答问题；其缺点是：回收率很低、花费时间较长。

（4）留置调查法是将事先设计好的调查问卷当面交给被调查者，并说明填写要求后留下问卷，过一段时间后再去回收，以获得信息资料的调查方法。

与邮寄调查法相比，由于问卷是调查人员当面提交，并告知了填写要求，因此回收率较高，而且问题回答也较为准确；但调查时会受到地域的限制。

（5）网络调查法是一种新型的调查方法，是借助网络，通过电子邮件、网页等方式获得调查资料的一种方法。网络调查大规模发展于20世纪末，具有资源型、定向性、及时性、互动性、经济型与匿名性等优点，且不受空间地域的限制。但是与电话调查类似，网络调查的目标只是能够且可以熟练使用网络的一小部分消费群体，其调查得到的结果往往不太全面，而且受技术限制，网络调查的真实性和安全性往往难以保证。

目前，随着网络技术的进一步发展，网络调查已经被越来越多的饭店在各种各样的调查领域所采用。

（四）实验调查法

实验调查法是指在调查中，在一定条件下有意识地改变某些影响调查目标的变量，而保持其他变量不变，以此来实验这些变量对客人消费行为的影响效果，从而取得第一手资料的调查方法。其优点是获得的资料客观、具体，能直接、真实地反映情况；其缺点是花费时间长、费用高，当有多种可变动的影响因素时，难以准确分析。

对饭店来说，实验调查法可用于研究客房布置、价格改变对客人的影响，还可用于研究不同广告的投放效果。

六、调查问卷设计

应用调查问卷，调查员可以按照统一的提问要求和问题顺序规范提问；受访者可以按照统一的答题要求答题；后期数据处理人员也可以按统一的问卷进行数据分析，从而提高调查的整体质量。

问卷是国际通用的询问调查的基本工具，设计科学有效的问卷也是询问调查的重要环节。调查问卷需要由专业人员遵循正确的设计原则和科学的设计程序进行设计。在设计时还要考虑到问卷的形式和问句的设计。

（一）问卷设计的原则

1. 结构完整

一份完整的问卷由以下三部分组成。

(1) 说明信。这是问卷的开头部分。在这部分内容中，首先，需要进行自我介绍，即向被调查者说明调查者的身份、调查的目的和意义，并向调查对象作出匿名和保密的保证，通常还需要留下调查单位的联系方式。其次，需要对问题的回答方式进行简单说明，主要是解释某些代码和标号的意义。

在问卷开头附上说明信，目的是提高问卷的可信度，获得调查对象的理解和支持。

(2) 问题部分。这是问卷的主体部分，问卷中的问题一般包括背景问题和核心问题。前者一般放在问卷的最前面或最后面，目的是了解样板的典型性，并根据其中的年龄、职业、收入水平等进行分类统计。根据某些背景问题，可以直接剔除出不符合标准的调查对象。核心问题是问卷中围绕主题设置的各类事实性和认知性问题，包括购买指导的问题（了解饭店的基本途径、住宿原因等）；购买行为的问题（包括住宿次数、频率、平均入住天数和选择的客房类型等）；购买结果的问题（满意程度、对产品和服务的意见和建议等）。

(3) 编号。调查人员需要在问卷的适当位置编上序号，以便汇总、分类、统计和排序。

2. 紧扣目标

问卷中的问题必须紧扣调查目标。此外，采用什么样的问句形式，也需要依据调查目标的需要而定。

3. 合乎逻辑

这包括四个方面的内容：整个问卷的问句设计要有逻辑性；单个问题也要有逻辑性；问句的排列顺序要根据调查对象的特点合乎逻辑地来设计；根据问题的难易程度来设计问句排列的逻辑顺序。

4. 易于回答

设计问卷时，要从调查对象的角度出发考虑问题及其形式，问句要便于理解且易于回答；难度适当，问句简洁；最好选用具体的、事实性的问句。

5. 便于统计

在问卷的设计过程中，还需要考虑到问题的答案是否适合量化及统计分析。这就要求对于一些能够量化的问题，尽可能地采用分类分级的方法给出明确的数量界限，采用态度测量表等形式把不易把握的态度性问题量化出来。

6. 保持中立

信息的价值首先体现在真实性、客观性上，所以要求问卷的设计及问题都必须保持中立原则，不可采用诱导性的问题或使用不平衡的量表。

7. 篇幅适当

问卷的篇幅不可过长，对于太长或耗时太多的问卷，受访者一般是没有精力去认真完成的。

（二）问卷的设计程序

问卷设计的基本程序如图 2－7 所示。

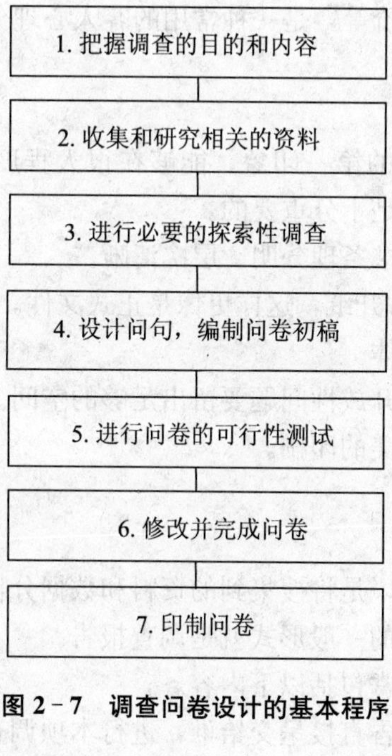

图 2－7　调查问卷设计的基本程序

（三）问题的设计

1. 问题的类型

按照问题的性质，通常可以把问题分为事实性问题、态度性问题、行为性问题和动机性问题。

（1）事实性问题要求调查对象回答一些已经发生的、客观存在的事实。问题和答案都十分明确，提问的目的是获得事实性资料。

（2）态度性问题要求调查对象回答他对某个事物的评价态度和意见，通常使用态度测量表来定量测量。

（3）行为性问题要求调查对象回答有没有做过，或是否准备做某事等一些行为的问题。

（4）动机性问题要求调查对象回答他采取某种行为的动机和原因。

2. 问句的形式

（1）开放型问句：在所提出的问题后面并不给出可能的答案供调查对象选择，而是要求他们自由作答。由于没有标准答案，因此不便于资料的汇总和统计分析，但是容易得到调查对象的真实想法。通常，对于动机、行为等问题采用开放型问句。

（2）封闭型问句：列有事先备好的答案，调查对象只能在备好的答案中进行选择。其优点是标准化，便于统计分析，但是由于答案限制，可能不能得到调查对象的真实想法。其可分为单项选择和多项选择，以及配对比较等。在设计问题的备选答案时，要求做到答案分布平衡、可以覆盖所有情况，且各个答案之间不可以重合。

（3）量表式问句是一种特殊的封闭型问句，常用来评价调查对象对饭店、品牌、产品、广告等的态度、意见和评价等，是一种常用的客人心理分析手段和测量工具。

（四）问卷形式的要求

调查对象对问卷外观状况的第一印象，能够在很大程度上决定他们是否愿意接受调查。因此，问卷形式的设计也是十分重要的。

（1）编排各部分内容时要求条理分明、层次清晰。

（2）问卷大小最好使用 16 开纸，这样更像是正式文件。

（3）选择合适且醒目的字体。

（4）保持适当的行距，对开放性问题要留出足够的空间。

（5）采用优质的纸张和精美的印刷。

七、调查报告撰写

市场调查的最后一项工作，是将搜集到的资料和数据分析的结果转化成与调查问题右端的调查成果。这个调查成果的一般形式就是调查报告。

对于书面的调查报告，通常包括以下内容。

（1）呈送函件。指出该报告直接呈交给谁，进行本项调查工作的原因以及本项调查的批示和批准事项等。

（2）扉页。扉页上一般包括：调查报告标题；调查者姓名；完成日期。

（3）目录。

（4）摘要。调查摘要是对调查报告基本内容的概括，包括主要调查结果，主要结论以及后续建议等。

（5）导言。导言通常包括调查原因、工作范围、研究的问题以及调查所依据的一些假设。

（6）研究方法。研究方法包括搜集、检验和使用各种资料的方法，抽样方式和样本选择方法，调查问卷，分析和解释的方法，调查人员数量及类型。

（7）调查成果。这是整份报告的核心内容，包括对原始资料的概括结果及其解释和说明、各种定性和定量分析得到的结果及其解释、总和概括和结论。表达调查成果时，使用图表和曲线有助于使用者加深理解。

（8）限制条件。限制条件包括调查可能的误差及产生原因、时间限制、调查成果的局限性、使用范围等。

（9）结论和建议。

补充资料

日本×××海滨饭店服务质量调查表

亲爱的宾客：

您可能早已获悉，这是日本东京×××接管的一所海滨饭店。我们将投资100万美元来更新设备和内部装修。饭店全体员工和我本人，期望得到您的协助和指导；希望您能抽点时间来回答并填写这份有关改进我们服务质量、更新服务设施的调查问卷，在此我代表全体员工向您表示感谢！

假若我们饭店的服务质量和服务设施有些地方使您失望，请您立即指出。

请您填写下列这份调查表，并交到总服务台或直接交到总经理办公室。谢谢！

×××

副董事长兼饭店总经理

评定等级

最好（Excellent） …………………………………………………… A

较好（Good） ………………………………………………………… B

一般（Fair） …………………………………………………………… C

低劣（Awful） ………………………………………………………… D

没有观察（Not Observed） ………………………………………… E

1. 您是通过下列哪种方法和渠道预订房间的？

□自己 □×××预定中心 □旅游代理商 □×××海滨饭店职工

□航空公司 □800免费电话 □其他方式__________

2. 您来×××海滨饭店下榻，预订房间和入住方便吗？

□方便 □不方便

不方便的原因是什么？__________

您在该饭店住过几次了？__________

3. 您为什么进住×××海滨饭店？

	是	否
饭店位置方便	□	□
饭店环境优美	□	□
饭店配套设施齐备	□	□
您的朋友推荐	□	□
您看到了我们的广告	□	□

您在什么地方看到广告的？____________________

4. 您认为我们饭店的服务如何？(A、B、C、D、E)

中厅杂役员 …………□

前台服务员 …………□

问讯中心服务员 …………□

客房服务员 …………□

洗衣场服务员 …………□

电话交换台服务员 …………□

前台结账服务员 …………□

饭店安全保卫 …………□

饭店管理和服务协调系统 …………□

其他方面的评论____________________

5. 您住的房间如何？(A、B、C、D、E)

客房装饰 …………□

洁净程度 …………□

灯光 …………□

用品是否充足 …………□

家具陈设 …………□

维修保养 …………□

客房价格 …………□

步入房间时，一切都整洁吗？ 是的__________ 不是__________

您的房间号码？____________________

评论____________________

6. 江湾餐厅服务标准 (A、B、C、D、E) 略

7. 日式餐厅 (A、B、C、D、E) 略

8. 送餐服务 (A、B、C、D、E) 略

9. 饭店服务员及我本人，应该如何做和提供什么样的服务，才能使您更为舒适、方便、愉快和安全？

建议：____________________

服务和管理评论：____________________

10. 您的名字和住址（可以不留）

姓名：____________________

地址：________________

您停留居住的时间：

天： 周： 月：

您愿意向您的朋友介绍并推荐×××海滨饭店吗？

姓名：________________

地址：________________

日本新大谷，夏威夷×××海滨饭店

电话：

第三节 熟练调查访问技巧

饭店进行市场调查的方法有很多，其中，访问法应用最为广泛，也最能得到准确的调查结果。访问法具体包括入户调查、街头拦截等多种方式。在调查执行过程中，调查员需要将问卷通过各种方式发放给调查对象，并指导调查对象正确填写，最后得到准确的反馈信息。在这一过程中，调查员的服饰穿着、语气表情、询问方式都会影响到调查能否顺利进行。要想获得成功的访问，就必须掌握一定的技巧。

一、获得合作

调查员的首要任务是获得被访者的合作，而调查员面对的是不同阶层、不同年龄的被访者，他们一般并不认识访问员，他们往往根据调查员的服饰、发型、性格、年龄、声调、口音等来决定是否采取合作态度。因此，调查员必须保持自身端正的仪容、用语得体、口齿伶俐、态度谦和礼貌，给人以亲切感，使被访人员较易放心地接受访问。

自我介绍乃访问开始时的重要步骤之一，调查员的自我介绍要求简明扼要，意图明确，重点突出，亲和力强，具体应该包括以下五个方面。

(1) 我是什么人（说明调查者的身份）；

(2) 我想干什么（来访目的、调查的性质和大致内容）；

(3) 需要表明不会占用对方太多时间；

(4) 承诺对调查的数据保密；

(5) 恳诚希望得到对方的支持。

访问员应使被访者感到他（她）是可信的，以下是一个自我介绍的例子。

“您好！我叫×××，是××大学的学生，我们正在进行一项有关饭店客人满意度的研究。我需要占用您一些时间，向您了解您对本饭店一些问题的看法，希望给予合作。谢谢!”

通过给出姓名，访问显得更具私人性；访问人员也可出示介绍信或证件表明研究是真实的，而不是推销产品；使用大学（或市场调研公司）的名字，对被访者来讲，也意味着访问是可信的。

调查员在要求进行访谈时，应尽量避免提出请求性的问题，如“我可以进来吗?”“我可以问您几个问题吗?”等，因为人们对于请求性的问题通常是拒绝的。如果调查员一开始提出的访谈要求被拒绝，不应该就此放弃，而是要充分考虑到调查对象拒绝的原因和理由。如果调查对象拒绝的原因是因为没空，则应当询问是否可以改时间再来；如果拒绝的原因是因为对调查的目的不了解，则可以进行进一步的解释。在请求访谈时，作出保密承诺也是非常重要的一个步骤。

为了使被调查者愿意接受调查，可以提供一些小礼品，在访谈开始的时候提示“我们将耽误您一点时间，届时备有小礼品或纪念品以示谢意，希望得到您的配合”。但切不可过分渲染礼品，以免让他（她）觉得难堪，有贪小便宜之嫌，反而会拒绝接受访问，或者为了获取礼品，来迎合访问，尽说好话，从而影响到访问的实际效果。

在提出要求时，为了使调查对象能够愿意接受我们的访谈，可以采取“得寸进尺”和“进尺得寸”的技巧。前者是指如果访谈对象能够接受一些小的要求，就可能会接受更进一步的要求。例如，一般人对一个短时间的仅仅包括一些简单的事实性问题的问卷不会拒绝，则调查员可以在其完成第一步的问卷后再尝试使其同意回答后续的更复杂和耗时的开放性问题。后者则是指为了使调查对象能够答应我们的要求，可以先提出一个很大的基本不可能被接受的要求，被拒绝后再提出一些小的请求，则更容易被接受。这两个技巧对实际的访谈工作是很有帮助的。

某些情况下，我们的调查对象确实不肯配合调查，这时，调查人员仍应该不失礼貌，因为你的行为在此时还代表了委托饭店的形象。

二、询问问题

访谈中，向调查对象询问问题是必不可少的，而访问人员掌握表达问题的艺术是非常重要的。为了能使被访问人真实地提供有关调查信息，调查员询问问题时，要讲究方式方法，并应根据被访问人的差异和回答问题的难易程度，适当地运用一些询问技巧，主要包括以下几个方面。

（1）态度友善。访问中，普查员应始终面带微笑，保持和蔼亲切、热情诚恳的谈话语气。态度要不卑不亢，语气要轻松。提问时要尽量注意不要用生僻或难以理解的专业术语，而应当使用受访者熟悉的语言来描述问题。

（2）紧扣主题。访问时普查员要时刻记住自己的工作目的，专心听取对方的意见。如果遇到健谈的被访问人答非所问，或者讨论一些与此次访问无关的问题时，调查员可以选择合适的时机，礼貌地将对方引向正题，从而节省工作时间。

（3）表述清楚。普查员应清楚地说出调查表中的各个问题，说话时切勿太慢或太快，确保被访问人清楚地听到提问内容。

（4）内容要全。如果普查员没有按照调查表的顺序提问，或访问中途遇到拒答的问题，应在访问过程中记录下来，在访问结束前要进行核查，看看调查内容是否已全部完成。

（5）适当解释。如果遇到被访问人误解了问题或是对问题理解不太清楚，普查员应该使用通俗的语言，帮助被访问人准确地理解问题。

（6）循序渐进。对于戒备心理和抵触情绪较强的被访问人，普查员可用打招呼、拉家常开头，对被访问人耐心解释，再逐渐转入正题。询问中，先易后难：先问基本情况，如年龄、出发地等；后问敏感问题，如经济状况，家庭情况等。在调查过程中，碰到一时难以回答或找不到资料的，应该先跳过，不要强硬逼问，以避免僵局。将容易的先填报好，最后再追问难题。

（7）选择时间。进行调查时，一定要根据调查对象的具体情况选择合适的入户时间和电话时间，尽量选择调查对象合适的时间段进行调查。比如在饭店住客刚下飞机进入饭店急于休息时，前去要求访谈是极不明智的。一般，对于耗时较短的饭店内住客的调查，在退房时进行是一个比较好的选择。

（8）注意保密。询问一些涉及被访问人隐私的数据时，普查员应主动创造条件为他保密，如尽可能选择一个无其他人在场的环境，或者礼貌地请无关人员回避，从而使被访问人回答时能够畅所欲言。

在具体提出问题时，要注意以下几条原则：尽量用问卷中的用词来询问；慢慢地读出每个问题以使调查对象能够充分理解；按照问卷中问题的次序详细询问每个问题，以免错漏；重复被误解的问题。

调查员应保持中立，在语调和措辞等方面不能表现出明显的好恶，或给调查对象以暗示。在提出问题的时候如果被访者不理解问题中的一些概念，他们通常会要求作出澄清，如果访问指导上没有要求作出特别的解释，访问人员不得随意解释。但访问人员经常用他（她）自己的定义或随便作一番解释，这些个人性的解释是访问偏差的一个来源，因为每个访问人员的解释可能并不一样，并且有些解释可能是错误的，应当采取的方法是重复问题或回答“正如您想的那样好了”。

三、适当追问

追问是进行开放性问题调查的一种常用技术，开放性问题对调查员来讲具有更大的难度，但开放性问题可以让被访者充分发表意见，使调查获取更多的信息。

追问可以分为两类，一类是勘探性追问，另一类是明确性追问，即澄清。前者是在被访者已经回答的基础上进一步挖掘、询问问题的方法，目的在于引出被访者对有关问题的进一步阐述；后者是让被访者对已回答的内容作进一步详细的解释，目的在于进一步明确被访者给出的答案。下面是两个进行追问的例子。

（1）先进行明确性追问以澄清不完整的回答，再进行勘探性追问。

问题：对我们饭店的这个广告，您有什么地方不喜欢？

回答：不行，很差。（回答太一般化，回答中没有任何确切的内容。）

追问：您所谓的“很差”是指什么呢？

回答：档次低了一点。（此回答比上一回答有所进步，但仍不够详细。）

追问：哪些方面档次低呢？

回答：女模特身穿睡衣坐在床上。

追问：您还有什么不喜欢的吗？（在原来回答基础上追问更多的内容。）

回答：没有了。（停止追问，因为被访者已说出了更多的内容。）

（2）先进行勘探性追问进一步挖掘问题，再进行澄清和明确。

问题：对这个电视广告，您有什么地方不喜欢吗？

回答：不行，很差。

追问：对这个电视广告，您还有什么地方不喜欢吗？

回答：没有了。

追问：您说的很差是指什么呢？（回到原来回答不完整的问题，加以澄清。）

回答：档次低。

追问：哪些方面档次低呢？

回答：女模特穿着睡衣坐在床上。

进行追问的时候，需要调查员积极鼓励调查对象能够主动和深入地回答问题，但是调查员的追问必须是中立的。例如：

错误的问题：你不喜欢我们饭店提供的食物，是因为太辣么？

正确的问题：你为什么不喜欢我们饭店提供的食物呢？

进行追问时，调查者可以使用以下的技巧。

（1）重复问题。当应答者保持完全沉默时，他（她）也许没有理解问题，或还没有决定怎样来回答，重复问题有助于被访者理解问题，并会鼓励其应答。

（2）观望性停顿。如果调查人员认为被访者有更多的内容要说，沉默性追问，伴随着观望性注视，也许会鼓励应答者收集他（她）的思想并给出完整的回答。当然访问人员对应答者必须是敏感的，以避免沉默性追问成为冷场。

（3）重复应答者的回答。随着访问人员记录回答，他（她）也许会逐字重复应答者的回答，这也许会刺激应答者扩展他（她）的回答。

（4）提中性的问题。问一个中性的问题也许会具体向应答者指明要寻找的信息类型，例如，如果访问人员认为应答者的动机应当澄清，他（她）也许会问："您为什么这样认为呢？"如果访问人员感到需要澄清一个词或短语，他（她）也许会说："您的意思是——？"

四、记录问题

记录回答看起来非常简单，但错误经常在记录阶段发生，每一个访问人员都应当使用同样的记录技巧。例如，对访问人员来说是使用钢笔还是铅笔这似乎没有多大意义，但对必须擦去并重写模糊的字的编辑人员而言，用铅笔就非常重要了。记录封闭式问题的应答规则随具体问卷的变化而变化，一般是在反映应答者回答的代码前打钩或画圈。访问人员经常会省略记录过滤性问题的答案，因为他们认为随后的回答使得这些答案很明显，但编辑和编码人员并不知道应答者对问题的实际回答。访问人员应当了解一些记录开放式问题的规则。

（1）在访问期间记录回答；

（2）使用应答者的语言；

（3）不要摘录或释义应答者的回答；

（4）记录包括与问题的目标有关的一切事物；

（5）记录下你所有的追问。

五、结束访问

访谈的结束阶段是整个访问过程的最后一个环节，离开以前，调查人员必须迅速重温一下访谈结果或迅速检查一遍访谈提纲，避免遗漏重要项目。在结束时还应再次征询调查对象的意见，了解他们还有什么想法、要求等。分手时，要真诚地感谢对方对本次调查工作的支持。如在开始访谈时承诺有礼品相赠，则应将礼品赠送给调查对象。

在未来的一段时间里再次访问被访者也许是必要的，这样，友好地离开应答者是极其重要的，因为他们的合作值得我们这样做，他们也应当为其所付出的时间和合作而得到感谢。

第四节　做好饭店市场预测

小案例

中国饭店业发展的趋势

中国饭店业的发展有以下趋势。

一是中长期发展不可逆转。预测到 2015 年全国将新增各类住宿设施约 20 万家，其中星级饭店约 10000 家，五星级饭店将超过 500 家。

二是竞争更加激烈。预计“十一五”期间，我国旅游饭店投资将达 3400 亿元，集团之间核心竞争力的较量将更加突出。

三是饭店集团的收购、兼并、重组进一步加速，可能出现跨地区甚至跨国的收购、兼并和重组。

四是营业收入小幅增长、RevPAR 普遍下降、亏损企业增加，这些都是暂时的困难。

五是休闲度假饭店的需求也将成倍地增长，促进内需和消费的政策将推动国内旅游业从观光型升级为度假型。

六是会展业和奖励旅游将持续发展。

七是互联网成为饭店营销的最大平台。我国互联网发展有三个新动向，①互联网正从以信息传播和娱乐消费为主向商务服务领域延伸；②互联网正从提供信息服务向提供平台服务延伸；③传统互联网正在向移动互联网延伸。

八是饭店的网络营销以直销为主，各渠道并重。饭店开始重视优化网站和网站推广方法。

九是中国经济型饭店的发展还将继续有不俗的表现。新开业高端饭店普遍使用跨国公司品牌，中国高端饭店的主流正在演变为房地产开发业加跨国公司品牌。

十是中国饭店业在海外取得发展。2008 年，中国饭店业已经作了走出去的可贵尝试。

注：RevPAR 是 Revenue Per Available Room 的缩写，是指每间可租出客房产生的平均实际营业收入，用实际平均房价乘以出租率即可得出。

饭店通过市场调查研究收集市场活动历史和现实的事实材料，这仅是第一步，接下来还需要对这些材料进行分析研究，完成市场预测，才能为决策者提供有用的信息。

一、饭店市场预测的内容

对饭店来说，其客源市场的变化受社会经济环境、需求、供给、政治形势、消费心理、社会风尚等各个方面的影响。因此，饭店市场预测涉及的范围十分广泛，主要包括以下几部分内容。

（一）市场行情变化的预测

这包括全部饭店行业的市场行情、全国范围内市场行情、某城市饭店业市场行情变化。对饭店来说，影响市场行情的因素主要有宏观经济环境变化以及大型会展活动。例如，2008 年奥运会在北京举行，则在奥运会前后，北京市以至中国的饭店业都将面临着一个快速发展的行情；而席卷全球的金融危机则使豪华饭店业面临着比较严峻的市场形势。

（二）消费结构变化的预测

消费结构变化的预测主要预测饭店市场上各种产品构成及相应的比例关系的变化。当某个城市定位为区域性的经济和金融中心时，则高端商务旅客的数量将会出现增长。

（三）产品销售预测

产品销售预测是指对饭店自身产品销售前景的判断，包括品种、规格、价格、销量、销售额以及销售利润等。

（四）产品价格预测

产品价格预测主要是指根据整个市场上同类产品的价格变化来预测本饭店产品未来的市场价格。影响产品价格的主要因素包括市场供求和竞争状况，以及产品价值。

（五）产品生命周期预测

对饭店产品在生命周期中所处阶段进行预测，即准确判断产品投入期、成长期、成熟期和衰退期。

（六）市场占有率预测

饭店不仅需要预测本身产品的市场占有率及其变化趋势，还需要对竞争产品和替代产品的市场占有率进行预测。

（七）技术变化的预测

生产技术的变化对饭店的营销策略有着重要的影响。互联网的出现颠覆性地改变了传统的营销模式，值得所有的饭店注意。

（八）经济效果的预测

饭店的所有营销活动都需要付出一定的成本，以最小的成本获得最大的经济收益，是每一家饭店的期望。对经济效果的预测，就是饭店对未来一定时期内饭店各类营销活动，包括投资、管理改革、新技术的采用以及促销等活动，所获得的收益和付出的成本进行预测和比较。它对饭店改善经营管理、扩大经营业务有着重要作用。

二、市场预测的种类

(1) 按照市场预测的性质分，一般可以分为定性预测和定量预测。

定性预测是研究和探讨预测对象在未来市场上表现出来的性质。凭借预测者的主观经验、业务水平和逻辑推理能力，来判断市场未来质的变化情况。定性预测简单易行，适合在对预测精度要求不高时使用。

定量预测是以准确、系统、全面、及时的资料为基础，建立数学模型，对市场变化趋势作出数量分析。其主要方法包括时间序列分析和因果关系分析（回归分析法）。

(2) 依据预测时间可划分为短期、近期、中期和长期预测。

短期预测：时间在一周到半年之间，帮助饭店制定短期营销策略。

近期预测：时间在半年到一年之间，帮助饭店制定当年或年内的营销策略及战略。

中期预测：时间在二到五年之间，帮助饭店确定中长期的营销战略。

长期预测：时间在五年以上，为饭店制定总体发展规划和重大长期营销决策提供依据。

三、市场预测的原则

市场预测的基本原则包括以下内容。

（一）连续性原则

进行市场预测需要收集过去和现在的资料，然后推测出未来的市场变化趋势。常用的预测技术包括回归分析法和时间序列模型，都是以连续性原则为前提的。

应用连续性原则，需要注意两点：

第一，必须确定规律是存在的，要求预测目标历史数据显示的变化趋势具有一定的规律性，并且可以被辨别出来。

第二，必须确定规律是可用的，要求预测目标在未来仍旧能够满足规律发生作用的客观条件。

一般情况下，只要认为市场和饭店处于稳定发展阶段就可以应用连续性原则进行预测。

（二）类比原则

进行市场预测时要判断并利用预测目标与其他事物之间的类似之处，类比其以后的发展状况，即“举一反三”。

（三）相关原则

各种事物之间都存在着直接或间接的联系，它们相互依存、相互制约。在进行市场预测时需要依靠事物之间的相关性。常用的一元和多元线性回归法就是利用了相关性原理。但是在应用时要注意，事物之间有相关性，并不一定存在因果关系；而且因和果的具体判断也需要进行具体的、多方面的分析。

（四）质、量分析相结合的原则

在进行市场预测时，要结合使用定性分析与定量分析的方法，才能取得良好的预测效果。

（五）可控性原则

可控性是指饭店对所预测到的客观社会经济环境的变化或经济事件，在一定程度上是可以控制的。对饭店来说，要求利用可控性因素，尽量避免不可控因素对预测目标可能产生的影响。具体地说，一般的宏观因素，如政治法律制度、经济发展状况以及竞争与其他饭店的发展等外部状况，都不是饭店可以控制的；但是饭店可以通过调整自身的生产经营与营销策略等，来适应外界环境的变化。

四、市场预测的程序

第一步，确定预测目标。预测目标的确定，应该包括预测的对象、预测的目的、预测的时间范围和空间范围等。其目标应该具体、详尽、准确、清楚，不能含混、抽象。

第二步，收集分析资料。根据预测目标，确定应收集的文件数据等资料，通过市场调查去广泛、系统地收集所需的资料。其中既包括历史资料，也包括现实数据；既包括饭店外部环境资料，也包括饭店内部经营状况。

第三步，选定预测方法，建立预测模型。资料经过归类、整理后，对其进行初步分析，通过绘制散点图等方法，以发现预测对象的结构特征和变化趋势。再根据预测的内容和掌握的资料，选定合理的预测方法，并建立预测数学模型。

市场预测模型有三类：一是表示预测对象与时间关系的时间序列模型；二是表示预测对象与影响因素之间关系的相关关系模型；三是表示预测对象与另外的预测对象之间关系的结构关系模型。对于建立的各种数学模型，还应对有关数据进行必要的修正，剔除由于偶然原因产生的某些异常数据。

第四步，分析、评价并确定预测值。根据选定的预测方法和模型，对市场变化进行预测，并估计初步预测结果的误差。如果误差过大，还需要修改预测模型或改变预测方法。但是，预测不是预言，总是会存在一定的误差的。

第五步，提出预测报告。市场预测的最终目的是为决策服务的。在预测报告中，应概括预测目标、预测对象与预测方法和模型，并提出分析结论，对预测结果进行分析和评价，根据预测结果提出意见和建议等。

五、定性预测方法

定性预测方法可以对预测对象作出变动方向和性质上的判断，它依赖于预测者丰富的经验和知识，以及综合分析能力，对预测对象的未来发展作出性质和程度上的估计的一种预测方法，其结果通常具有不确定性。

（一）定性预测的优点

定性预测具有以下优点。

（1）操作简单，成本低；

（2）定性预测可以用于了解客人的动机和感觉等很难量化的因素；

（3）定性预测是定量调查和预测的前提。

（二）定性预测的常用方法

通常选用的定性预测方法包括对比类推法、集合意见法和专家预测法。

1. 对比类推法

对比类推法是利用事物之间具有共性的特点把已经发生事物的表现过程类推到将要发生的事物上去，从而提出预测的一种方法，包括以下一些具体的方法。

（1）地区类推法，即依据其他国家或地区曾经发生过的事件进行类推。2008 年北京举行奥运会为北京市的饭店业带来了巨大的经济效益，那么 2010 年广州的亚运会也将会为广州饭店业带来机遇。

（2）产品类推法。不同的产品在功能、营销渠道等方面可能具有相似性，因此这些产品的市场发展规律具有相似性，可以进行类推。例如，可以用高尔夫度假饭店的发展来类推其他类型，如滑雪度假饭店的发展趋势。

（3）行业类推法，以相近行业的相近产品的发展变化情况来进行类比，如类比饭店业和航空业。

2. 集合意见法

集合意见法是利用集体的经验、智慧，共同分析思考、判断综合，对事物未来的发展变化趋势作出估计，通常，进行预测的集体由饭店内部的经营管理人员和营销人员组成。这种方法能够集思广益，相互启发，避免单个人进行预测的主观性，提高预测的精度，通常是对每个预测者的预测结果进行加权平均，以得到最后的结果。集合意见法通常用于短期的预测。

3. 专家预测法

专家预测法，又叫德尔菲法。它是 20 世纪 60 年代由美国兰德公司最早应用的一种预测方法，利用匿名专家的主观判断，通过信息沟通和不断反馈的过程，使预测结果趋于一致。一般的预测步骤为：

（1）拟定意见征询表；

（2）选定征询专家；

（3）反复征询专家意见；

(4) 作出预测结论。

4. 其他定性预测法

下面几种定性预测方法可以应用于预测客人的消费倾向。

(1) 购买意见预测法，是指通过一定的调查方法直接向饭店的潜在客户征询购买意见，并在此基础上对需求或销量作出预测的方法。

(2) 订购预测法，是指根据客人的中期或长期订单，以及预购合同来预估未来的营销额的预测方法，在进行预测时要考虑到履约率。

(3) 消费水平预测法，即利用对本地消费水平和消费人数这两个基本量的直观判断进行简单推理，以预测饭店的营业额。

六、定量预测法

定量预测法是根据比较完备的统计资料，运用数学模型对资料进行分析和计算，找出预测目标与其他因素之间的规律性联系，从而推算出未来的发展变化。定量预测法一般包括两大类：时间序列预测法和回归预测法。

(一) 时间序列预测法

时间序列是指同一个经济变量的观测值按时间顺序排列得到的数列。时间序列分析法是运用数学模型找出时间数列发展的趋势和变化规律，并向外延伸，以预测市场未来的变化趋势。其中时间可以是周、月、季度、年等。

时间序列预测法可以用来预测销售量和销售额的增长趋势、季节性产品的供求趋势、产品生命周期等。具体的预测方法包括平均预测法、移动平均法、指数平滑法、趋势延伸法和季节指数预测法。

1. 平均预测法

平均预测法包括算术平均法、增长量平均法和发展速度平均法。

(1) 算术平均法适用于市场呈稳定状态，每期变化不大的情况。可分为简单算术平均法和加权算术平均法。

简单算术平均法的公式为：

$$y_{n+1} = (y_n + y_{n-1} + \cdots + y_1)/n \tag{2.1}$$

其中，y_n 为时间序列第 n 期的实际值；$\hat{y}_{n+1}$ 为第 $n+1$ 期的预测值；n 为期数。

加权算术平均法的公式为：

$$\hat{y}_{n+1} = \sum_{i=1}^{n} \alpha_i y_i \tag{2.2}$$

其中，y_i 为时间序列第 i 期的实际值；$\hat{y}_{n+1}$ 为第 $n+1$ 期的预测值；α_i 为第 i 期预测值的权重；$\sum_{i=1}^{n} \alpha_i = 1$ 。

在时间序列预测中，一般来讲，近期的状态值对预测结果的影响较大，因此近期预测值的权重也较大。

(2) 增长量平均法适合于市场现象呈直线上升或下降的情况下，即各期的增长量保持稳定的情况。用增长量平均法可以纠正滞后值。其公式为：

$$\hat{y}_{n+1} = \hat{y}_n + \overline{\Delta Y} \tag{2.3}$$

$$\overline{\Delta Y} = \sum_{i=2}^{n} \Delta Y_i / (n-1)$$

其中，$\overline{\Delta Y}$为各期增长量的平均值。

(3) 发展速度平均法适用于市场呈指数曲线变化趋势的情况，也称为几何平均法。

时间序列各期的发展水平为：Y_1，Y_2，…，Y_n；

观察期各期的环比发展速度为：$G_t = \frac{Y_t}{Y_{t-1}} \times 100\%$；

则观察期各期环比发展速度的平均数为：$\overline{G}_t = \sqrt[n-1]{G_2 \times G_3 \times \cdots \times G_n}$；

亦即 $\overline{G}_t = \sqrt[n-1]{Y_t / Y_1}$。

则下一期的预测值为：

$$\hat{y}_{n+1} = Y_n \times \overline{G}_t \tag{2.4}$$

2. *移动平均法*

移动平均法是将观察期内的数据由远及近按一定跨越期进行平均，随着观察期的逐期推移，观察期内的数据也随之向前移动，在移动时要保证跨越期不变，然后逐个求出其算术平均数，并将预测期最近的那一个平均数作为预测值。

该方法适用于没有明显的升降趋势和循环变动的时间序列，它的一系列平均值能够显示出市场的长期趋势。

移动平均法的公式为：

$$Y_{t+1} = \frac{Y_t + Y_{t-1} + Y_{t-2} + \cdots + Y_{t-(n-1)}}{n} \tag{2.5}$$

其中，Y_{t+1}为下一期的预测值；Y_t 为第 t 期的观察值；n 为期数。

与简单平均法类似，为各期观察值加上权重，就是加权移动平均法。

例题一：表 2-1 所示为某饭店 2001—2010 年近 10 年的客人数，请用简单移动平均法预测 2011 年全年的客人数。（设 $n=3$，4，5。）

表 2-1　　　　数据表（一）

年份	客人数（千人）	三期移动平均	四期移动平均	五期移动平均
2001	68			
2002	84			
2003	76			
2004	92	76		
2005	72	84	80	
2006	64	80	81	78.4
2007	83	76	76	77.6
2008	72	73	77.8	75.8

续 表

年份	客人数（千人）	三期移动平均	四期移动平均	五期移动平均
2009	88	73	72.8	77.4
2010	80	81	76.8	76.6
2011 预测值		80	80.8	77.4

例题二：利用上题的资料，设 $n=3$，权重 $W_1=0.2$，$W_2=0.3$，$W_3=0.5$，用加权移动平均法求 2011 年客人数的预测值，并填列在表 2-2 中。

表 2-2　　数据表（二）

年份	客人数（千人）	三期加权移动平均
2001	68	
2002	84	
2003	76	
2004	92	68×0.2+84×0.3+76×0.5=76.8
2005	72	84×0.2+76×0.3+92×0.5=85.6
2006	64	76×0.2+92×0.3+72×0.5=78.8
2007	83	92×0.2+72×0.3+64×0.5=72.0
2008	72	72×0.2+64×0.3+83×0.5=75.1
2009	88	64×0.2+83×0.3+72×0.5=73.7
2010	80	83×0.2+72×0.3+88×0.5=82.2
2011 预测值		72×0.2+88×0.3+80×0.5=80.8

加权移动平均法中的权数是依据预测人员的个人经验来确定的，但是应该注意的是，各权数之和为 1。

3. 指数平滑法

指数平滑法是用预测目标历史数据的加权平均数作为预测值的一种方法，是加权移动平均法的一种特殊情况。其公式为：

$$\hat{y}_{n+1} = ay_{n+(1-a)}\hat{y}_n \tag{2.6}$$

其中，y_n 为第 n 期的实际值；$\hat{y}_n$ 为第 n 期的预测值；$\hat{y}_{n+1}$ 为第 $n+1$ 期的预测值；a 称为平滑系数。

在应用指数平滑法时，平滑系数 a 的选择是十分重要的。具体选择时，应先分析时间序列的变化趋势：

当时间序列呈稳定的水平趋势时，a 应取较小值，如 0.1～0.3；

当时间序列呈较大的波动趋势时，a 应取居中值，如 0.3～0.5；

当时间序列呈明显的上升或下降的斜坡时，a 应取较大值，如 0.6～0.8。

在实际应用时，可以取多个 a 值进行比较，选择预测误差最小的 a 值。

关于初始预测值 $\hat{y}_1$，当资料项数很多时，可以取第一期的实际值作为初始预测值；当资料项数较少时，可以选择前一段时间的平均值作为初始值。

例题三：某饭店 2002—2010 年销售额如表 2-3 所示，利用指数平滑法预测 2011 年的销售额。

表 2-3 **数据表（三）**

年份	销售额（万元）	平滑系数 $a=0.1$	平滑系数 $a=0.6$	平滑系数 $a=0.9$
2002	4000	4566.70	4566.70	4566.70
2003	4700	4510.03	4226.68	4686.67
2004	5000	4529.03	4804.27	4956.67
2005	4900	4576.12	4921.71	4866.67
2006	5200	4608.51	4908.68	5136.67
2007	6600	4667.66	5083.47	6932.67
2008	6200	4860.89	5993.39	6036.67
2009	5800	4994.80	6117.36	5676.67
2010	6000	5075.32	5926.94	5856.67

表中初始值 S_1 是用的前三年销售额的平均值（$x_1+x_2+x_3$）÷3=4566.70（万元）。

当平滑系数取 0.1 时，2011 年的销售额为 $S=0.1\times6000+0.9\times5075.32=5167.79$（万元）。

当平滑系数取 0.6 时，2011 年的销售额为 $S=0.6\times6000+0.4\times5075.32=5970.78$（万元）。

当平滑系数取 0.9 时，2011 年的销售额为 $S=0.9\times6000+0.1\times5075.32=5907.53$（万元）。

一次指数平滑法适用于时间序列有一定波动但没有明显的长期递增或递减趋势的短期预测，若进行中长期预测，则会造成显著的时间滞后，产生较大的误差。若数据变化具有线性变化趋势，则可以采用二次指数平滑法。若具有非线性变化趋势，则需采用三次指数平滑法。

4. 趋势延伸法

当时间序列的每期数据呈直线增加或减少，即每期的增长量大体相同时，可利用直线趋势延伸法。其预测模型为：

$$Y_t = a + bt \tag{2.7}$$

其中，a、b 为直线方程的参数，可以由最小二乘法得出。其公式为：

$$\begin{cases} a = \dfrac{1}{n}\left(\sum y_i - b\sum x_i\right) \\ b = \dfrac{n\sum t_i y_i - \left(\sum t_i\right)\left(\sum y_i\right)}{n\sum x_i^2 - \left(\sum x_i\right)^2} \end{cases} \tag{2.8}$$

t_i 是时间序列的序号，为了简化计算，通常按 $\sum t_i = 0$ 的原则进行编号。这样，原公式可以简化为：

$$\begin{cases} a = \dfrac{\sum y_i}{n} \\ b = \dfrac{\sum t_i y_i}{\sum t_i^2} \end{cases} \tag{2.9}$$

当 n 为奇数时，可令时间序列的中间一项为 0，其他各期为…，－2，－1，0，1，2，…这样即可满足时间序列各项序号之和为 0。

当 n 为偶数时，则可令各期序号为…，－5，－3，－1，1，3，5，…以使得时间序列各项序号之和为 0。

例题四：某饭店集团 2004—2010 年的营业收入如表 2－4 所示，试利用直线趋势法预测 2011 年该集团的营收情况。

表 2－4　　数据表（四）

年份	营收（百万元）y_i	t_i	$y_i t_i$	t_i^2	y_t
2004	2428	－3	－7284	9	2559.82
2005	2951	－2	－5902	4	2904.07
2006	3533	－1	－3533	1	3248.32
2007	3618	0	0	0	3592.57
2008	3616	1	3616	1	3936.82
2009	4264	2	8528	4	4281.07
2010	4738	3	14214	9	4625.32
合计	25148	0	9639	0	

$a = \dfrac{\sum y_i}{n} = 25148/7 = 3592.57$

$b = \dfrac{\sum t_i y_i}{\sum t_i^2} = 9639/28 = 344.25$

则直线趋势方程为 $y_t = 3592.57 + 344.25t$

代入 $t=4$，求得 2011 年的总收入为 4969.57（百万元）。

若时间序列呈非线性变化，如为二次曲线趋势时，则可利用最小二乘法求出相应的二次曲线方程，然后再进行预测。

5. 季节指数预测法

对饭店来说，其客流量有淡旺季之分，会随着季节的不同呈周期性变化，每年都会出现相似的周期性曲线。例如，对于北方某些滨海城市，如秦皇岛的滨海度假饭店，每年的客流量绝大部分出现在夏天的几个月中。在进行市场预测时，应考虑到某些经济变量的季节变化，这时就要用到季节指数预测法。

季节指数预测的一般步骤如下。

第一，搜集三年以上每年的各月或各季度的饭店客流数据。

第二，计算各年同月或同季的平均值 $\overline{Y}_i=\sum_{i=1}^{n}Y_i/n$。式中，$Y_i$ 为各年同月或同季的实际值，n 为年数。

第三，计算所有年度所有月或季的平均值 $\overline{Y}=\sum_{i=1}^{N}\overline{Y}_i/N$。式中，$N$ 为一年的月数或季数。

第四，各月或各季的季节指数 $f_i=\overline{Y}_i/\overline{Y}$。

第五，计算预测期趋势值 X_t。

趋势值是没有考虑季节变动情况下的预测值，可采用以下的方法计算：①以观察年平均值除以一年的月数或季数；②观察年末年的实际值乘以发展速度；③直接以观察年末年的实际值作为预测值。

第六，计算各季预测值 $Y_t=X_t\times f_i$。

例题五：南方某海滨度假村 2007—2010 年各季营业收入如表 2－5 所示，试预测 2011 年各季的销售额。

表 2－5 数据表（五）

季度	各季度销售额				季均收入（万元）	季节比率（%）	预测值（万元）
	2007	2008	2009	2010			
第一季度	148	138	150	145	145.25	127.27	147
第二季度	62	64	58	66	62.5	54.77	63.26
第三季度	76	80	72	78	76.5	67.03	77.42
第四季度	164	172	180	173	172.25	150.93	174.32

（1）计算各年同季度的销售额，即平均销售额，见表 2－5 中的第 6 列。如第一季度为：

（148＋138＋150＋145）/4＝145.25（万元）

（2）计算所有年所有季的季平均销售额，为：

（145.25＋62.5＋76.5＋172.25）/4＝114.125（万元）

（3）计算各季节比率，如第一季度为：

145.25/114.125＝127.27％

（4）预测年的季趋势值，使用末年的收入值：

（145＋66＋78＋173）＝115.5（万元）

（5）乘以季节比率即可得到 2011 年各季预测值，见表 2－5 中的最后一列。

需要注意的是，因为引起季节变化的可变因素较多，所以季节指数预测法并不适用于短期预测。

(二)回归预测法

回归预测法是在分析因变量与自变量的相互关系，建立变量间的数量关系近似表达的函数方程，并进行参数估计和显著性检验之后，运用回归方程预测因变量数值变化的方法。其中，表达经济变量间关系的数学表达式称为回归方程。

回归分析法的预测步骤如下。

1. 确定预测目标和影响因素

通常情况下，预测目标就是因变量，自变量就是影响预测目标的主要因素。

2. 进行相关分析

通常，通过相关系数来判断自变量与因变量之间的相关性。相关系数计算公式为：

$$r=\frac{\sum(X-\overline{X})(Y-\overline{Y})}{\sqrt{\sum(X-\overline{X})^2(Y-\overline{Y})^2}} \tag{2.10}$$

相关系数的值范围为$-1\leqslant r\leqslant 1$。当变量Y与X线性相关时，r的绝对值越接近1，则其相关性越大；r的绝对值越接近0，则其相关性越小。

3. 建立回归预测模型

线性回归方程的一般形式为：

$$Y=a+b_1x_1+b_2x_2+\cdots+b_nx_n$$

方程的系数通常用最小二乘法求得。

当线性回归方程的自变量只有一个时，称为一元线性回归，方程可以简写为：

$$Y=a+bx$$

当变量间不呈现线性关系时，则需根据曲线的性状建立相应的非线性回归方程。一般的非线性回归方程包括指数曲线、幂函数曲线、双曲线和多项式曲线方程。

4. 对回归预测模型进行假设检验

将方程用于预测之前需要进行假设检验，以检查回归方程的拟合优度和回归参数的显著性。常用的检验方法有相关系数检验、F检验、t检验和D-W检验。

5. 进行实际预测

将需要计算的自变量x代入预测方程，即可求得预测值。

本章小结

饭店要想在竞争日趋激烈的市场上求得生存和发展，就需要有针对性地开展营销活动，推出符合市场需求的产品，其中的基础环节就是了解市场、分析市场。饭店一切市场决策的开始都是进行有针对性的市场调查，并根据调查得到的结果作出正确的市场预测。

本章阐述了饭店营销环境的基本概念与分析方法、对饭店客源市场调查的原理与方法，并且简要介绍了一些市场调查访问的技巧，另外还介绍了市场预测的具体内容以及一些理论方法。

经典案例

万豪酒店的创新之道

“万豪”会在什么样的情况下推出新品牌或新产品线呢？答案是：当其通过调查发现在旅馆市场上有足够的尚未填补的“需求空白”或没有被充分满足的客人需求时，公司就会推出针对这些需求的新产品或服务——这意味着公司需要连续地进行客人需求调研。通过分析可以发现，“万豪”的核心能力在于它的客人调查和客人知识，“万豪”将这一切都应用到了从“公平旅馆”到“丽嘉”所有的旅馆品牌上。从某种意义上说，“万豪”的专长并不是旅馆管理，而是对客人知识的获取、处理和管理。

“万豪”一直致力于寻找其不同品牌间的空白地带。如果调查显示某细分市场上有足够的目标客人需要一些新的产品或服务特色，那么“万豪”就会将产品或服务进行提升以满足客人新的需求；如果调查表明在某一细分目标客户群中，许多人对一系列不同的特性有需求，那么“万豪”将会把这些人作为一个新的“客户群”并开发出一个新的品牌。

万豪国际公司为品牌开发提供了有益的思路。对于一种现有的产品或服务来说，新的特性增加到什么程度时才需要进行提升？又到什么程度才可以创造一个新的品牌？答案是：当新增加的特性能创造一种新的东西并能吸引不同目标客人时，就会有产品或服务的提升或新品牌的诞生。

万豪国际公司宣布开发“弹性套房”这一品牌的做法就是一个很好的案例。当时，“万豪”将“弹性套房”的价格定在75～95美元之间，并计划到1999年3月1日时建成14家，在随后的两年内再增加55家。“弹性套房（Springfield Suites）”源自“公平套房（Fairfield Suites）”，而“公平套房”原来是“公平旅馆（Fairfield Inns）”的一部分。“公平（Fairfield）”始创于1997年。当时，华尔街日报是这样描绘“公平套房”的：宽敞但缺乏装饰，厕所没有门，客厅里铺的是油毡，它的定价是75美元。实际上，对于对价格敏感的人来讲，这些套房是“公平旅馆”中比较宽敞的样本房。现在的问题是：“公平套房”的客人可能不喜欢油毡，并愿意为“装饰得好一点”的房间多花一点钱。于是，万豪通过增加烫衣板和其他令人愉快的东西等来改变“公平套房”的形象，并通过铺设地毯、加装壁炉和早点房来改善客厅条件。通过这些方面的提升，万豪酒店吸引到了一批新的目标客人——注重价值的购买者。但后来，万豪发现对“公平套房”所做的提升并不总是有效——价格敏感型客人不想要，而注重价值的客人对其又不屑一顾。于是，万豪考虑将“公平套房”转换成“弹性套房”，并重新细分了其客源市场。通过测算，万豪得到了这样的数据：相对于价格敏感型客人为“公平套房”所带来的收入，那些注重价值的客人可以为“弹性套房”至少增加5美元的收入。

在一个有竞争的细分市场中进行产品提升要特别注意获取并维系客人。对于价格敏感型客人，你必须进行产品或服务的提升以避免他们转向竞争对手。如果没有竞争或者没有可预见的竞争存在，那么就没有必要进行提升。其实，竞争通常总是存在的，关键是要通过必要的提升来确保竞争优势。面对价格敏感型客人，过多的房间并不能为“公平旅馆”

创造竞争优势。

案例分析

市场调查是饭店一切营销活动进行的前提和基础。万豪酒店在推出任何一项新产品以求占领新的细分市场之前，总是已经有了卓有成效的市场调查活动。同时，市场情况瞬息万变，市场调查也不是一劳永逸的。饭店需要长期不断地进行合理与有效的市场调查，才能够制定新的营销策略，在竞争激烈的市场中站稳脚跟，并壮大发展。

考考营销小专家

一、填空题

1. 饭店营销的市场宏观环境是指全面地、间接地影响饭店长远发展的外在因素，通常被称为 PEST 因素，即________、________、________和技术影响因素。

2. 对饭店营销宏观、微观环境的分析，旨在寻求饭店的市场机会，并发现饭店面临的环境威胁。饭店能否发现机会、抓住机会并利用机会，则完全由饭店自身决定，也就是饭店内部营销环境，包括饭店的________、________等方面。

3. 饭店客源市场调查的原则包括________、________、系统性、________和科学性原则。

4. 访问调查法是调查人员以询问为手段，从调查对象的回答中获得信息资料的一种方法。它是市场调查中最常用的方法。其主要调查手段是调查问卷。按照调查人员与被调查者的接触方式来区分，访问调查法可分为________、________、________和留置调查法等。

5. 定性预测方法可以对预测对象作出________和________的判断，它依赖于预测者丰富的经验和知识，以及综合分析能力，对预测对象的未来发展作出性质和程度上的估计的一种预测方法，其结果通常具有________。

6. 按照问题的性质，通常可以把问题分为事实性问题、________、________和动机性问题。

二、选择题

1. 下列________不属于饭店微观营销环境中的社会公众范畴？

A. 政府机构　　B. 代理商　　C. 新闻单位　　D. 客人

2. 电话调查法是指通过电话向被调查者询问有关问题以获取信息资料的方法，其优点在于________。

A. 速度快　　B. 费用低

C. 回答深入　　D. 可以调查全部目标群体

3. 问卷中问题的形式包括________。

A. 开放型问题　　B. 封闭型问题

C. 量表型问题　　D. 描述型问题

4. 市场预测依据预测时间可分类为短期、近期、中期和长期预测，其中，长期预测所指的时间段是______。

A. 一周到半年　　B. 半年到一年　　C. 二到五年　　D. 五年以上

5. 指数平滑法是用预测目标历史数据的加权平均数作为预测值的一种方法。在使用指数平滑法进行预测时，平滑系数的选择是非常重要的。当时间序列呈较大的波动趋势时，a 就取______。

A. 较小值，如 0.1～0.3　　B. 居中值，如 0.3～0.5

C. 较大值，如 0.6～0.8　　D. 在 0～1 之间随意取值

三、简答题

1. 问卷设计的原则都有哪些？

2. 请简述市场预测的一般程序。

3. 某高尔夫度假饭店想要了解公众对自身品牌形象的印象，某调查公司建议采用对老客户作电话调查以及在相关媒体刊登有奖调查问卷的方式进行，你觉得这种做法是否妥当？

走近市场

【实训名称】

饭店市场调查实训。

【实训内容】

挑选本地一家有代表性的饭店，在教师指导下，调查其市场环境与经营状况，并形成调查报告。

【实训要求】

要求对饭店的市场环境进行 SWOT 分析，并作出市场预测，提出经营战略。

第三章　饭店客人行为研究

学习目标

1. 了解饭店客人行为的定义和研究内容，掌握饭店客人行为研究的基本方法，明晰饭店客人行为研究的意义；

2. 了解零散客人的消费需要与购买动机及对客人购买行为的影响；

3. 认识客人购买决策的内容、过程以及购买决策过程中的参与者；

4. 掌握客人购买行为的类型与特点，了解影响客人购买行为的各类因素及其主要影响；

5. 了解组织机构用户的概念与分类，掌握组织机构用户购买行为的类型、特点、过程及其主要影响因素。

动脑筋

商务酒店、度假山庄，我们该住哪儿呢

张先生刚过而立之年便担任了某家跨国公司的驻华区域主管一职，可谓年轻有为。张先生的新婚妻子年轻、漂亮，是一所学校的舞蹈教师。在他们新婚周年纪念日即将到来之际，两人兴致勃勃地讨论着去某地旅游的计划。张先生想入住该市中心地区的某家高档商务酒店，但张太太却想选择位于该市著名风景区内一家度假山庄。两人为此争执不下，张太太甚至有了放弃此次旅游计划的想法。

请问张先生和张太太为什么会为住在什么地方而争论不休呢？很显然，从职业特点来判断，张先生非常熟悉商务酒店所在地点的交通便利性，以及商务酒店的产品和服务功能，他更加愿意选择自己熟悉的产品。反观张太太，她更偏爱幽静、空气清新、远离城市的繁华和喧嚣的环境，以便在游玩之余还能更好地放松身心。

酒店客人在选择消费对象时受到各种因素的影响，相信您在学习过本章节后，会对酒店客人的购买行为、研究方法以及影响其购买行为的各种因素有一个更加全面的了解，而作为酒店营销和服务人员，掌握这些知识有利于他们更好地了解客人，理解客人行为和引

导客人消费。

第一节 了解饭店客人行为

改革开放以来，我国的饭店消费市场成长迅速，而广大的饭店客人在消费观念、消费方式和消费内容上也发生了巨大变化。如果饭店不了解目标市场客人的心理与行为特点，就很难制订有效的营销策略，取得最佳的营销业绩。正因为如此，研究饭店客人行为成为了饭店有针对性地进行营销的基础，也是饭店营销战略和策略制订的出发点。那么什么是饭店客人行为呢？到目前为止，国内外还没有一个统一的、被普遍接受的关于客人行为的定义，但美国营销协会的定义为我们研究分析饭店客人行为奠定了一个良好的基础，具有指导性作用。

美国营销协会（American Marketing Association，AMA）把客人行为定义为："感知、认知、行为，以及环境因素的动态互动过程，是人类履行生活中交换职能的行为基础。"可以看出，上述定义指出客人行为是一个动态的心理活动与行动行为过程。有鉴于此，我们认为饭店客人行为反映了饭店潜在客人、客人和组织机构用户对饭店的品牌以及饭店所能提供的无形服务与有形产品的感知过程、认知程度、评价的态度、选择的决定、获取的方式、使用与消费的经历以及放弃和重复消费的理由。

一、饭店客人行为研究的主要内容与基本方法

（一）饭店客人行为研究的主要内容

客人行为如同其他客观存在的社会经济现象一样，有其特有的活动方式和内在的运行规律。研究饭店客人行为就是研究客人在饭店消费活动中的心理与行为特征及其规律。尽管客人行为研究包括了对消费心理的分析和研究，但主要是为了说明客人行为是由什么样的心理而产生的，更偏重于客人行为，以便帮助饭店营销和服务人员适应、引导、改善和优化客人的消费行为。

饭店客人的购买行为作为其获取产品和服务的主要方式之一，是饭店营销人员关注的重点，客人为什么购买、怎样购买以及影响其购买行为的主要因素是饭店客人行为研究的主要内容。

1. 研究饭店客人的需要、动机与消费行为→解析客人为什么购买

要解答客人为什么购买就必须分析客人的需要与动机。心理学研究表明，人的行为出发点和原动力就是人的需要，需要激发动机，动机指导行为，行为最终又影响需要。

2. 研究饭店客人的购买决策过程→解析客人怎样购买

通常情况下，客人的购买决策过程主要包括消费需要的识别与确认、信息的收集与过滤、消费对象的选择与判断、购买决定与评价以及购后反应与评价五个方面。饭店营销人员可以通过研究饭店客人的购买决策过程来了解其消费心理活动与购买行为，并对其加以影响和控制，从而达到提高营销绩效的目的。

3. 研究影响饭店客人购买行为的主要因素→解析客人购买行为的多源性

客人购买行为是指客人为满足自身需要而发生的购买和使用产品或劳务的行为活动，这一活动过程受其个人与外部环境等各种因素间交互作用的影响而变得复杂和多样。研究分析其中的一些主要影响因素可以为饭店在制订有效的营销策略方面提供一定的科学依据。

（二）饭店客人行为研究的基本方法

方法，是解决问题、实现预期目标的基本途径和手段。饭店客人行为研究的出发点和归宿点是为了运用和指导实际工作，饭店营销人员有必要了解并掌握研究客人行为的主要方法，并在实际工作中根据不同的条件和需要正确地运用这些方法以便更好地适应、引导、改善和优化客人的消费行为。目前，国内外心理学家和市场学家常用来研究客人心理活动规律和消费行为的基本方法有观察法、访谈法、问卷法、实验法和投射法等。

1. 观察法

观察法是指观察者凭借自身的感官功能或借助辅助工具，有目的、有计划地观察和记录客人的语言、表情、行为等因素，然后分析其内在的原因，进而识别客人心理和行为现象的方法。观察法的种类繁多，以下列举观察法的几种具体形式。

（1）直接隐蔽观察法。直接隐蔽观察法是指在被观察者不知情的情况下，观察者在现场对其进行观察研究的方法。不知情是指被调查者没有意识到自己的言行已被观察和记录，观察者也不是被观察者所进行的正常活动的参与者，属于非参与式观察。

使用这种方法，饭店管理人员在未直接参与对客服务时既可以单独观察客人的行为反应，又可以观察服务人员的服务行为，还可以同时观察服务人员与客人间的互动过程。通过观察，饭店管理人员可以对饭店客人各种行为的动机作出相应的判断与推测，并给予服务人员相应的工作指导，以便为客人提供或向其推荐令其满意的服务与产品。如果方法运用得当，饭店在提高服务质量的同时还可以提高销售业绩。

（2）直接公开观察法。直接公开观察法是指观察者向被观察者公开自己的身份与行为目的，并参与到被观察者的工作、学习以及生活当中去，与被观察者建立比较密切的关系，在相互接触与直接体验中倾听和观察被观察者的言行，属于参与式观察。

例如，饭店集团为增进旗下各饭店服务与管理人员之间的学习与交流，抽调互派部分人员在其所辖饭店内进行挂职锻炼、考察学习。在这种情况下，被选派人员大都扮演着观察者角色，且身份公开，他们通过一段时间的观察、交流与学习，吸取对方服务与管理上的先进优势，总结与反思自身的缺点和劣势，以便回到原工作地点和岗位上后能以更加合理的工作方式提高自身的工作效率与质量。

（3）控制观察法。控制观察法是指观察者根据调查需求，通过控制一个或几个观察环境因素来影响被观察者行为活动的环境和条件，以此来观察客人在不同条件下的反应。

例如，饭店餐饮部门在不改变其服务水平和内容的情况下调整餐台、餐椅在餐厅中的摆放位置，观察客人和服务人员在不同餐厅布局情况下的行动便利性和舒适性，以确定餐厅的最佳布局方式，从而提高服务人员的工作效率和提升饭店客人的就餐环境舒适感。

（4）痕迹观察法。痕迹观察法是指观察者不直接观察被调查对象的行为，而是通过观察其行为活动所留下的痕迹来分析其心理和行为的方法。这种方法在饭店营销与服务中已得到广泛的应用。

例如，饭店客房部门可以通过观察一定时期内住店客人使用房内付费用品的情况，计算出客人的消费量并判断其对所备物品的喜好程度和需求量，从而适时调整产品组合和备货量，以实现最大的营销绩效。

2. 访谈法

访谈法就是访问者通过与客人或潜在客人进行口头形式的研究性交谈，根据被询问者的答复内容、态度和方式来了解其态度、个性、价值观念、消费动机、消费能力等内容的一种研究方法。访谈法的形式多样，访问人员可以采用登门拜访、邀约面谈、座谈会议、电话访谈等多种形式进行访谈。

目前，饭店营销人员普遍采用登门拜访、邀约面谈和电话访谈的形式。例如，饭店营销人员为开拓新的客源会登门拜访潜在客户。在此阶段，营销人员会准备大量的关于其所在饭店的产品和服务的图文资料，以便在访谈时帮助访谈对象了解饭店的相关信息。营销人员在与潜在客人建立联系后，为巩固关系、加深印象，会以电子邮件、书信、电话或传真等形式向访谈对象发出面谈邀约。通常情况下，饭店营销人员会竭力邀请访谈对象到其所在饭店进行交谈，以便对方能更加直观地感受和了解饭店的消费环境、服务与产品。在前两次访谈的基础上，营销人员与访谈对象都经历了一个相互知晓、熟悉和了解的过程，在某种程度上建立了一定的信任关系。为了解访谈对象的心理动态，正面强化和激励其消费行为，此时是营销人员进行电话访谈的最佳时机。此时的访谈对象在接受营销人员的电话访谈时会相对从容、宽容且更具耐心。

3. 问卷法

问卷法是调研人员通过事先设计的调查问卷，向被调查者提出问题，并让其以书面形式对问题予以回答的方式，个别情况下，可以由被调查者口头回答问卷上的问题，同时由调查者对回答的内容进行记录，从中了解被调查者心理与行为的方法。根据操作方式的不同，问卷法可以分为邮寄问卷法、网络问卷法、入户问卷法、拦截问卷法和集体问卷法等。根据问卷内容的不同，问卷法可以分为封闭式问卷调查法和开放式问卷调查法。封闭式问卷是指问卷上的问题都对回答做了限制性规定，类似于是非题、选择题，或者是对某一状态给予一个等级评价，如不满、满意、非常满意。开放式是指事先未对问卷问题回答给出限制性的规定，答卷人可以自由作答。

问卷法在饭店行业中已被广泛采用，饭店可以根据其不同的调查目的来设计各类调查问卷，并根据实际条件采取不同的操作方式进行问卷调查。例如，饭店餐饮部门可以在客人就餐时向其发放简短的封闭式问卷，调查客人对饭店提供的菜肴质量、对服务人员服务水平的满意度以及客人的口味习惯及其对菜式的喜好等，从而了解客人的实际需求与心理感受，以便更好地改进服务质量，调整菜品组合，满足客人的需求，为餐厅的营销工作奠定一个良好的基础。

4. 实验法

实验法是指在严格控制下有目的地对应试者给予一定的刺激，以引起应试者的某种反应，进而研究其在某种特定条件影响下的心理活动规律的调查方法。实验法包括实验室实验法和现场实验法。实验室实验法是指在专门的实验室里借助各种仪器进行研究的方法，也可以在实验室里模拟自然环境或工作条件进行研究。通过这种方法获得的研究结果一般比较准确。例如，某饭店集团投资新建了一家饭店，为测定潜在客人对其商业广告的记忆率，便可以在实验室内借助实验器材并运用录象、图片、文字等广告手段，选取不同的时间测试应试者的广告记忆效果。但是，这是一种机械式的测量方法，只适用于较简单的心理现象测试。

相对实验室实验法而言，现场实验法无须借助各种复杂的仪器和设备，且运用于客人的实际消费活动中，所以这一调查方法的应用更为广泛。例如，饭店在中秋节期间邀请客人参加其举办的月饼品尝会。通过沟通和交流以及现场的观察，饭店营销人员可以了解客人对这种活动形式的看法，以及对产品本身的评价，进而从中找出不足并加以改进，或寻求营销机会，进行现场营销。

5. 投射法

投射在心理学上的解释是，个人把自己的思想、态度、愿望、情绪或特征等，不自觉地反应于外界的事物或他人的一种心理作用。此种内心深层的反应，实为人类行为的基本动力，而对这种基本动力的探测，有赖于投射技术的应用。

具体来说，投射法就是调查者让被测试者在既不知道测试目的，又不清楚其反应会暴露什么的情况下，运用模棱两可的刺激物作用于被试者，让其进行想象，加以解释，使其心理活动在不知不觉中投射出来的测试方法。以下列举几种较为通用的投射测验法。

（1）联想法。联想法通常是让被测试者说出某种刺激（如字词、墨迹）所引起的联想，一般指首先引起的联想。

（2）构造法。构造法是让被测试者编造或创造一些东西如故事、图画等。

（3）完成法。完成法是让被测试者完成某种材料，如语句完成法。

（4）选择或排列法。这种方法是让被测试者依据某种原则对刺激物进行选择或予以排列。

（5）表露法。这种方法要求被测试者利用某种媒介自由地表露其心理状态。

投射测验一般都具有转移被测试者注意力和排除其心理防卫的优点。以完成法为例，饭店营销人员可以请被测试者完成一组句子的填写。如，“______饭店提供的菜肴最为可口”；“______饭店的客房装修风格最为时尚”；“______饭店的入住手续办理最为便捷”等。调查者通过被测试者填写的内容，可以推断出其偏好、愿望和要求等，从而了解饭店所提供的服务、产品以及消费环境是否符合客人的要求。

二、饭店客人行为研究的意义

出生于1850年，有着“世界豪华饭店之父”美誉的瑞士人恺撒·里兹在他创建巴黎里兹饭店之前曾经当过英国王子的侍从，并在法国一家有名的大饭店里做过服务员。由于经常与贵族以及上层人士接触，里兹对这类人群的生活习惯、兴趣、爱好和虚荣心有着深刻的了解。在他成为里兹饭店的支配人后，极力倡导以满足客人欲望和提供优质服务为饭店的根本出发点，首先提出了“客人志向销售学”的观点，并在实际经营与管理活动中加以运用，最终取得了巨大的成功，成为了豪华饭店的经营典范。可以看出，早在19世纪中后期，饭店营销已有别于传统制造型企业只关注如何提高生产效率的以产品为导向的营销策略，而采取以客人为导向的营销模式。

随着生产力和经济的飞速发展，商务出行与大众化旅游活动也变得愈加频繁，人们对饭店的数量和类型的需求正在激增和扩大，各类功能不一却各具特色的饭店如雨后春笋般遍布世界各地，这一趋势明显地反映出饭店市场细分的时代已经到来。饭店市场的细分给饭店经营者、管理者和营销人员提出了一系列的问题和挑战。谁是饭店的客人？如何发现他们？如何满足他们的需求？向他们提供什么样的服务？向他们销售什么样的产品？用什么样的方法来激励他们购买？如何让他们感到满意？要回答这些问题，就需要充分地了解饭店客人的心理与行为。研究饭店客人的行为具有极其重要的现实意义。

（一）有利于饭店把握客人需求

饭店要得到真正的发展，就必须时刻关注市场，研究市场。而以客人为导向的市场研究就是研究客人的需求、心理和行为，掌握其变化和发展的规律，以便不断调整饭店的产品和服务组合，从而满足客人的需求。

（二）有助于饭店有效地制定营销策略

以客人为导向的市场是“卖方”市场向“买方”市场转变后的结果，在这一市场环境下，客人由被动接受转向主动选择，其自身的好恶决定了购买行为。客人消费心理的变化引起购买行为的变化，而购买行为的变化反过来又拉动了市场的变化。饭店为了应对不断变化的市场就不得不调整自身的销售计划、广告形式、价格策略以及销售渠道等，从而制定有效的营销策略，提高营销的效果，在激烈的市场竞争中占据优势，取得良好的经济效益。

（三）有利于饭店营销和服务人员引导、改善和优化饭店客人的购买行为

在现实生活中，有的客人对饭店提供的服务和产品在内容上和性质上的认知有所偏差，还有的客人消费观念陈旧或欠缺信息筛选能力。在面对这些潜在客人和现实客人时，饭店营销和服务人员自身的素质以及对客人购买行为的理解和判断能力将决定其是否能够引导客人进行正确的消费决策，改善其消费行为，帮助客人实现科学的、文明的消费。所以，饭店营销和服务人员有必要研究饭店客人行为，掌握其基本的消费心理活动和行为规律，并采取适当的方法和技巧来引导消费，创造消费。

第二节 饭店零散客人的购买行为分析

在以客人为导向的营销趋势下，需求者的消费目的、性质和规模决定了市场的分类，而不同类别的市场又具备其自身的市场环境特点，其不同特点反过来又划分了需求者的类型并影响其行为。

受需求者的目的、性质和规模的影响，市场被划分为个人消费市场和组织消费市场。个人消费市场是人们为了满足个人或家庭生活的需要，而购买产品或服务的市场。它是市

场体系的基础，也是起决定作用的市场。组织消费市场是由生产企业、营销中介、政府机构和一些非营利性的社会团体、组织等对企业产品和服务需求的总和。

受不同市场环境特点的影响，可以把在饭店市场中为了满足个人或家庭生活的需要而购买产品或服务的人称作零散客人，而把在组织市场中进行消费的生产企业、营销中介、政府机构和一些非营利性的社会团体、组织等定义为组织机构用户。

饭店所提供的产品和服务既面向零散客人又面对组织机构用户，因此饭店要做好营销工作，把握好两个不同的市场，就必须研究和分析两个不同市场中的需求者或消费主体的购买行为。本节主要分析饭店零散客人的购买行为，而在一下节将着重介绍和分析组织机构用户的购买行为。

一、饭店零散客人的需要、动机与购买行为

（一）客人需要的含义

1. 客人需要的概念

人类的一般需要是人类个体为延续和发展生命并以一定方式适应环境时，对所缺事物的渴求心理。这种反应通常以欲望、意愿的形式表现出来。客人的需要包含在人类一般需要之中，它反映了客人某种生理或心理体验的缺乏状态，并直接表现为客人对获取以产品或劳务形式存在的消费对象的要求和欲望。

2. 客人需要的基本特征

（1）多样性和差异性。客人收入水平的高低，受教育程度的深浅，职业特点的不同，性格与年龄的差异，种族、民族、生活习惯、成长环境以及成长经历的差别决定了其在兴趣、爱好、信仰以及价值观念等方面的区别与不同，他们对于饭店所能提供的产品和服务的需求也是千差万别的。客人需要的多样性和差异性自然会在其多种需求的差异上，以及多元化的需要中显现无疑。例如，虔诚的佛教徒或素食者们就不会在饭店的餐厅内消费由各种肉类制作而成的菜肴。

（2）层次性和发展性。客人的消费需要是有层次的。按照不同的划分方法，可以把消费需要划分为若干高低不同的层次。就发展性而言，人类的需要是不断发展，没有止境的。当一种需要被满足之后，另一种新的需要又会产生。可以说，客人的需要是一个由低级向高级、由简单向复杂不断发展的过程。例如，国际饭店业的发展经历了古代客栈时期、豪华饭店时期、商务饭店时期以及现代饭店时期。在这四个不同的时期里，由于受生产力水平、消费观念、消费需要等各种因素变化的影响，处于各时期的饭店所提供的产品、服务及其功能都有着明显的区别。相比古代客栈时期那些设备简陋，只能提供基本食宿的小旅馆，现代饭店时期的饭店功能集住宿、餐饮、商务、会展、健身、休闲和购物等于一体。这一剧烈的演变过程很好地证明了饭店客人的需要经历了由低级到高级，由简单到复杂的发展过程。

（3）伸缩性和周期性。伸缩性又称需求弹性，是指客人对某种产品或服务的需要会因某些内在或外在因素，如支付能力、价格、广告的吸引力等因素的影响而发生一定程度的变化。当客观条件限制了客人的需要被满足的可能性时，其需要可以被抑制、转化、降

级，可以停留在某种水平上，也可以在较低数量上同时满足几种需要，还可以放弃其他需要来获取某种需要的满足。此外，客人的需要还具有周期性的特点。一些客人的需要在获得满足后，在一定时期内不再产生，但随着时间的推移还会重新出现，并显示出明显的周期性。重新出现的需要不是对原有需要的简单重复，而是在内容、形式上有所变化和更新。例如，随着人们家庭收入的增加和生活品质的提高，越来越多的家庭把年夜饭的餐桌搬到了各类饭店、餐厅和酒楼里。这一带有特殊目的的消费行为可能会在每一个大年除夕夜里重复出现，但如果因为消费价格的飞涨或没能及时成功地预订到餐位，人们也可以转而采取传统的在家里吃年夜饭的团圆方式。

（4）目的性和可诱导性。客人的需要是有所指向的，即指向能够满足需要的具体目标。因此，客人的需要总是和满足需要的目标紧密相连的。但是，需要的目的性在很多情况下处于无意识或潜意识状态。客人的潜在意识需要可以被人为的外部诱因或环境状况的改变诱导和激发。客人需要的目的性和可诱导性给了饭店营销活动巨大的活动空间。例如，一对青年情侣原本打算在周末的时候到当地某家知名西餐厅去享受一顿浪漫的烛光晚餐，但两人都在下班途中被某饭店西餐厅竖立在门口那时尚新颖的广告和周末优惠酬宾的低廉价格深深吸引。结果，到了周末的时候两人最终选择了后者，而放弃了之前的消费选择。

（5）互补性和替代性。客人对某些产品和服务的需要具有互补性的特点。例如，在饭店住宿的客人可能会就近选择在饭店内的餐厅就餐、购物和休闲娱乐。但是，饭店提供的产品和服务不是不可替代的。住店客人也可以选择在除饭店内设的餐厅和商店以外的酒楼、餐馆、商场等地方消费。客人需要的互补性和替代性给饭店经营者和管理者提出了极大的挑战。目前，放弃了复杂的娱乐、购物，简化甚至是放弃了餐饮功能的经济型饭店在中国得以迅速普及，这一新的细分市场的出现，足以反映出饭店客人需要的互补性和替代性。

3. 客人需要的基本类型

客人的需要多样而复杂，且处在一个动态变化的形态之下。各家学者对客人需要类型的研究和划分方式都有所不同，因此分类结果也不尽一致。目前，心理学上大都从以下几个角度来划分客人需要的类型。

（1）按照需要的起源划分，需要可分为自然性需要和社会性需要。

（2）按照需要对象的划分，需要可以分为物质需要和精神需要。

（3）按照需要的形式划分，需要可以分为生存、享受和发展需要。

（4）按照需要的实现程度划分，需要可以分为现实需要和潜在需要。

自然性需要是指客人为维持生命和延续生命，对于衣、食、住、行、性、睡眠、安全等基本生存条件的需要；社会性需要是指客人在社会环境的影响下所形成的，带有人类社会特点的某些需要，如社会交往需要和表现自我的需要等。物质需要是指客人对以物质形态存在的，具体有形的产品的需要；精神需要是指客人对知识、情感、审美等观念的对象和精神产品的需要。生存、享受和发展的需要综合了以上各类需要的特点。现实需要是指人们具备一定的购买支付能力，且能够被市场上相关消费对象满足的需要；潜在需要是潜伏的需要，可能是由于缺乏购买能力，或市场上没有合适的消费对象，从而没有迫切购买愿望的需要。

（二）消费需要对购买行为的影响

消费需要是客人购买行为的原动力，它对购买行为的主要影响可以总结为以下四个方面。

1. 消费需要决定购买行为

无论客人最终购买什么样的产品或选择什么样的服务，其目标只有一个，即满足需要。尽管客人购买行为的过程十分复杂，但其产生的起点和实现的终点都是建立在需要的基础之上的。需要、动机与行为的关系如图 3－1 所示。

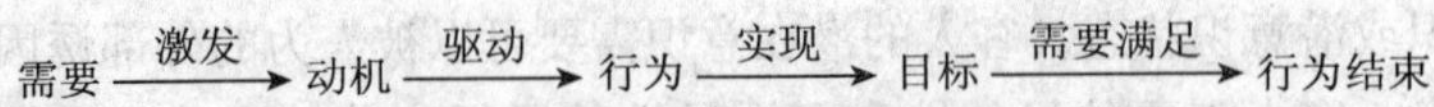

图 3－1　需要、动机与行为的关系

2. 消费需要强度决定购买行为实现的强度

消费需要是具有伸缩性的，不同强度的需要对客人购买行为的影响也有所不同。当需要的愿望变得强烈而迫切时，购买行为实现的可能性越大。反之，需要则可能被轻易地抑制、转化、降级，最终导致购买行为的放弃。

3. 消费需要的水平差异影响购买行为

客人受文化、知识、收入和品位等各种因素的影响，从而处于不同的消费水平层面上，而受消费水平制约所导致的客人需要的水平差异又影响着客人的购买行为。

小知识

客人需要的产生

在正常条件下，人的心理和生理处于平衡或均衡的状态下，一旦其生理或心理的某个方面出现“缺乏状态”（例如，生理上出现体内某种物质或成分的缺乏，或者是在心理上出现愿望与实际不一致）时，便会导致失衡。人在这样的失衡状态下就会产生令人不安和不适的紧张感觉，只有消除这种令人不舒服的紧张感，才能恢复正常的均衡。而需要则可以被看做是为了减少或消除因缺乏导致的紧张感的反应。需要的产生过程如图 3－2 所示。

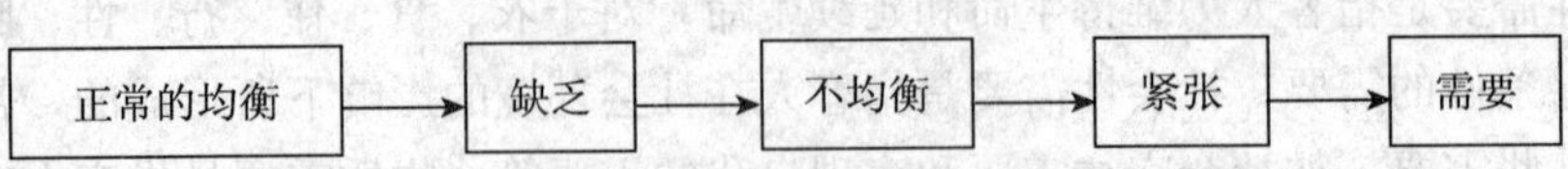

图 3－2　需要的产生过程

小案例

度假村的尴尬

某公司管理人员去到外地出差，接待方为了让他感受一下当地的风土人情，便将其安排在一个别具此地民俗风情的度假村中住宿。一天，这位住店客人需要影印和翻译大量的英文资料，可是度假村中的商务中心没有配备专业的文字翻译人员，只能提供简单的影印服务。时间紧迫，工作任务繁重，这位顾客心急如焚，生怕延误了工作而受到领导的责备。最后，他只得四处打听翻译公司的地址，然后带上厚厚的资料赶赴翻译公司。由于来自外地，对当地地名和行车路线了解甚少，为了找到那家翻译公司，整整花去了他两个小时的时间，等他精疲力竭地拿着翻译好的文件回到度假村时已近深夜。第二天一大早，这位顾客就办理了退房手续，转而入住了当地一家服务优质、交通便利的商务酒店。

从这个小案例中我们可以看出，由于度假村无法提供翻译人员，使得顾客在工作中缺乏相关人员的帮助，这种缺乏很可能会影响其工作效率，使之无法按时完成工作任务。而在这样一个不平衡的供求关系之下，其心理愿望即希望度假村提供翻译服务与实际情况即度假村无法提供翻译服务出现了不一致的现象。这种不一致现象导致了顾客情绪的变化，此时的顾客变得焦虑不安，对翻译服务的需要在这个时候显得尤为突出。如果顾客不能找到翻译人员协助其工作，其紧张情绪就不会得到减缓和消除。

（三）客人的购买动机

1. 客人购买动机的概念

动机是一种升华到足够强度的需要，在需要被满足之前，人们会持续处于某种心理或生理的紧张状态之下。客人购买动机是指客人为了减少和消除这种紧张状态而产生的购买和消费行为的愿望和意念。购买动机直接驱动着客人进行购买和消费活动，它与客人的购买及消费行为有着直接的因果关系。客人的需要达到一定强度就会激发其购买动机，购买动机直接导致其购买和消费行为，而行为一旦成功就满足了需要，则动机过程随即结束，同时新的需要又产生，如此循环往复。动机的产生过程如图 3-3 所示。

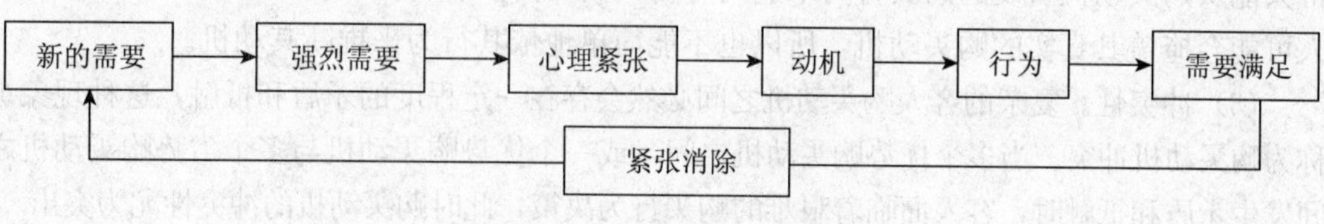

图 3-3 动机的产生过程

2. 饭店客人购买动机类型

客人的购买动机与客人的需要一样，也是复杂多样的。选择商务饭店的客人通常是为了追求交通的便利性和商务服务功能；选择经济型饭店的客人一般是为了追求低廉的价格；选择高星级饭店的客人通常收入颇丰，社会地位较高，以显示其成就感；选择度假饭店入住的客人可能是为了追求更加安静、较少被打扰的休息和放松环境。对饭店客人的购买动机可以从不同的角度，按照不同的方式进行分类。购买动机类型如表 3-1 所示。

表 3-1　　购买动机类型

类　型	目　的	具体动机	表　现
生理性购买动机	维持和延续生存需要	安全动机、放松动机、活动动机	求保障、求静、求动
心理性购买动机	满足精神需要	理智动机	求实、求质、求便、求廉
		情感动机	享受、求名、猎奇、惠顾
社会性购买动机	满足社会性需要	从众动机、表现动机	模仿、炫耀、社交、成就

3. 客人购买动机的特点

购买动机是客人购买行为的直接原因，它具有复杂性、内隐性和冲突性三个方面的特点。

（1）复杂性。购买动机是一个复杂的系统。一种购买行为往往包含着若干个购买动机，而不同的购买动机又可能导致同样的购买行为，相同的购买动机也可能导致不同的购买行为发生。购买动机与购买行为的关系如图 3-4 所示。

购买动机 A
购买动机 B　}　购买行为 A
购买动机 C

　　　　　　　　购买行为 A
购买动机 A　{　购买行为 B
　　　　　　　　购买行为 C

图 3-4　购买动机与购买行为的关系

客人复杂多样的购买动机互为联系后则构成了购买动机系统，系统中强烈、稳定的购买动机称作优势购买动机，其余的动机则称作劣势购买动机。优势购买动机具有激活购买行为的最大可能性，在其他因素相同的情况下，客人的购买行为和其优势购买动机相符合。

（2）内隐性。购买动机是一种内在的消费购买心理倾向，其变化过程很难被发觉，通常只能从购买动机引发的购买行为来逆向分析其真实内涵和特征。出于某种目的，饭店客人可能会掩盖其真实的购买动机，所以也不能简单地依其行为来推断其动机。

（3）冲突性。复杂的客人购买动机之间必然会存在一定程度的矛盾和抵触，这种现象被称为购买动机冲突。当多个优势购买动机之间，或一个优势购买动机与多个劣势购买动机之间发生矛盾和抵触时，客人面临着艰难的购买行为决策，此时购买动机的冲突性尤为突出。

4. 购买动机对购买行为的影响

（1）驱动购买行为。购买动机是客人购买行为的根本动力，它具有引发客人购买行为的作用。客人购买行为受其购买动机的驱使。

（2）引导购买行为。购买动机能为购买行为指明一定的消费方向，使客人的购买行为具有一定的方向和目标，并且促使客人在购买动机的冲突中作出选择。

(3) 实现购买行为。购买行为的实现需要一定的时间过程。在这个过程中，购买动机可以贯穿于某一具体购买行为的全过程，不断激励客人，直至购买行为得以实现、购买动机得到满足。

(4) 强化购买行为。由某种购买动机引发的购买行为可以加强或减弱该行为再生的可能性。满足购买动机的结果若能保持和巩固购买行为叫做正强化；如减弱或消退购买行为，叫做负强化。

(5) 中止购买行为。当某种购买动机得到满意的结果时，客人便会中止有关购买行为。但在通常情况下，一个购买动机被满足之后，新的购买动机又会产生，从而引发新的购买行为。

二、饭店零散客人的购买决策与行为

(一) 饭店零散客人的购买决策

1. 购买决策的过程

客人的购买行为由一系列心理活动和行动行为环节组成，购买行为既来源于系统的购买决策过程，又受到内外部多种因素的影响。客人的购买行为复杂多样，饭店营销人员可以通过研究饭店客人的购买决策过程了解其消费心理活动与购买行为，并对其加以影响和控制，从而达到提高营销绩效的目的。

饭店客人在消费时均会有一个决策过程，但由于客人类型不同及其所选择的饭店类型、产品和服务项目不同，因此购买决策过程有所区别，但典型的购买决策过程一般包括消费需要的识别与确认、信息的收集与过滤、消费对象的选择与判断、购买决定与评价以及购后反应与评价五个方面。购买决策过程如图 3-5 所示。

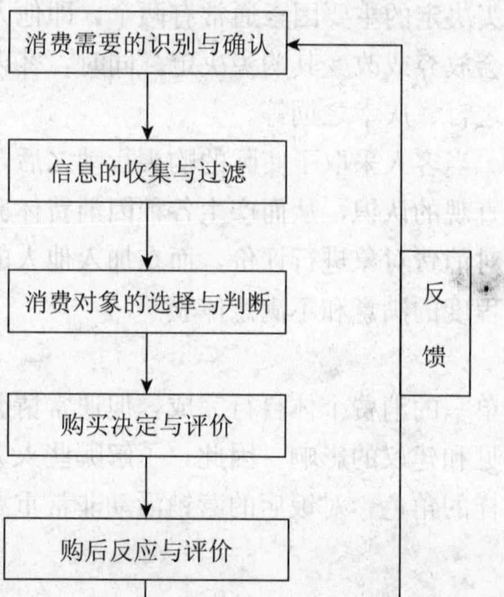

图 3-5 购买决策过程

(1) 消费需要的识别与确认。客人因在生理或心理上出现某种缺乏状态，且令其不适时，便产生了消除不适状态的需要，而消除不适状态具体需要什么样的产品和服务，则需要客人进行认识和确认。所以，消费需要的识别与确认是客人购买决策的起点。

(2) 信息的收集与过滤。当客人认识到某种需要，并确立了满足需要的购买目标后，就开始着手了解和收集各种有关信息。在掌握了一定数量的信息资料后，客人便开始对这些信息资料进行过滤和筛选，并保留最有价值的供自己参考。客人一般会通过多种途径去获取所需信息。获取信息的途径如表 3-2 所示。

表 3-2　　获取信息的途径

途　径	信息来源
通过人际关系	家庭、亲友、邻居、同事、熟人等
通过商业活动	广告、营销活动、展会等
通过公共信息	大众传播媒体、客人评价机构
通过自身经验	消费经验与经历

(3) 消费对象的选择与判断。客人通过各种途径获取所需信息，在对信息进行筛选后，会仔细分析剩余的、具有一定参考价值的信息资料。这个分析的过程就是客人对消费对象进行选择和判断的过程。

(4) 购买决定与评价。客人在对消费对象进行选择和判断之后，便可从中选择最适合自己的产品和服务，进而实施购买行为。需要注意的是，购买决定与实际购买行为是有区别的，在客人即将采取购买行动时，很有可能会受某种突发因素的影响而改变其购买意图。导致客人突然改变购买决定的主要因素通常有两个，即他人的态度和意外情况。当出现上述状况时，客人可能会放弃或改变其购买决定。同时，客人也可能会对其先前的购买决定加以评价，诸如惋惜之言、庆幸之词等。

(5) 购后反应与评价。当客人采取了实际的购买行动之后，便与其选择的消费对象有了最为直接的接触和最为直观的认识，从而产生各种因消费体验带来的感受。此时，客人会根据自身的感受和期望对消费对象进行评价，而在加入他人的评价之后，客人会对其购买行为产生最终的、某种程度的满意和不满意体验。

2. 购买决策的参与者

尽管购买决策可以由单一的消费个体自行完成，但通常情况下客人的购买决策会有其他人的参与，并受他人意见和建议的影响。因此，了解哪些人参与了购买决策，他们各自在购买决策过程中扮演怎样的角色，对饭店的营销活动非常重要。购买决策的参与者如表 3-3 所示。

表 3－3　　购买决策的参与者

购买决策的参与者	参与者角色
购买行为的建议人，即首先提出购买某种产品和服务的人	发起者
其意见与建议对发起者的提议或最终决策具有直接或间接影响的人	影响者
对是否购买和购买的内容、方式、时间、地点、数量等进行最终或主要决策的人	决定者
执行购买任务的人	购买者
产品或服务的直接使用人	使用者

需要注意的是，购买决策的参与者在不同的购买决策过程中扮演着不同的角色。然而，购买行为的复杂性和多样性可能导致购买决策的参与者在一个购买决策过程中同时扮演着几种不同的角色。例如，执行购买任务的人既是购买者，又可能是发起者和决定者，但不一定是影响者和使用者。

例如，某公司的销售经理深知其面对的某位大客户非常喜欢去某家饭店的保龄球馆打球，于是他以对方的名义购买了该球馆的贵宾卡，并将其赠送给那位客户以增进感情。在这样一个购买决策过程中，这位销售经理是购买者，而且他决定了购买的内容、时间和地点等关键因素，所以他也是决定者。购买贵宾卡的主意是他自己想到的，所以他还是购买决策的发起者。但是，这个贵宾卡是以对方名义购买且当做礼物赠与了对方，所以他并不是贵宾卡的使用者。之所以说他不是影响者，是因为其购买决定是为了迎合客户的喜好，客户对该饭店保龄球馆的偏爱直接影响了他的最终购买决策。所以，购买决策的影响者应该是那位客户。

3. 购买决策的内容

客人购买决策的内容因客人个体、所处环境以及相关条件因素的不同而有所差异，但大部分客人在做购买决策的过程中都离不开以下六大方面的内容。购买决策的内容如图 3－6所示。

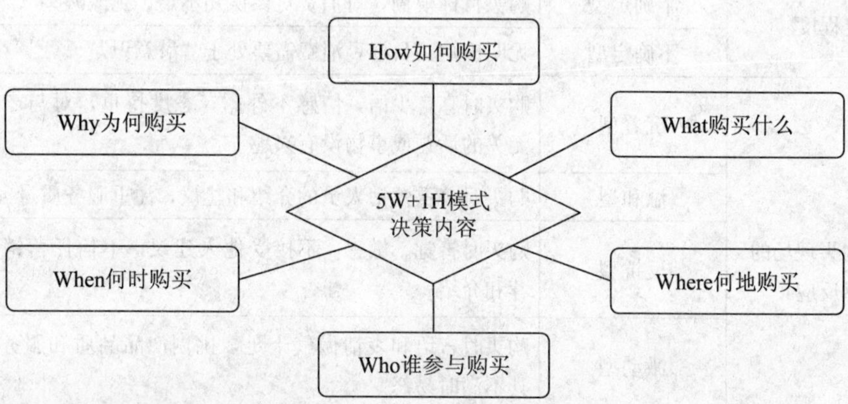

图 3－6　购买决策的的内容

（1）为何购买。识别了消费需要以后，客人会确认购买背后的动机，即购买的理由。

（2）购买什么。购买动机具有引导购买行为的作用，能为购买行为指明一定的消费方向，帮助客人确定购买的目标和对象。

（3）何地购买。在确认了购买目标和对象之后，客人将选择和确定能够提供满足其消费需要的消费地点和场所。

（4）何时购买。购买时间或时机的差异受客人自身条件如购买能力、健康状况等因素的制约，同时还受价格、气候、交通状况等各种外在因素的影响。

（5）谁参与购买。客人的购买决策受其决策过程中扮演着不同角色的参与者的影响。

（6）如何购买。随着科学技术的发展和消费观念的转变，客人的够买方式呈现出多样化的趋势。网购、电购、代购，以及现金、支票、刷卡等各类购买方式层出不穷。

研究客人购买决策的过程、内容以及决策过程中的参与者，其目的在于揭示客人的购买决策规律和影响决策的因素。饭店营销人员可以通过分析，了解客人购买行为发生的各种成因和阻碍，从而更加有效地制定营销策略。

（二）饭店零散客人的购买行为

1. 购买行为的类型与特点

客人购买行为多样而复杂，不仅在不同客人之间其购买行为存在着差异，而且同一个客人在不同条件下其购买行为也存在着差异。饭店营销和服务人员面对各种类型的客人和潜在客人，了解客人类型的划分以及各类型客人的购买行为特点，有助于饭店合理营销与提供优质的服务。按照不同的标准，可对客人的购买行为进行如下分类。购买行为的类型与特点如表 3－4 所示。

表 3－4　　购买行为的类型与特点

划分依据	行为类型	行为特点
客人购买目标的选定程度	全确定型	购买目标明确，熟知消费对象，果断购买
	半确定型	购买目标模糊，对消费对象认知不足，犹豫购买
	不确定型	无明确购买目标，消费需要处于“潜意识”
客人在购买现场的情感反应	沉着型	购买时寡言少语，情感不外露，态度持重，对与产品和服务无关的话题或事物没有兴趣
	温和型	购买时尊重营销人员的介绍和建议，注重服务质量
	反抗型	购买时警觉、敏感，不接受他人建议，不信任营销人员的推荐和介绍
	激动型	购买时言语和表情傲气十足，挑剔产品品质和服务质量，对其不满时易怒
	活泼型	购买时主动与营销人员或其他客人交流，话题宽泛、健谈

续 表

划分依据	行为类型	行为特点
客人自身的性格	习惯型	凭借消费经验，信任消费对象，有固定的消费习惯和偏好
	理智型	善于观察、分析和比较，鉴别能力强，购买行为谨慎、理智，不易受他人和广告宣传的影响
	经济型	注重性价比，收支计划性强，购买过程中保持着高度自主性
	冲动型	个性心理反应强烈，情绪变化快，购买行为无计划性，易受他人评价、广告宣传和推销活动等因素影响
	想象型	想象力丰富，审美感觉灵敏，购买行为易受情感或宣传因素影响
	疑虑型	观察细致，优柔寡断，犹豫购买，购后仍不放心
	不定型	购买行为随意，无主见，易受他人和环境影响
客人购买行为的复杂程度	复杂的购买行为	购买代价和风险决定了客人对购买行为的重视程度，从而决定客人是否会经历复杂的购买决策过程中的所有环节
	减少失调的购买行为	当客人因某种原因对其先前的购买行为感到不满或后悔时，会采取一系列的查询、征询行动，以证明其购买决策的正确性，从而弥补和修复其失调心理
	寻求变化的购买行为	当客人对其购买行为重视程度低，且选择余地大时，其品牌忠诚度低，依赖性弱

2. 影响客人购买行为的因素

(1) 客人的购买行为模式。要了解影响客人购买行为的因素可以从认识心理学的“刺激—反应”模式开始，因为任何客人的购买决策都是在一定的内在因素的促动和外在因素的激励之下而采取的。营销和环境因素的刺激进入了消费的意识，融入了客人的个性特征，通过客人不同的决策方式，最终形成一定的购买决定。所以，饭店营销人员需要了解在外部刺激和购买决策之间，客人的意识发生了怎样的变化，并研究其如何做出将自己可以支配的有限资源用于相关消费对象上的决策。我们可以在“刺激—反应”模式的基础上建立客人的购买行为模式。客人的购买行为模式如图 3-7 所示。

客人购买行为模式反映出，具有一定潜在需要的客人在受到企业的营销活动刺激和各种外部环境因素影响的情况下产生了购买取向，但客人在对外界各种刺激和影响作出反应时，会因其特定的内在因素和决策方式有所差异，从而形成不同的购买取向和购买行为。在这一模式中，营销和其他因素的刺激以及客人最后的决策是可见的，但其购买决策和回应刺激的过程却是难以捕捉的，这就是心理学上所谓的“黑箱”效应。要研究客人的购买行为就不得不揭开“黑箱”的面纱，剖析客人的购买决策过程和影响其购买行为的各种因素。

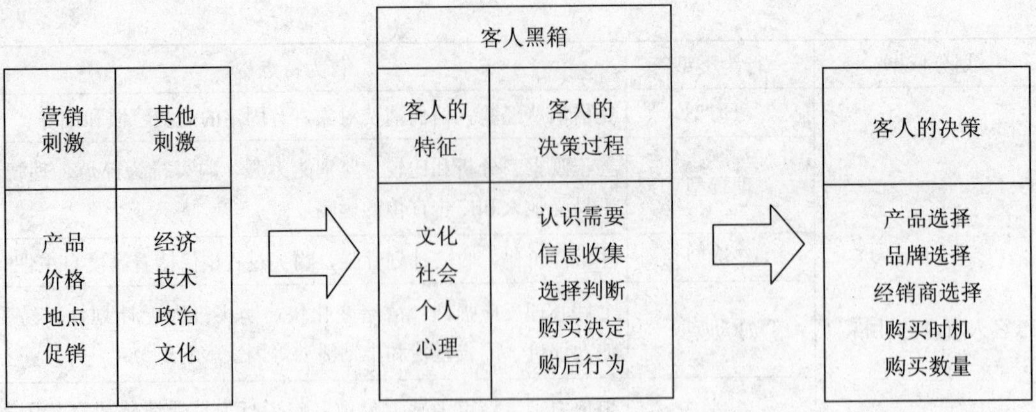

图 3-7 客人的购买行为模式

（2）购买行为的影响因素。影响客人购买行为的因素可以分为两大类，一类是内部因素即个人和心理因素；另一类是外部因素即政治、经济、文化、社会和营销因素。为了更好地研究客人的购买行为，饭店营销人员有必要了解各种因素所涵盖的范围和具体内容及其对购买行为的主要影响。购买行为的影响因素如表 3-5 所示。

表 3-5 购买行为的影响因素

内部因素	具体变数	主要影响
个人	收入	制约且影响客人的消费层次、品位、经费支出、时间与精力的投入以及消费倾向、技巧、能力和购买内容等
	性别	
	年龄	
	受教育水平	
	职业	
	个性	
	生活方式	
心理	动机	影响客人的辨别能力、消费倾向、购买欲望、情感倾向、行为模式和消费经验等
	认知	
	学习	
	信念	
	态度	
外部因素	**具体变数**	**主要影响**
政治	政治制度	制约、规范并引导客人的消费方向、方式、内容和行为
	政府政策	

续 表

外部因素	具体变数	主要影响
经济	社会生产力	制约并影响消费的品种、规格、数量、消费结构、国民经济收入、收入来源和消费水平等
	生产关系	
	物价	
文化	宗教信仰	影响客人的消费观念、行为习惯、审美标准、兴趣喜好以及对是非优劣的评判原则和标准等
	风俗习惯	
	语言文字	
	道德传统	
	价值体系	
	文学艺术	
	体育运动	
社会	社会阶层	影响市场的划分和客人的消费观念、态度、行为方式、生活方式、购买决策，以及是非评价的参考对象和标准等
	社会组织	
	参考群体	
	家庭	
	角色地位	
营销	产品或服务	影响市场和消费环境，唤醒客人的潜在需要，强化刺激消费需求，激励购买并引导消费
	价格	
	渠道	
	促销	
	广告	

第三节 组织机构用户的购买行为分析

一、组织机构用户

（一）组织机构用户的概念

组织机构用户的消费目的、性质和规模与零散客人有所不同。组织机构用户是指通过投入资金或提供等价劳务的形式获取产品、劳务、经营场地等需求要素并加以利用，以便生产其他产品或服务以供销售、出租或供应给他人的各类正式组织或投资者。

（二）饭店组织机构用户的类型

饭店组织机构用户类型的划分方式很多，如果按照用户的购买目的和行为性质划分，可以将饭店组织机构用户划分为营利型和非营利型两种。

1. 营利型的饭店组织机构用户

此类用户的购买行为带有经营性质，其最终目的是通过获取饭店提供的资源并加以利用，从而获取某种经济价值和利益，如长期租赁饭店客房作为其办公场地的公司；承包经营饭店内餐厅、酒吧等部门的投资者；购买饭店产品和服务使用权，并对外加以销售以赚取差价的旅游经销商；通过为饭店提供宣传和销售等形式的服务，以换取饭店资源的优先和优惠使用权，从而满足其自身经营需要的旅行社等。

2. 非营利型饭店组织机构用户

非营利型饭店组织机构用户的购买行为不具有经营性质，其最终目的不是为了生产经营和获取经济价值与利益，而是为了满足组织内部的各种非经营性活动的需要，购买饭店产品或服务使用权。此类用户涵盖的范围很广，既包括以营利为目的组建的各类组织机构，如各种公司和企业等，也包括各种非营利性的组织和团体，如政府机构、机关单位、公立的学校和医院等。此类用户可能会购买饭店的产品以满足其福利活动的需要，如批量购买饭店自制的月饼、糕点等产品，并以福利的形式发放给组织内部成员。此外，该用户群还可能会为了增进其内部成员或与其他组织和群体间的业务交流、情感沟通等，从而选择在饭店聚餐、聚会或举办各类联欢联谊活动以及购买饭店产品或服务使用权作为礼物赠予他人。

二、组织机构用户的购买行为

（一）组织机构用户的购买行为特点

组织机构用户的购买行为不同于零散客人的购买行为，与之相比，前者的购买行为更加复杂。总结起来，组织机构用户的购买行为有以下几个特点。

1. 购买规模大

饭店组织机构用户的需求周期较长，用户在购买时对资金、人力和物力的投入较大，其所购产品或服务的受众人数也较多。以上几个要素决定了其购买规模要远远大于个人或家庭客户。例如，某公司租赁饭店客房作为其办公地点，为满足办公需要，该公司需要投入相当的人力、物力和资金对所租客房进行改造和装饰。此外，供求双方为了保障其经营活动的稳定性和其他相关利益，双方将以长期租赁的形式销售和购买饭店客房的使用权，该公司则需要长期支付大量的客房租金。再如，某医院在中秋节期间为了答谢全体医护人员而选择了购买某家知名饭店自制的月饼作为礼品。由于产品受众人数较多，医院为争取到更优惠的价格以节约成本，会批量购买该饭店的月饼。以上两种购买行为所形成的购买规模往往要大于人们为了满足个人或家庭生活需要而购买产品或服务所形成的购买规模。

2. 购买决策复杂

由于购买规模大，影响面广，组织机构用户的购买行为涉及更大的成本投入和更为复杂的技术质量要求等，通常需要花费更多的时间，投入更多的精力来考察消费对象，并反复论证其购买决策。此外，组织机构用户购买的过程也比零散客人更为正式和规范。

3. 购买者专业化

与个人和家庭客户不同，组织机构用户的购买通常是由专业人员完成的。此类人员可能是组织内部专门负责采购或外联的人员，也可能是有着相当丰富的饭店消费经验或具有相关知识背景，且议价和谈判能力较强的人员。

4. 供求双方关系紧密

受购买规模的影响，供求双方通常会就达成一致的购买形式、内容、价格、期限等签订正式的书面协议或合同，以便保障和维护双方自身的利益。此外，组织机构用户通常希望与饭店达成长期稳定的供求关系，以便获得更多的价格优惠、更完善的服务、更好的产品质量保证以及其他便利条件。另外，饭店为维持稳定的客源，保持长期收入来源，也愿意为各类组织机构用户提供更加便利、优惠的高质量产品和服务。从某种意义来说，供求双方并不仅仅停留在简单的买卖关系这一层面上，而是一种更为密切的、互惠互利的合作关系。

（二）组织机构用户的购买行为类型

按照购买决策过程的复杂程度划分，组织机构用户的购买行为类型主要有三种，即新购、修正重购和直接重购。饭店营销人员在面对不同购买行为类型的组织机构用户时，其营销方式和方法也应作相应的调整。

1. 新购

新购是指组织机构用户首次购买某饭店提供的产品或服务的购买行为。由于是初次购买，客人对饭店的服务水平、硬件设施和产品质量等没有十足的把握，因此在购买决策前，客人会从各种渠道收集相关信息甚至实地考察。此外，新购的成本投入越大，其购买的风险就越大，其购买决策的参与者就可能会更多。所以，新购通常是购买行为中最复杂和最困难的一种。

2. 修正重购

修正重购是指组织机构用户希望改变其购买内容、价格、形式和数量等购买要素，从而需要调整其购买方案的购买行为。此类购买行为具有一定的复杂性和突然性，对备选供应者提出了很大的挑战。

3. 直接重购

直接重购是指组织机构用户按惯例进行购买的购买行为。相对于新购和修正重购而言，客人无须寻找新的供应者，收集相关信息或调整购买方案，且参与购买决策的人员范围较小，数量也较少。因此，此类购买行为是三种购买行为中最为简单的一种。

（三）组织机构用户的购买过程

组织机构用户的购买过程可以分解成几个阶段，尽管受组织的规模、性质以及购买的目的、内容、数量和购买类型等多种因素的影响，各类组织机构的购买过程会有所不同，但在分解组织机构用户的购买过程时，可以参考美国学者罗宾逊及其同事共同提出的“购买过程的8个阶段”，这8个阶段包括问题的提出、确定总需要、产品规格说明、寻找供应商、征求供应方案、选择供应商、签订合约和绩效评估。此外，在该理论的基础上，美国学者菲利普·科特勒（Philip Kotler）和凯文·凯勒（Kevin Lane Keller）在他们合著的《营销管理》（Marketing Management）一书中提出了Buygrid Framework购买方格结构理论，该结构将组织购买的主要类型和组织购买的8个阶段结合在一起，并显示出购买过程的8个阶段并非适用于所有购买类型。新购通常需要经过完整的8个阶段。对修正重购而言，也许说明修正后的产品规格与最终的绩效评估才是组织最为关心的，也是必经的阶段，而其他阶段可能需要也可能不需要。直接重购则无须前面7个阶段，组织机构用户只需对此次购买行为作出绩效评估。购买方格结构如图3-8所示。

		购买类型		
		新购	修正重购	直接重购
购买阶段	1. 问题的提出	需要	可能需要	不需要
	2. 确定总需要	需要	可能需要	不需要
	3. 产品规格说明	需要	需要	不需要
	4. 寻找供应商	需要	可能需要	不需要
	5. 征求供应方案	需要	可能需要	不需要
	6. 选择供应商	需要	可能需要	不需要
	7. 签订合约	需要	可能需要	不需要
	8. 绩效评估	需要	需要	需要

图3-8　购买方格结构

1. 问题的提出

受到内外部刺激时，组织机构中有人意识到通过获取某种产品和服务能够解决某些问题和满足其需要，购买过程就开始了。

2. 确定总需要

确定总需要是指组织机构用户初步确定所需产品和服务的种类与数量，以便估算其需要的总量。

3. 产品规格说明

产品规格说明是指由买方专门人员对购买内容进行详细的说明，为执行购买任务的人员提供参考。

4. 寻找供应商

寻找供应商是指组织机构用户通过各种渠道和途径，物色符合其要求的产品或服务供应者。

5. 征求供应方案

征求供应方案是指组织机构用户要求备选供应者提供详细的购买建议书，以便进行对比参考。

6. 选择供应方案

在收到各备选供应者提供的供应方案后，组织机构用户将根据方案评估的结果，选择符合其要求、令其满意的供应者。

7. 签订合约

签订合约是指组织机构用户与选定的供应者就产品或服务的具体内容、安全保障、质量保证、购买价格、付款方式等进行谈判，并在双方意见达成一致后签订合约。

8. 绩效评估

绩效评估是指组织机构用户评估供应者的合约履行情况以及其自身购买行为所产生的效用等。

（四）组织机构用户购买行为的影响因素

1. 购买决策的参与者

与零散客人购买决策参与者不同的是，组织机构用户的购买行为属于专业性购买，其购买决策通常是由组织内部的“采购中心”来完成的，而处于决策中心的人员发挥其不同的作用，从而对购买行为产生不同的影响。饭店营销人员有必要了解组织机构用户中购买决策参与者的身份及其在决策中所扮演的角色和发挥的作用，从而有针对性地开展营销公关活动。组织机构用户购买决策的参与者如表 3-6 所示。

表 3-6　组织机构用户购买决策的参与者

参与者身份	参与者角色	参与者作用
部分或全体组织成员	使用者	具体使用所购产品和服务
外部咨询机构或内部专业技术人员	影响者	在组织内部或外部直接或间接影响购买决策
采购员或管理人员	采购者	具体执行购买决定
管理人员	决定者	决定或批准购买计划
采购代理商、内部专业技术人员或办公室工作人员	信息控制者	在组织内部或外部控制组织与外界进行相关信息沟通

2. 影响组织机构用户购买行为的主要因素

同零散客人的购买行为一样，组织机构用户的购买行为同样也受到内外部各种因素的影响，我们可以把影响组织机构用户购买行为的主要因素归为四类，即环境因素、组织因素、人际因素和个人因素。影响组织机构用户购买行为的主要因素如图 3-9 所示。

（1）环境因素。环境因素是指影响组织机构用户制订和实施购买计划的一切外部因素，主要包括政治、法律、经济、文化、技术、竞争和自然环境等。

（2）组织因素。组织因素是指组织机构用户内部的各种因素，主要包括组织的目标、政策、业务流程、组织结构和制度等。这些因素从组织内部的利益、营运和发展战略等方面影响其购买行为。

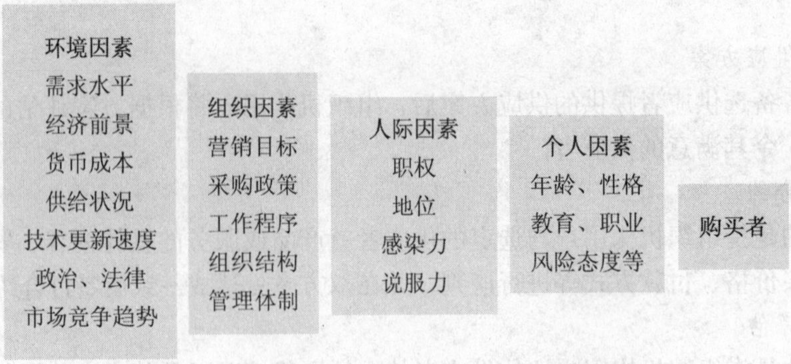

图 3-9　影响组织机构用户购买行为的主要因素

(3) 人际因素。人际因素是指组织内部的人际关系。组织机构用户的购买决策过程复杂，处于决策中心地位的人员相互关联且互相影响，因其在企业中的地位、职权、志趣、说服力以及他们之间相互关系的不同而对购买决策和行为产生不同程度的影响。

(4) 个人因素。个人因素是指购买参与者的个人的动机、感知、偏好以及购买习惯和风格等，这些因素又受制于参与者本人的年龄、收入、受教育程度、性格、职业认同感以及对待风险的态度等。因此，个人因素必然会影响各个参与者对消费对象或供应者的感知、认知、态度和评价，从而影响购买决策和购买行动。

本章小结

饭店产品和服务的客人既包括为满足个人或家庭生活的需要而购买其产品或服务的零散客人，还包括各种形式的组织和机构，零散客人和组织机构用户都是饭店所面临的市场的重要组成部分，研究分析两者的购买行为对饭店进行有效营销具有重要意义。

本章阐述了饭店客人行为研究的内容、方法和意义，阐明了饭店零散客人和组织机构购用户的概念，分析了饭店零散客人和组织机构购买行为的特点、分类、决策内容、购买行为过程以及影响购买行为的主要因素。学习时可以对这两种不同性质的购买者进行对比和分析，进而更好地了解其购买行为，为制订合理有效的营销策略奠定良好的基础。

经典案例

组织机构用户购买

位于A市的某知名大专院校即将迎来建校五十周年，该校领导非常重视这一具有重大纪念意义的时刻，决定举行建校五十周年校庆活动。为成功举办校庆活动，该校组建了校庆筹备委员会，委员会成员包括各系部和各行政职能部门领导。此次校庆活动将邀请该市教育部门相关领导，以及在社会上取得相当成就的校友。据校庆筹备委员会统计，由外地返校参加校庆活动的校友人数在60人左右。为了体现校方的人文关怀，以便在校庆期间更好地照顾外地返校校友，该校决定在当地找一家星级酒店，统一安排解决其食宿问题。

校庆筹备委员会在制订了用于此部分接待费用的预算标准后，指定由该校接待办负责实地考察，寻找合适的酒店，并负责就食宿的费用、规格、内容和结算方式等与酒店进行磋商，在确立供应方案后报校庆筹备委员会审核、审批。待方案审批通过后，由该校校办与酒店就方案内容签订有关协议。该校接待办工作人员在经过广泛咨询、实地考察和谈判沟通后与三家酒店达成了供求意向，在取得酒店提供的供应方案之后按程序提交给了校庆筹备委员会。校庆筹备委员会负责人广泛征求了各委员的意见和建议，最终在三家酒店中选定了一家距离校址最近、服务功能齐全、价格相对适中的三星级酒店作为此次校庆接待的合作机构，并委任校办与该酒店签订了相关协议。在校友入住该酒店后，该校接待办负责人还反复征询校友们酒店提供的饭菜是否可口、房间是否整洁舒适、酒店服务是否热情周到，充分体现了学校对校友们的关怀与尊重。

从上述案例中可以看出，这是一次典型的组织机构用户购买行为。首先，学校属于正式的组织机构，其购买行为不是个人行为，也不是家庭行为。此外，学校决定购买酒店在一定时期内一定数量的客房、餐饮产品以及相关服务的享用权，其购买目的不是为了生产经营和获取经济价值与利益，而是为了照顾其外地返校校友。所以，从此次购买行为的性质上判断，该校又属于非营利型酒店组织机构用户。分析其购买行为特点，此次购买行为完全符合组织机构用户购买规模大、购买决策复杂、购买人员专业化以及购买关系紧密等特点。就购买过程而言，该校经历了识别需要、确定总需要、产品规格说明、寻找供应商、征求供应信息、选择供应商、签约订单和履约评价 8 个阶段，属于新购型购买行为。

案例分析

组织机构用户的购买行为极其复杂，由于购买规模大，其购买程序有明确的分工。受购买规模的影响，组织机构用户需要付出的成本代价也随之提高，而参与购买决策的部门和相关人员所肩负的责任，以及承担的风险也随之增大。酒店营销人员在面对组织机构用户时应该与相关人员充分沟通和交流，明确用户的购买目的，把握其需要方向，掌握其真实动机，了解其购买过程，分析参与购买决策的部门和人员的身份、所扮演的角色以及可能起到的作用，结合酒店自身的产品特点、优惠政策和地理位置等条件因素，制订合理的供应方案，及时、准确并有效地进行营销公关。

考考营销小专家

一、填空题

1. 客人行为如同其他客观存在的社会经济现象一样，有其特有的活动方式和内在运行规律。研究饭店客人行为就是研究客人在饭店消费活动中的______________。

2. 目前，国内外心理学家和市场学家常用来研究客人心理活动规律和消费行为的基本方法有观察法、__________、__________、__________和投射法等。

3. 客人的需要包含在人类一般需要之中，它反映了客人某种生理或心理体验的__________，并直接表现为客人对获取以__________或__________形式存在的消费对象的要求和欲望。

4. 影响客人购买行为的因素可以分为两大类，一类是内部因素即个人和心理因素，另一类是外部因素，即政治、__________、文化、__________和__________因素。

5. 客人购买决策的内容因客人个体、所处环境以及相关条件因素的不同而有所差异，但大部分客人在作购买决策的过程中都离不开六大方面，即为何购买、__________、__________、__________、谁参与购买以及__________。

6. 按照购买决策过程的复杂程度划分，组织机构用户的购买行为类型主要有三种，分别是新购、__________和__________。

二、选择题

1. 按照需要的起源划分，需要可分为______。

A. 物质需要和精神需要　　B. 生存、享受和发展需要

C. 自然性需要和社会性需要　　D. 现实需要和潜在需要

2. 在严格控制下有目的地对应试者给予一定的刺激，以引起应试者的某种反应，进而研究其在某种特定条件影响下的心理活动规律的调查方法是______。

A. 访谈法　　B. 问卷法

C. 投射法　　D. 实验法

3. 被誉为世界豪华饭店之父，且首先提出了“客人志向销售学”观点的人是______。

A. 里兹　　B. 科特勒

C. 罗宾逊　　D. 凯勒

4. 组织机构用户历经 8 个阶段才完成其购买过程的购买行为属于______。

A. 直接重购型　　B. 修正重购型

C. 新购型　　D. 其他类型

5. 通过获取并利用饭店提供的资源，进而获取某种经济价值和利益的购买者属于______。

A. 家庭客户　　B. 非营利型组织机构用户

C. 零散客人　　D. 营利型组织机构用户

三、简答题

1. 请简述客人购买动机的特点。

2. 请简述组织机构用户的购买行为特点。

3. 请简述影响组织机构用户购买行为的主要因素。

走近市场

【实训名称】

饭店客人行为实训。

【实训内容】

在老师的指导下，以 6～7 人为 1 小组，分别前往饭店和代理商公司消费。一是直接选择饭店进行入住或在饭店进行一些餐饮、娱乐活动等；二是在代理商公司，查看代理商

代理的饭店信息，选择饭店，填写自己的期望价格、预定细节及入住天数，然后提交等待代理商及饭店方的处理及反应以便作下一步的计划。

【实训要求】

要求学生熟悉饭店客人的消费过程和消费内容，并对所消费的饭店的产品和服务作出评价，若有不满提出投诉。实训完成后，形成实训报告。

第四章　饭店市场细分与市场定位

学习目标

1. 掌握饭店市场细分的概念及其细分标准；
2. 理解和掌握不同的饭店目标市场策略的运用；
3. 正确理解、运用饭店市场定位方法。

动脑筋

万豪成功的秘诀在哪里

万豪国际集团是全球首屈一指的饭店管理公司，业务遍及美国及其他 67 个国家和地区。通过市场细分（如表 4－1 所示）来发现市场空白是万豪的一贯做法，正是这些市场空白成了万豪饭店成长的动力和源泉。万豪一旦发现有某个价格点的市场还没有被占领，或者现有价位的某些客人还没有被很好地服务，就会马上填补这个“空白”。而对于每一个市场空白万豪都会进行准确的市场定位，并实行不同的品牌策略来满足不同细分市场的需求。

表 4－1　　万豪饭店的八个细分品牌

品牌名称	价格范围（$）	细分市场特征
Fairfield Inn（公平客栈）	45～65	经济档（偏上）商务与休闲旅行者
Town Place Suites（城镇套房）	55～70	中档旅游者，逗留时间为一周或更长
Spring Hill Suites（弹性套房）	75～95	商务与休闲旅行者，对设备要求高
Courtyard（庭院）	75～100	“专为旅行者设计”，高质量，客人又能支付得起
Residence Inn（居民客栈）	85～110	追求有“公寓风格”的旅行者
Marriott（万豪）	90～250	成家立业的，一向追求高质量的商务与休闲的“成功人士”
Renaissance（新生）	90～250	注重细节，更为另类的年轻的商务与休闲旅行者而设计
Ritz—Carlton（波特曼·丽嘉）	175～300	追求奢华、特色、个性化服务的高级官员

在“市场细分”这一营销行为上，万豪可谓是超级细分专家。万豪一直致力于寻找其不同品牌间的空白地带。如果调查显示某细分市场上有足够的目标客人需要一些新的产品或服务特色，那么万豪就会将产品或服务进行提升以满足客人新的需求；如果调查表明在某一细分目标客户群中，许多人对一系列不同的特性有需求，万豪将会把这些人作为一个新的“客户群”并开发出一个新的品牌。

凭借惟妙惟肖的市场细分和品牌策略，万豪奠定了其国际饭店集团的强者地位，被《财富》杂志评为饭店业最值得敬仰的企业和最理想的工作单位之一。

说到底，这其实就是市场营销学中的STP战略，即市场细分（Segmentation）、选择目标市场（Targeting）和市场定位（Positioning）战略。万豪的品牌战略归根到底是围绕着细分市场来设计和开发的，清晰的品牌战略来自于清晰的STP战略。在产品和服务严重同质化的今天，在大家为同一块市场拼得头破血流的时候，我们是否应该从战略高度来考虑突破和创新呢？

第一节　了解饭店市场细分

任何饭店，无论其规模有多大，实力有多强，都无法满足全部客人的所有需求，而只能满足市场上某一部分客人的某些需求。在开放的市场经济环境中，面对众多的竞争对手，如何扬长避短，找到适合自己的目标市场？这是每个饭店，尤其是新开饭店在经营决策时都要面对和回答的问题。回答这些问题的最好方法是：对市场进行细分，选择自己的目标市场，并对饭店进行准确的定位，以便明确自己的饭店是为满足哪类客人的哪些需求而从事生产和营销的。饭店只有在市场细分的基础上确定自己的目标市场，制定自己的经营战略，研究和推出与众不同而又适销对路的产品和服务，才能在激烈的市场竞争中占领一定的市场份额，获得应有的效益。

一、饭店市场细分的概念

饭店市场是由对饭店产品或服务具有需求的所有现实和潜在的购买者所组成的客户群体。在实际工作中，我们通常把饭店市场称为饭店客源或客源市场，它是饭店赖以生存的基础。由于饭店市场上客人众多，并且分布在不同的区域，他们的需求又千差万别，并随着环境因素的变化而变化，且其支付能力、购买态度和消费方式等也不尽相同，而饭店的人、财、物等资源却是有限的。因此，在通常情况下，一个饭店不可能为市场上所有的客人服务，而只能集中自己的资源力所能及地去满足某类客人的某些需求。于是，就需要进行市场细分。

所谓饭店市场细分是指饭店根据客人需求或购买方式等方面的差异性，依据一定的标准将整体饭店市场分为若干不同类别的子市场的过程。换言之，饭店市场细分实际上就是分辨不同欲望和需求的客户群，把他们分别归类的过程。其中，每一个划分出来的子市场中的需求是相似的，而不同子市场之间的需求则存在明显的差别。比如，饭店市场可以按照地理因素划分为欧美客人市场和亚洲客人市场，这两个市场对饭店的产品和服务各有不同的需要和偏好。

二、饭店市场细分的作用

市场细分是市场营销学中一个非常重要的思想和概念。随着社会的发展，客人的需求趋于多样化，市场竞争日益激烈，进行市场细分，选择目标市场，对于饭店的营销及饭店的发展具有非常重要的作用。

（一）饭店市场细分有助于饭店发现新的市场机会

市场细分是饭店发现市场机会、制订营销战略以提高其市场份额的有力手段。市场机会的实质，是指那些还没有被发现或是还没有充分满足的消费需求。通过市场细分，饭店可以更清楚地分析和了解不同客人需求的满足状况，发现哪些客人群体的需求没有得到满足或没有得到充分满足，从而发现有吸引力的赢利市场，进而采取相应的营销战略和手段，提高其市场占有率。比如，随着近年来老龄化社会的到来，老人的旅游市场逐步形成，对饭店的需求量明显增加，饭店可以根据老年人的需求推出适合他们的产品和服务。

（二）饭店市场细分有助于饭店制定和调整营销策略组合

市场细分后，每个市场都变得小而具体，饭店有利于掌握目标市场的特点。同时，目标市场上的信息可以快速地反馈到饭店管理层，一旦客人的需求发生了变化，饭店就可以迅速调整原来的营销策略，制订出相应的营销方案，如及时正确地调整产品结构，使产品适销对路，或调整和安排营销渠道、广告促销等，使产品能顺利地、迅速地送达到目标市场。例如，当电子商务逐步兴起，计算机与互联网成为许多国内外商务客人的主要工具时，无论是饭店的客房服务还是商务中心的服务，从设备到项目和内容都应该作出相应的调整以满足客人新的需求。

（三）饭店市场细分有利于饭店扬长避短，获得有利的竞争地位

通过市场细分，饭店可以更好地了解各细分市场上的竞争状况，找到市场竞争的薄弱环节，从而扬长避短，发挥自己的竞争优势。

此外，通过细分，饭店还可以集中使用人力、物力和财力，将有限的资源集中使用在刀刃上，从而以最少的经营费用取得最大的经营效益。

可以看出，市场细分对于小饭店而言尤为重要，因为小饭店一般资金少，实力薄弱，在整个市场上无法与大饭店抗衡。小饭店通过市场细分，就可以发现那些尚未满足的需求，选择一些大饭店不愿顾及、需求量相对较小的细分市场，集中自己的资源力量满足该特定市场的需求，见缝插针，在激烈的竞争中谋求生存和发展。

三、饭店市场细分的依据

影响饭店客人需求的因素有很多，如性别、年龄、收入、消费方式等，因此，对客源市场的细分并没有固定的模式。饭店可以根据自己的特点和需要，采用适当的细分变量来进行细分，以求得最佳的营销机会。一般来说，饭店可以依据地理环境变量、人口变量、旅游目的变量、购买行为变量等来进行饭店市场细分。

(一) 按地理环境变量细分

根据客源所在的地理位置来细分市场，是饭店最常用的细分方法之一。饭店的客源往往来自不同的地方，而不同的居住地域环境会形成不同的消费需求与习惯，这就导致不同地方的客人对饭店的产品和服务的需求各有差异。例如，在国内，我们可以把饭店市场划分为南方市场和北方市场，在吃的要求上，北方人的口味偏重，南方人的口味偏淡；在住的要求上，北方人怕热怕湿，南方人怕冷怕干。又如，在国际上，我们可以把饭店市场分为欧美市场和亚洲市场。这两个市场的对饭店产品和服务需求的差异可以从表4-2中看出。

按地理环境变量进行市场细分最大的好处在于饭店能够根据不同地区客人的需求设计不同的产品，并在不同地区安排有针对性的营销活动。例如北京的长富宫饭店，根据饭店日本旅客较多的特点，特设日本楼层，在这些楼层中，饭店客房陈设全为日式的，连客房服务也全部采用日式的，给日本客人带来了家的感觉。

表4-2　欧美客人与亚洲客人对饭店产品需求的差异

类别	客房、设施	消费倾向	娱乐、健身	酒吧	餐饮
欧美客人	整洁、卫生、舒适宜人	住宿要求高，档次高	游泳池 健身房 网球场	热烈、自由、随和	便捷、快速
亚洲客人	装饰好，设施齐全	偏向购物，对饭店档次要求不高	卡拉OK	安静、雅致	精致、营养

(二) 按人口变量细分

按人口变量细分是指按照人口统计上的内容，如年龄、性别、职业、收入、教育水平、家庭成员构成等来细分市场。

1. 按年龄细分

不同年龄阶段的客人经济状况、消费方式、心理特征有所不同，对饭店产品和服务的要求也就有所差别。比如，年轻人求新、求异的心理比较强，他们一般对饭店的选择还没有固定的倾向，能够接受一些新开饭店。另外，由于年轻人大多还处于求学或工作刚起步的阶段，收入水平不高，他们倾向于选择较为便宜的旅馆入住。因此，就高级饭店来说，25岁以下的客人就不必作为主要客源市场来考虑，因为这些人收入有限，无法形成规摸。值得一提的是，近年来老年人旅游市场前景相当可观。一方面，老年人有时间，也有一定的积蓄；另一方面，现在很多子女愿意并开始有实力以花钱让老人参加旅游的方式来孝敬父母。随着老年人出游的增加，老年人也成为许多饭店不可忽略的市场之一。

2. 按性别细分

在以前，按性别来细分市场并不为太多的饭店所关注和采用。但随着世界范围内女性受教育程度的日益提高，现代女性可以得到比以往更多、更好的工作机会，获得更为稳固和可观的收入，女性饭店市场也因此迅速增长。2001年，瑞士苏黎世开设了世界上第一家针对女性商务游客的饭店 Ladies First（女士优先），大获成功。在我国，善于捕捉商机的业界人士早已关注到这一细分市场。在一些经济发展迅速的地区，如上海、广州、深圳等地，一些高星级饭店已相继开辟了“女士楼层”，制定并实施一系列特色化的服务及管理措施，收到了明显成效。

精明的饭店经营者发现，男性和女性在购买饭店产品和服务时，有着不同的特点。相对来说，女性喜欢宽敞、美观、整洁的客房，要求有梳妆设备，如大镜子、特别的照明灯光，摆放化妆品的地方和必要的、讲究的洗浴用品等，她们用的衣柜要足够高以便悬挂衣裙。另外，女性比男性更为关注安全。饭店可以通过一系列的措施来增加女性客人的安全感，如确保前台工作人员、餐厅员工和代客泊车的员工不透露客人的车牌号，不向采访者透露客人的房间号。

小案例

女性楼层

一个楼层、13 个房间，拥有 100 多年历史的挪威奥斯陆格兰德饭店用这种方式，对这个国家的十几位杰出女性致以最崇高的敬意。

格兰德饭店的第五层是一个专门以女性为主题的 Ladies Floor。楼层的大厅同时也是挪威著名女画家 Trine Folmoe 的画廊。楼层中一共 13 个房间，每个房间均以一个著名的当代挪威女性命名，包括女导演、女音乐家、女演员、女运动员、女记者等。房间的门口悬挂着这些女性名人的照片。房间的设计最大限度地体现了北欧设计师的审美观和创造力。房间由 9 个不同的挪威著名设计团体完成。每个设计团体在设计房间时都曾与为这个房间代言的女性作过充分的交流，去了解每个女性对于职业、情感、家庭、生活、爱好、时尚、创造性的理解，然后再通过设计师对于房间的构思、材料和家居品的选择去诠释这样的理解。所以 Ladies Floor 的每个房间不仅仅是一个饭店里的房间，而更像是一个家，出门在外的女人的家。

对于女性的关怀，体现在房间里的每一个细节上。女士楼层有自己专用的服务手册和菜单，有 L’Occitane 提供的女士卫浴用品、专为女士设计的大枕头、各种女士杂志和刊物。楼层还有专门为女性服务的美容室和保健室。Beauty Lounge 美容室由前著名模特 Linda Johansen 掌管。客人既可以到美容室，也可以在自己的客房里享受美容服务。Dradonfly 保健室由两位曾游历全球的按摩师 Anita Kavlie 和 Finn Dalheim 带给客人最正宗的东方按摩与 SPA。

拓展·阅读

女性楼层发展历程

事实上，饭店中设女性楼层并非新鲜事，我们来看看饭店女性楼层的发展历程。

★ 在女性楼层出现之前，记载在册的最早的女性饭店是位于美国纽约曼哈顿的阿莱顿饭店（The Allerton Hotel)，它于1920年开建，1923年完成。在当时女性于职业领域刚刚取得平等权的年代，该饭店为当地职业女性的安全提供了一席乐土。据说，该饭店在未竣工时，客房就被预订一空，等候预订的人员名单被列为一长串。

★ 饭店的女性楼层较多出现在第二次世界大战之后。当时，越来越多的女性涉入职场，商务旅行也成了女性的工作内容之一。为吸引这一新兴消费群体，以保障独身旅行女性安全为目的的女性专用楼层登上了饭店舞台。希尔顿饭店就曾经推出过此类服务，该时期希尔顿饭店集团的广告宣传中，特地强调了“希尔顿饭店是女性安全的保障”。

★ 20世纪六七十年代，第二次女权主义运动浪潮使女性的社会地位日渐提高。在饭店业，把女性作为“弱者”形象保护起来的女性楼层开始受到女权主义者的抨击。

饭店开始采取一定的特惠活动取代女性楼层来吸引女客。如在1967年，希尔顿饭店集团与各大航空公司联手推出了大型推广活动——“携妻共住希尔顿”（ Take Your Wife Along)。而到了20世纪80年代，虽然有些饭店也有女性专用楼层供女士选择，但是，这个时候张扬的女权主义让女性的职业理想更为“雄心勃勃”，对于想成为干练女强人的她们，女性楼层简直就是性别歧视，而不是友好之举。至此，女性楼层逐渐淡出饭店舞台。

★ 20世纪90年代，女性商务客人成为饭店越来越重要的客源，全球的饭店经营者都在想方设法吸引这批潜力无限的消费群体。例如，温德姆饭店集团（Wyndham Hotel Group)在90年代中期就非常关注女性客源，曾专门为女性商务客人推出了“女性之旅”（Women On Their Way）的活动，一度吸引众多女性客人参与。但这个时期女性楼层的概念很少被人提及。不过，女性客人在商务活动中的比重加大已为女性楼层的复出备好了“温床”。

★ 21世纪初，传统饭店业在个性、新锐饭店的冲击下，受到了前所未有的挑战。能否开拓新的市场是传统饭店营销策略的重要课题。旨在吸引专属客源的俱乐部楼层、行政楼层、礼宾楼层应运而生，一度消失的女性楼层也毫无悬念地再次出现。在世界各地、女性楼层如雨后春笋般在各大品牌饭店中纷纷亮相。

此外，客人的职业、收入水平、消费心理等也会影响他们在饭店的消费方式、次数、频率和金额。饭店可以根据自身的情况确定不同的细分标准。

（三）按旅游目的细分

客人对饭店产品的消费往往是伴随着客人外出旅行的目的而产生的。因此，根据客人的旅行目的细分市场是饭店广泛使用的一种市场细分方法。客人外出旅行的目的很多，这里主要分析以下两种。

1. 公务旅游

公务旅行者包括商务旅行者、参加会议者和其他出差人员。据统计，目前全世界饭店业的业务收入来源中，55.5％的客人来自商（公）务旅游。据我国有关部门统计报道，我国海外旅游市场中70％是商（公）务旅游者。中档饭店中，商（公）务客人占50％～60％，高档饭店商（公）务客人一般占70％以上。

公务旅游者由于工作的需要，他们往往选择交通便利、地理位置距离其工作业务办理地点比较近的饭店。在办理入住或离店手续方面，他们希望饭店能够提供简便、快捷的服务。在饭店的附属设施方面，他们要求有适当的洽谈公事的场所，另外由于公务客人在饭店住宿的时间通常比较长，因此他们对健身房、网球场、游泳池、桑拿浴等的需求也比较多。此外，公务出差的客人对叫早服务、邮件传递服务、洗熨衣服服务以及一些现代商务服务，如传真、计算机等较其他客人有更多的需求。在就餐方面，公务客人往往选择在饭店用餐。由于是公司或单位付款，公务客人对饭店的价格往往不太敏感，他们只要确定饭店采用的付款方式与其公司或单位的财务政策一致即可。

2. 度假休闲旅游

度假休闲旅游市场因为其持久的生命力和巨大的市场空间而成为饭店市场中另一个十分重要的细分市场。度假休闲客人与公务客人最大的区别在于，由于需要个人付款，因此他们对于饭店的价格非常敏感，在选择饭店时，价格往往是他们首先考虑的因素。如果饭店能够推出一些折扣或者优惠活动，将会对他们产生极大的吸引力。度假休闲旅游往往有很明显的季节性，客人一般选择位于风景区或离风景区不远的饭店。而且，度假休闲的客人主要目的是外出观光旅游，因此，他们不像公务客人那样对饭店的餐饮、健身娱乐设施等有那么多的需求。他们往往会外出就餐或自带食物，对于客房大多只要求整洁舒适即可。

（四）按购买方式细分

根据购买方式来划分饭店市场也是饭店广泛采用的一种方法。从客人的购买方式来看，饭店客人主要可分为团队客人和零散客人（散客）两大类。一般情况下，团队客人由于一次性购买量大，饭店通常会给予相应的价格折扣和其他优惠，而散客则要对饭店的产品和服务支付更高的价格。

团队客人和散客各自又可以划分出不同的类型。

1. 团队旅游市场

(1) 旅游团。旅游团是饭店主要的客源市场之一。旅游团往往具有以下特点：第一，旅游有淡旺季之分，因此有可能给饭店带来营业的高峰和低谷；第二，大部分旅行社通常与饭店有合约关系，可以给饭店带来持续的客源，但旅游团的高取消率也会给饭店带来一定的风险；第三，旅游团通常不需要使用会议场所或其他附属设施，饭店可以节省这方面的投入。

(2) 公司类。这类客人包括公司高级管理人员、营销人员、部门管理人员等。目前，很多公司一般都会与自己业务所在地的某家饭店签订长期合作合同，以获得更低的价格和更便利的服务，饭店按合同上约定的服务标准向公司的人员提供产品和服务。饭店吸引这类市场可带来下列好处：第一，没有季节性，能给饭店带来常年稳定的生意；第二，相比较于其他市场，公司类市场取消预订率低，因为商业旅行比旅游团、休闲观光等所受的外部影响更小一些；第三，公司类客人由于其业务关系使然，一旦他们对某饭店留下好印象或有过愉悦的经历，便有可能成为这家饭店的回头客和常客；第四，对饭店来说，接待公司类客人经营风险较小，因为他们极少出现拖欠款和跑账现象；第五，除合同约定之外，饭店通常不需给予公司类客人其他优惠和价格折扣。他们对饭店产品和服务的需求和前述公务类客人的需求是一致的。

(3) 会议旅游者。世界经济一体化使全球商务活动日益频繁，国内经济持续快速增长，各种类型的国内商贸会议、展览活动等也日益繁荣，会议旅游者逐渐成为许多饭店的重要客源市场。会议旅游往往集现代商务旅游、观光旅游、科学考察旅游等多种旅游形式于一体，是一种综合性的旅游形式。开发会议旅游市场对饭店来说可以带来多方面的好处：首先，会议旅游者可以给饭店带来较高的利润。会议旅游者人数众多，且他们的经费来源稳定，消费水平高，对饭店的客房、餐饮以及其他附属设施等有较高的需求。据统计，会议旅游者的平均消费是普通旅游者的三倍或三倍以上。其次，会议旅游有利于扩大饭店的影响，提高饭店的知名度。大型会议的举办往往会通过媒体进行大量的宣传，而且会议举行的过程中也会有广大媒体参与报道，对饭店来说是也是宣传自己、提高声誉的机会。另外，接待会议旅游者还可以调节饭店的淡季市场。

会议旅游又可分为以下几种：

①周期（定期）性会议，如各种行政组织、民间协会的选举，国际、国内、地区性的学术交流、经贸交流，季节性的茶话会等，这些会议大多是领导层会议，对树立饭店形象将起到重要作用。开发这类会议市场，饭店应及时宣传自己的优势以及良好的硬件设施，使会议代表感觉到会议所在地与会议的形式相协调。

②地区性会议，如地区的商务会、贸易展销会、人才交流会等，这种会议普遍带有地方色彩。开发这种会议旅游市场，应该利用对当地比较熟悉的优势，多渠道、多形式地与当地政府、公司保持友好关系。饭店营销人员对本地区所召开的会议应做到心中有数，有的放矢地进行公关和开发。

③系统性会议，如卫生系统、文化教育系统、工商系统等召开的会议，专业性、系统性强，如果接待服务令主办单位十分满意，该饭店会有可能成为定点会场。开发这种会议，应与有关部门建立联系网络，特别是高层行政部门，掌握的会议信息多，对召开会议的时间、要求都比较了解。

④临时性会议，临时性会议开发，要靠饭店良好形象的树立。饭店在社会上和公众中有一定的影响力和信誉，企事业团体信得过，举办者组织会议时就会想到该饭店，主动找上门来。

（4）体育代表团，包括各种体育赛事活动的组织者、教练、运动员、经纪人等。对饭店而言，成功地接待好一次高规格、高档次的大型体育活动，不仅能带来吃、住、娱乐等一系列高消费收益，而且在拓展饭店品牌、树立饭店形象、提高饭店知名度、扩大市场美誉度等方面，都能起到积极的作用和影响。

（5）机组成员，指与饭店签订年度或其他方式长期合同的航空公司的机组成员。这类客人通常是机场饭店的重要客源。

2. 散客

散客一般是指一次性订房数量少于 10 间的客人。由于一次性订房量小，散客通常无法享受饭店的折扣和优惠，要支付比团队客人更高的价格。对于饭店而言，同一间客房出售给散客要比出售给团队客人带来更高的收益。因此，很多城市中心的商务饭店，在旺季时选择接待散客而非团队客人，以保持饭店较高的赢利水平。散客还可以分为商务散客、休闲旅游散客等。他们对饭店的选择各有差异。例如，商务散客要求饭店有良好的位置、便利的交通、必备的商务服务等，而休闲旅游散客喜欢自由自在、无拘无束的旅行气氛和生活，他们往往选择环境宜人、价格优惠的小型饭店和度假型饭店。

（五）按营销渠道细分

按营销渠道的不同可以把饭店市场分为直接订房市场和营销中介订房市场两种。

1. 直接订房市场

直接订房是指客人通过电话、传真、互联网等方式直接向饭店亲自订房或委托其他非营利的个人或组织机构代为订房。直接订房市场还包括那些没有事先预订而直接入住的客人。直接订房的客人通常比较零散，这意味着他们要支付更高的房价。饭店必须具备必要的和先进的预订设施和条件，高效率的预订确认、更改和取消，以及订金、退款程序和管理制度来保证订房的顺利和准确。

2. 营销中介订房市场

营销中介是指代理个体客人向饭店订房并从中获得相应利润的个人和组织，主要包括旅行社、航空公司、饭店预订组织等。

（1）旅行社。旅行社是饭店主要的营销中介市场，饭店一般与它们建立固定的业务往来合约关系。旅行社市场能够给饭店带来大批量的旅游团订房并形成客房出租率的旺季和高峰，但有时也存在淡季和高取消率的风险。

（2）航空公司。航空公司是饭店订房的另一重要来源，它们经常帮助客人安排住宿、推荐饭店，有的航空公司同饭店联合组织包价团，开展联合促销活动，将客人吸引至该饭店。另外，很多饭店还与航空公司实行联网预订。

（3）饭店预订组织。随着饭店业的全球化和国际化，许多国际性的大型饭店预订组织也应运而生。例如美国 Pegasus Hospitality，它兼并了具有 10 多年历史的英国尤特尔国际有限公司（Utell International LTD）成为全球最大的饭店预订组织。这些公司和组织通过其设在全球各地的办事处和预订机构代理客人预订饭店，并从中获取相应的利润。目前，这类预订组织所介绍的客源在我国饭店中已越来越多。

四、饭店市场细分的原则

对于竞争激烈的饭店市场而言，进行市场细分仅仅是成功的开始，因为尽管市场细分是饭店识别机会、发现机会的有效手段，但并不是所有的市场细分都是有效的。所以，过

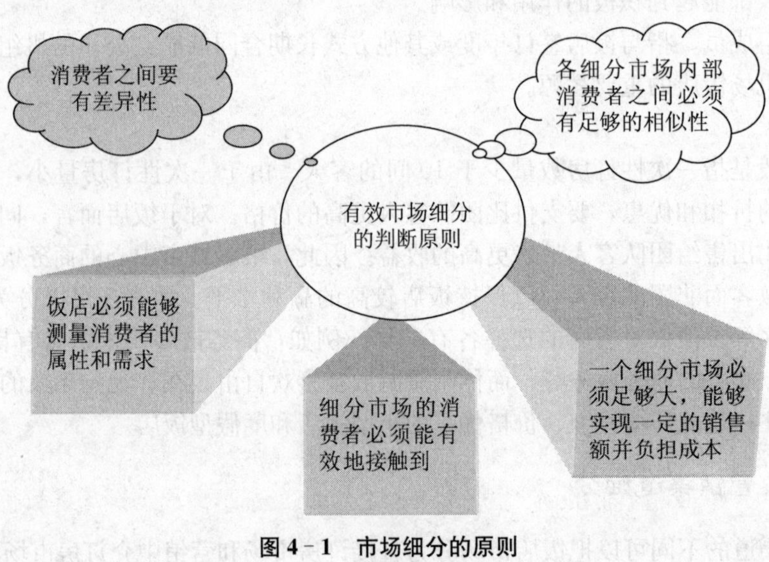

图 4-1　市场细分的原则

于细分可能会影响饭店的营销面；细分不当也可能招致营销上的失败。饭店市场细分可选择的标准很多，但细分后的市场是否有效，则应该遵循以下原则，如图 4-1 所示。

（一）差异性和相似性原则

饭店最后细分的市场是否有效，要看该细分市场和其他细分市场之间，客人是否有明显的差异，他们的需求是否有明显的不同，这种差异性是区分不同子市场的基础，否则不如作为一个大的市场，不必细分。同时，在各个细分子市场内部，要注意客人之间的相似性，只有这些子市场内部客人具有足够的相似性，饭店才能针对此细分市场制订有效的营销策略并能够有效地付诸实施。

（二）可衡量性原则

可衡量性是指饭店各个细分市场的市场容量和市场层次结构是可以衡量的。有些市场很难衡量，如不同性格的客人在饭店消费水平的区别；有些市场则是可以衡量的，如公务类客人，这类客人的住宿人数、平均停留天数、带来的销售额、平均房价等都能被统计出来，这样的细分才有实际意义，能为实际工作提供帮助。

（三）可实现性原则

可实现性是指饭店所选择的细分市场是否易于进入，根据饭店目前的人、财、物和技术等资源条件能够通过适当的营销组合策略占领目标市场。如果某个细分市场已经被某些实力强大的竞争对手占据，那么饭店就很难再进入该市场。

（四）可赢利性原则

可赢利性要求饭店所选择的细分市场具备足够大的规模并具有一定的发展潜力，而且在市场上能持续一定的时间，以确保饭店赢得长期稳定的利润。如果市场容量太小，购买力也有限，那么饭店为吸引这些客人所获得的收入或许不能偿付营销的费用；如果细分市场的需求只是一种短暂潮流，而饭店将其作为目标市场来经营，那么有可能仅带来昙花一现的经营效果，从而使饭店陷入十分被动的局面。

第二节　饭店目标市场策略

饭店进行市场细分是为了寻求营销机会，因此市场细分是手段而不是目的，其最终目的是帮助饭店选择目标市场，从而有针对性地对目标市场实施营销活动。

一、饭店目标市场的选择

饭店目标市场是指在市场细分的基础上，饭店经过分析、比较和选择，决定作为自己的服务对象的一个或几个子市场。并不是所有的子市场都可以成为饭店的目标市场，一个可行的目标市场应具备以下几个条件。

（一）要有适当的规模和发展潜力

饭店经营的根本目的是追求利润，因此，作为目标市场的子市场应有足够数量的客人和购买力，能达到一定的需求量、销售量，从而保证饭店有利可图。一个细分市场是否有开发价值，除了考察其当前的规模外，还要看其未来的发展状况，一般应选择未来发展潜力大的子市场作为饭店的目标市场。

（二）竞争者未完全控制

饭店应选择竞争对手较少或者竞争对手较弱的子市场作为自己的目标市场，需要注意的是，有时可能会出现竞争对手遵循同一思维逻辑，争取同一子市场的现象，这也是饭店应竭力避免的。

（三）符合饭店经营目标和资源能力

某些细分市场具有一定规模和发展潜力，并且也具有吸引力，但饭店还必须考虑：该细分市场是否符合饭店的长远目标，如果不符合，就不得不放弃；饭店是否具备在该市场获胜的能力和资源，如果不具备，也只能放弃。

二、饭店目标市场营销策略

为了保证饭店能够在目标市场中取得营销成功，就必须确定采用何种策略进人市场。目前，可供饭店选择的策略主要有三种类型：无差异性营销策略、差异性营销策略和集中性营销策略。

（一）无差异性营销策略

无差异性营销策略是指饭店把整体市场看做一个大的目标市场，不进行市场细分，用一种产品、统一的营销组合对待整体市场，也称为大规模营销。这种营销策略只考虑客人需求方面的共同点，而不管他们之间是否存在差异。无差异营销策略可用图4-2表示。

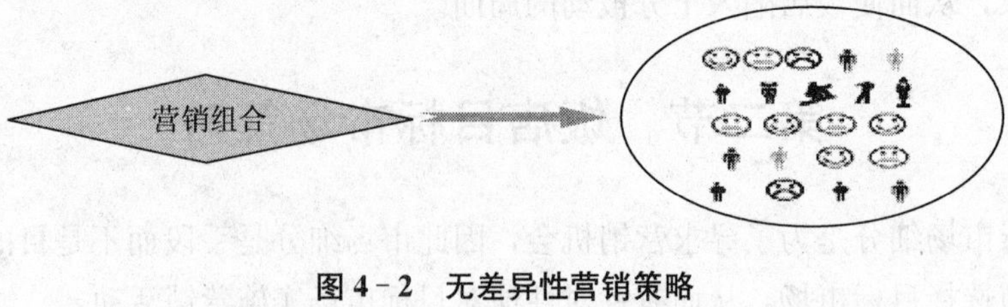

图4-2　无差异性营销策略

无差异性营销策略的优点在于它可以减少饭店的经营成本和营销费用；而缺点在于它忽视了市场需求的差异，不能适应多变的市场形势，难以长期满足多方面的市场需求。此外，无差异性营销策略不能适应竞争激烈的市场环境，当多数饭店都采用这种策略时，就会出现在大的细分市场里竞争极为激烈，而部分小的子市场的需求又无法得到满足的现象。

无差异性营销策略的优缺点和适用条件如表 4-3 所示。

表 4-3　无差异性营销策略的优缺点和适用条件

优　点	缺　点	适用条件
便于大规模、标准化生产； 有利于降低市场调研、产品研制等各方面的费用	忽略了需求的差异性，不能满足特定需求； 容易被竞争者模仿	饭店拥有雄厚的实力； 具有大规模的单一生产线； 具有广泛的营销渠道

在竞争越来越激烈的饭店行业，一方面，竞争对手众多，市场基本上处于一种供过于求的状态；另一方面，市场需求有限，而且市场差异化程度越来越高，无差异性营销已不能满足现代饭店发展的要求。因此，采用这种策略的饭店并不多见。

（二）差异性营销策略

差异性营销策略是指根据客人的不同需求特点，对整体市场进行细分，选择几个细分市场作为饭店的目标市场，然后针对每个细分市场的特色，分别设计不同的产品或服务，采用不同的营销手段，以满足不同类型客人的不同需求，如图 4-3 所示。

由于客人对饭店需求上的差异，加上市场竞争日益加剧，采用差异性营销策略的饭店也日趋增多。也就是说，饭店以多种产品、多种价格、多种营销渠道以及多种促销的手段取得成功。例如，饭店客房针对客人需求划分为单人房、标准房、套房和高级套房等。

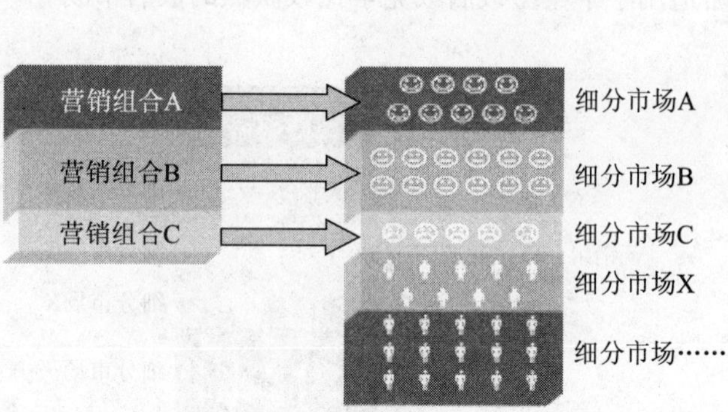

图 4-3　差异性营销策略

差异性营销策略的优点在于能满足各个目标市场客人的需求。因此，饭店就有可能在各个目标市场上实现比向一种市场提供一种产品更大数量的营销。这样有利于塑造饭店及产品的良好形象，增强对回头客的吸引力，增加重复购买的数量，增加饭店在目标市场上的竞争力。同时，由于产品多元化，经营目标分散在几个目标市场中，在竞争中有较大的回旋余地，因此，可减少饭店的经营风险。

差异性营销策略的缺点在于，因目标市场过多而增加饭店的营销因素组合，生产、管理和促销等费用也会随之增多，同时也加大了营销人员管理工作的难度。

差异性营销策略的优缺点和适用条件如表 4-4 所示。

表 4-4　　差异性营销策略的优缺点和适用条件

优　点	缺　点	适用条件
能满足客人的差异性需求； 能增加饭店的市场覆盖率，分散经营风险； 提高饭店产品的竞争能力； 树立良好的市场形象，吸引更多的客人	增加饭店的营销和管理成本； 增加营销协调的难度	饭店实力雄厚； 饭店技术、设计能力能满足多种产品和服务的生产要求； 饭店的营销者具有较高水平

（三）集中性营销策略

集中性营销策略是指在市场细分基础上，饭店根据自身的资源和实力选择一个或几个目标市场，然后集中饭店所有的人力、物力和财力，以一种营销组合手段来集中满足这些目标市场客人的需求，如图 4-4 所示。

采用这种营销策略的依据是：宁做小池塘里的大鱼，不做大池塘里的小鱼。与其在一个大市场上占有很小的市场份额，还不如在一个或少数几个较小的市场上占有较大的市场份额，甚至处于支配地位。

集中性营销策略适用于中小型饭店或竞争比较激烈的饭店市场。

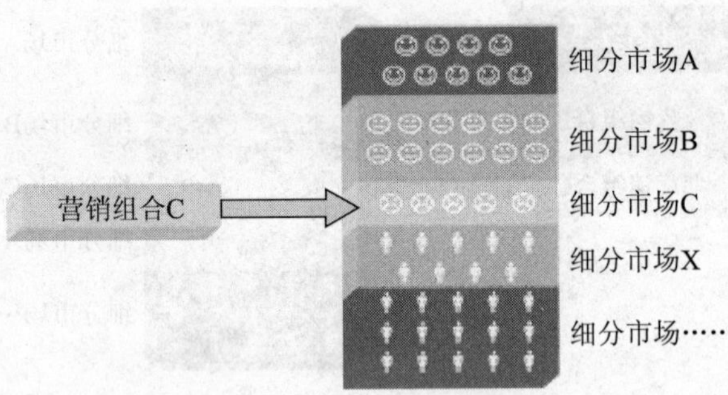

图 4-4　集中性营销策略

集中性营销策略的优点是有利于饭店经营项目的专业化。由于实行专业单一经营，因此会大大减少营销费用，有利于提高饭店的市场占有率。因为目标市场集中，所以能深入了解市场需求，集中优势，建立稳固的市场地位，有利于饭店创名牌，提高饭店资源的利用率。

集中性营销策略的缺点是饭店的经营风险较大。由于饭店将资源集中于一个或少数几个市场，一旦目标市场发生不利于饭店的变化，饭店的回旋余地较小。此外，饭店在某一目标市场确定了自己的地位，树立了自己的形象，就很难再改变形象，打入别的细分市场。

集中性营销策略的优缺点和适用条件如表 4-5 所示。

表 4-5　集中性营销策略的优缺点和适用条件

优　点	缺　点	适用条件
提高饭店在目标市场的占有率； 集中饭店资源，节约费用； 为特定客人提供专业化产品和服务； 提高饭店知名度，有利于创名牌	过于集中，经营风险大； 一旦形象确立就难以改变	适用于资源薄弱的中小饭店

三、饭店目标市场营销策略的选择依据

饭店在选择目标市场营销策略时，除了要考虑各种策略的优缺点和适用条件外，还要考虑以下几个因素。

（一）饭店实力

饭店自身的资源多少、实力的强弱，是决定饭店选择何种营销策略的基础。一般而言，如果饭店资源充裕、实力雄厚，就有可能占领更多更大的市场，因此可以考虑实行差异性目标市场营销策略或无差异性目标市场营销策略；否则就只能采取集中性营销策略。

（二）饭店产品的同质性

产品的同质性是指在客人眼里不同饭店的产品和服务的相似程度。相似程度高，则同质性高；反之，则同质性低。对于同质性高的饭店，客人可能并不十分看重其品牌。此时，竞争将主要集中在价格上。这样的产品适合采用无差异性营销策略。对于存在较大差别、产品选择性强、同质性较低的饭店产品和服务，则更适合于采用差异性营销策略或集中性营销策略。

（三）市场同质性

市场同质性是指各细分市场客人的需求、购买行为等方面的相似程度。市场同质性高，意味着各细分市场相似程度高，不同客人对同一营销方案的反应大致相同。此时，饭店可考虑采取无差异性营销策略。反之，则适宜采用差异性营销策略或集中性营销策略。

（四）饭店产品所处生命周期的不同阶段

当饭店产品处于投入期，同类竞争者不多，竞争不激烈时，饭店可采用无差异性营销策略。当产品进入成长期或成熟期，同类产品增多，竞争日益激烈时，为确立竞争优势，饭店可考虑采用差异性营销策略。当产品步入衰退期后，为保持市场地位，延长产品的生

命周期，全力对付竞争者，饭店可考虑采用集中性营销策略。

（五）竞争对手的营销策略

竞争对手的营销策略同样是饭店需要考虑的重要因素。通常，如果想避免与市场竞争对手直接竞争，饭店应考虑采用与竞争对手不同的目标市场策略。如果竞争对手实行无差异性营销，则饭店可以实行集中性或差异性营销；如果饭店的实力与竞争对手相当或饭店有实力将竞争对手挤出市场，则可以针锋相对地采取与之相同的策略。

小案例

奇特的“袖珍宾馆”

在上海南京西路，有一座“袖珍宾馆”——海港宾馆。在大饭店、高档宾馆林立的上海，许多饭店、宾馆的经理们都在为入住率低而犯愁，可在这里，却常常出现多批客人等在大厅中，抢住刚刚退出的客房的情形。生意如此兴隆，奥妙何在？不妨让我们亲临其境详细观察。

夜晚，走进海港宾馆的客房，两张席梦思占据着客房的主要位置，与一般的宾馆一样，看不出有什么特别之处。可是，当你清晨起床后，轻轻按一下机关，床就会缓缓翘起翻嵌进暗墙里，这时，你才会惊讶地发现，一间客房俨然变成一间标准的“经理室”。对生意人来说，既不需要多付房租，又不落身价，花了标准房的钱，享受“套房”的标准。

市场细分的内容之一，就是根据客人的不同需要，投其所好。就说旅游者吧，有身背行囊走天下的学生；也有洞房花烛夜的蜜月夫妻；还有老来相伴的华发翁妪；等等。随着我国市场经济的发展，商务性旅游更是来势汹汹。你要招徕客人进店，就必须了解你的服务对象是哪些人，他们需要什么？如果服务对象是商务旅游者，那么对于这些生意人，你就得增加会客室、小型会议室、写字间等公共活动场所，同时，还应当增加新的服务项目，如外文打字、复印誊写、通信传真、外汇结算、翻译服务等。“袖珍宾馆”的决策者正是根据自己的目标市场——商务旅游者的需要，别出心裁地设计了卧房、接待两用型客房，既为客人节省了开支，又提高了自身的经济效益。除了巧妙的客房设计外，海港宾馆的决策者还广泛调查了客人的其他要求。通过调查发现，很多客人为整个上海没有一个为寻找合作者而提供企业资料的信息库而大伤脑筋。他们立即与上海旅游学会合作，开办了上海第一个商务信息计算机库，分门别类地储存上海的主要经济信息和各类机构的“花名册”，企业也可以申请在计算机库中立一个“户头”，储入企业简介和合作意向。这项软件服务为商务旅行者提供了大量合作机会和洽谈线索，深受他们的欢迎。

在市场细分的基础上找准了目标旅游者，并不失时机地提供各种与之相关的服务，正是“袖珍宾馆”成功的奥秘所在。

第三节 饭店市场定位策略

一、饭店市场定位的含义及作用

所谓饭店市场定位是指饭店在对目标市场的需求和行为特征进行充分调查分析的基础上，策划并树立饭店产品和饭店在目标客户群心目中的形象，使饭店提供的产品具有一定的特色，以适应客人一定的需要和偏好，并与竞争者相区别。市场定位与产品定位的含义是等同的，市场定位的实质是为饭店产品塑造一定的特色，树立一定的形象，以使客人对其形成一种特殊的印象和偏爱。通常情况下，无论饭店是否意识到产品的定位问题，在客人的心目中，不同商标的产品都会占据不同的位置。例如，“希尔顿饭店”在客人的印象中意味着“高效率的服务”，“假日饭店”则给人“廉价、卫生、舒适、整洁”的市场形象。为此，饭店必须深入了解市场客人的爱好、特点及要求，选择目标市场客人关注的对自身利益有重要影响的因素，才能使客人的需求得到最大限度的满足，吸引更多的客人。

饭店市场定位对饭店的经营具有重大的现实意义，主要体现在以下两个方面。

（一）有利于建立饭店和产品的市场特色

现代饭店行业竞争非常激烈，供大于求的现象越来越严重，同类型饭店往往使出浑身解数争夺有限的客源。为了使自己的产品获得稳定的销路，避免竞争乏力而被其他饭店所取代，饭店势必从各方面为其产品培养一定的特色，树立起鲜明的市场形象，以期在客人心目中形成一种特殊的偏爱。饭店进行市场定位时可以强化或放大某个特征，如饭店的地理位置（位于市中心、邻近机场、度假区内）、会议设施、饭店规模、餐厅提供的菜式；也可以强调服务对象，如定位于商务旅行者、旅游团体、度假旅游者；也可以是服务水平、价格方面的差别，或者可以同时强调多个特征方面的差别，以便客人将本饭店与竞争者区分开来。例如，南京市饭店业中长期以来流传着“住‘金陵’、食‘丁山’、玩‘玄武’”的说法，正是对这三家饭店及其产品特色的高度概括，这三家饭店也正是通过强化其各自的产品特征，进而形成一种产品优势，从而依靠这些特色产品在市场中取得竞争的主动权。

（二）为饭店制定营销组合策略奠定基础

饭店经营的基础是产品，没有产品，一切经营活动都将变成纸上谈兵。由此可以看出，饭店和营销组合受到饭店产品定位的限制。正确的市场定位指明了与目标市场沟通的正确道路，使饭店能够在适当时间通过适当的途径将信息传递给市场，对于制定营销组合策略有重要的指导作用。例如，某饭店决定在市场上营销豪华、优质、高价的组合产品，如此定位就决定了饭店产品必须是高水准的、有稳定质量保证的、能体现客人身份的。由此，饭店在营销宣传时就必须以这些特质作为强化的重点，让目标市场的潜在客人接受这样的产品特质。可见，饭店产品定位决定了饭店必须设计和发展与之相适应的营销组合。

二、饭店市场定位的内容

饭店市场定位包括的内容很多，主要有形象定位、产品定位、价格定位、消费群体定位以及服务标准定位等。

（一）形象定位

这里所说的饭店形象是指饭店外观，包括建筑设施、饭店的名称、饭店标志、标志字体以及标准色，所有这些视觉因素直接影响人们对饭店形象的看法。饭店的建筑应当体现饭店的风格、标志和口号，能够提供强有力的确认和识别特征。例如深圳华侨城的威尼斯饭店，它的外观极具特色，顶楼设有作为威尼斯城徽的金狮，饭店大堂的天花顶设有蓝天白云置景，在饭店二楼平台，还可以看到面积达 2000 多平方米的游泳池。考究的建筑材料使“水”主题文化和建筑风格浑然一体、交相辉映，充分体现了威尼斯的文化风格，展现了浓郁的异国风情。

（二）产品定位

产品定位即饭店为客人提供何种类型的产品。饭店营销人员在为产品定位时，应该强调三个要点。第一，为产品创造和培养一定的特色，树立一定的市场形象。这种特色，有的可以从产品实体上表现出来，有的可以从消费心理中反映出来；第二，详细说明产品能为目标市场客人提供的各种利益；第三，强调本饭店产品与竞争对手产品的差异。

（三）价格定位

价格是饭店营销组合中最为敏感的一个因素。饭店营销人员要根据客人需求程度的变化来调整饭店价格。在淡季，饭店可以采用低价接待团队，扩大营销量。在旺季提高价格而营销量不会减少或减少不多，饭店可以采用高价接待商务散客，将销售价格定高。

（四）消费群体定位

消费群体定位即饭店以何种类型的客户群体作为自己的目标市场。例如，消费群体按旅游目的可划分为 4 类：参加公务和会议的消费群体、观光旅游的消费群体、休假娱乐旅游的消费群体、探亲访友的消费群体。

（五）服务标准定位

服务标准定位即以何种服务标准为客人提供产品和服务。饭店的许多服务项目，如前厅服务、客房服务、餐厅、酒吧服务及商务中心服务等，都涉及服务质量标准的决策问题。饭店经营人员为自己饭店确定何种质量标准，则完全要视饭店吸引哪种细分市场及饭店所处的市场竞争地位而定。

三、饭店市场定位步骤

饭店产品定位要达到的主要目的就是使客人能够将本饭店与其他竞争对手区别开来。

要实现这一目的，通常必须开展以下几方面的工作。

（一）确定饭店目标市场，分析目标市场客人选择饭店的重要标准

首先要明确饭店产品——服务组合要在哪一个目标市场中树立合适的形象。客人选择饭店的重要标准多种多样，诸如饭店地理位置、房价、设施和服务、气氛、名望等，都可能成为客人选择饭店的参考标准，但不同客人选择饭店的重要标准是不同的。因此，营销人员应清楚地了解本饭店目标客人的重要选择标准是什么。

（二）确定竞争对手，分析竞争对手的产品

饭店在进行市场定位时，一方面要对自己的管理水平、服务水平、饭菜水平、设备设施的状况和安全卫生状况等有一个全面、正确的认识；另一方面还要对竞争对手有一个更全面、深入的了解。饭店的竞争对手范围应限定在同一或相近的目标市场中。确定竞争对手之后，饭店必须采取多种渠道收集竞争对手产品的有关信息，了解目标市场上的竞争对手向客人提供何种产品，其质量、数量、价格、特色等方面与本饭店同类产品相比有哪些优势和不足，从而明确竞争对手的产品定位情况。通过对竞争对手的分析，有效地将本饭店与竞争对手区分开来，才能使饭店的市场定位更准确、更合理。

（三）准确选择竞争优势，树立市场形象

通过前面两个步骤，饭店对目标市场内的竞争对手及其产品进行了细致深入的调查和优势分析，发现本饭店的优势所在，这些优势就是饭店产品定位的主要基础。饭店应在此基础上树立自己鲜明的市场形象。饭店的形象是否合理，能否可行，需要从经济效益上、技术上，对饭店新形象进行评价。若新形象切实可行，则将这一新形象确定下来。

（四）制定宣传策略，确定新形象

饭店产品的优势不会自动地在目标市场上表现出来，要使这些优势发挥作用，影响客人的购买决策，就得制定各种营销策略，如广告宣传、公共关系、人员推销等策略，来推广新形象，使它能被公众和目标市场中的客人所认识和接受。

四、饭店市场定位策略

（一）产品用途定位策略

发扬同一个产品项目的各种用途并分析各种用途所适用的市场，是这种定位方法的基本出发点。同样是一个大厅，它可以作为大型宴会、自助餐的场地，也可以被当成会议大厅来接待各种会议，同时，还可以成为各种展示、展览的场所。对于这样的一个饭店产品，饭店可以根据其不同的用途，在挑选出来的目标市场中，分别树立起不同的产品个性和形象。

（二）价格和质量定位策略

采用这种方法进行定位的饭店将产品的价格作为反映质量的标准。价格与质量两者的变化可以创造出产品的不同定位。高价格会暗示客人在这里可以获得高水准服务。采用高价定位时，饭店需要时刻注意客人对产品的反应，注重提高服务质量，增加客人对产品的信赖感。例如美国的四季饭店的高价格定位——“聪明的客人，愿意为较高的价值付出较高的代价”，他们不断探寻客人心目中的价值感，什么样的服务是客人一定需要的？什么是必要的？哪些是客人自己都不清楚的？我们的卖点是什么？同时，设立计算机资料库，储存关于每位客人喜好的资料，设身处地地为客人着想。

高价格能够显示高品质、高附加值，但是在同一质量和服务水平上，低价仍然是吸引客人的有力武器。因为市场上有许多普通的客人，他们对价格高度敏感，希望用更少的费用获得更大的满足，低价对于他们有不可抵挡的诱惑力。低价定位的目的往往是使市场占有率最大化，但是要注意的是，低价定位容易被模仿，而且饭店在一定时期内不可能无止境地降低价格。

（三）使用者定位策略

这是饭店常用的一种产品定位方式，即饭店将某些产品指引给适当的使用者或某个目标市场，以便根据这些使用者或目标市场的特点创建起这些产品恰当的形象。许多饭店针对当地居民“方便、经济、口味丰富”的用餐要求，开设集各地风味于一体的大排档餐厅，便是根据使用者对产品的需求而进行的定位。

（四）对比定位策略

对比定位策略是将饭店的产品与竞争对手的类似产品进行对比，进而作出定位。具体做法是为某一产品寻找一个参照物，在同等档次的条件下通过比较，以便突出该产品的某种特性。例如一些饭店推出的公寓客房，突出在与标准间同等档次的前提下具备的厨房设施，更加适合家庭旅游者使用，从而达到吸引家庭旅游者购买的目的。又如香港半岛饭店为来去启德机场的客人提供接送服务，乘的是劳斯莱斯汽车，这显然比提供同类服务的其他饭店更能吸引客人。

小案例

苏州中茵皇冠个性服务专攻会务市场

坐落在苏州工业园区的中茵皇冠酒店是江苏省内第一家拥有VIP游艇俱乐部的五星级酒店，达到“超五星”标准。那座停靠在湖边的“游艇”如今也成为了金鸡湖一道美丽的风景。而去过这家酒店的人也许还看到过停在酒店广场内一辆加长悍马车。这辆身长10.2米、租用价格为每小时3000元的豪车是从美国订制专运的，酒店将根据客户数量，为该车配备专门的服务员，提供“贴身管家”式的服务。

事实上，中茵皇冠酒店并非盲目追求奢华，而是以舒适和人性化为特点、专为商旅客提供周到的会议服务。中茵皇冠将自己定位在“会聚成功”的国际商务酒店，重点打造系列会务产品和服务。为此，还特别推出了“皇冠假日会务总监”这项标志性会务服务。这项服务将筹办与管理会议相结合，事无巨细，都由酒店的会务总监亲自协助打理，确保会议的每一个环节顺利进行。

中茵皇冠的相关负责人表示，一项大型会议，除了场地租赁外，还涉及餐饮、客房和工程等多部门协调服务，不设会务总监的酒店，会议组织者要分别面对酒店不同的部门，这给组织会议带来了很多麻烦。而中茵皇冠的“会务总监”服务，给会议组织者提供了“一站式”的会务服务。

苏州中茵皇冠假日酒店提供完善的商务设施和周到的服务，包括备受称赞的成功会议计划，它融合了所有为成功会议和社交活动所准备重要组成部分。此外“2 小时反馈服务”和皇冠会议总监从活动开始到结束的全程亲自跟踪确保会议成功进行，酒店还为商务客人提供设施完善的商务中心。酒店拥有可以容纳 200 位宾客的宴会厅和 8 个配备最先进视听设备的多功能会议室，酒店大堂和餐厅为客人提供舒适的就座环境。

本章小结

饭店市场细分是饭店根据客人需求或购买方式等方面的差异性，依据地理、人口、旅游目的、购买方式、营销渠道等标准将整体饭店市场分为若干不同类别的子市场的过程。饭店市场细分有助于饭店针对目标市场实行营销策略，从而更好地满足目标市场的需求。

常用的饭店目标营销策略有无差异性目标市场营销策略、差异性目标市场营销策略、集中性目标市场营销策略三种。

饭店在选择目标市场后，要对目标市场进行市场定位。饭店市场定位的内容包括形象定位、价格定位、产品定位、服务标准定位等。常用的定位方法有根据产品用途定位、根据价格和质量定位、根据使用者定位以及对比定位等。

经典案例

职达求职旅社成功的秘诀在哪里

文元庆毕业于华东理工大学，创建职达之前是一家企业的销售总监。2006 年，以如家为代表的经济型饭店成为投资热点，文元庆也跃跃欲试。他的想法是创办一个专门为大学生求职者提供住宿服务的旅社。因为他在上海工作之后，有很多老乡、非上海籍的学弟学妹请他帮忙找房子，而他自己在毕业的最初几年也几经辗转搬家，深知住宿是外地学生在大城市求职时生活的最大难题。

国际青年旅社的经营模式给了他很大的启发。首先，青年旅社定位相对清晰，满足青年旅游背包客的住宿需求；其次，精简的标准化设施和多人间方式能够提供相对低廉的价格；最后，通过连锁加盟的模式，形成经营网络，可扩大品牌效应。但国际青年旅社在中国的发展不是很成功，因为中国多数青年人在经济上并不独立，旅游背包客的市场目前还非常小。

但求职住宿的需求在中国却非常旺盛。文元庆专门作了一个市场调研，大学生往往在毕业前一年就开始寻找工作，北京、上海、广州等几个大城市是他们就业的首选地，每年都会有大量的外地学生拥到这些城市求职。2005 年，仅在上海、北京两地就有近 75 万名外来求职的大学生。在这些大城市，毕业生往往需要花费 1～2 个月的时间才能找到一份合适的工作。而据《中国青年报》2006 年年初的一份调查显示，大学生异地求职最难解决的是住宿问题，借宿朋友家、落脚老同学的宿舍、找便宜的小旅馆安身成为其主要的解决办法。

文元庆认为如此庞大的求职大学生队伍隐藏着巨大的商机。他决定参考青年旅社的模式，创办面向这个特定群体的"求职旅社"。2006 年 8 月，文元庆和几位同学筹资 200 多万元，在上海南站附近租了一套独立物业，创办了职达求职旅社。旅社共有 25 间房，每个房间 45 平方米左右。他根据大学生的经济承受能力设计住宿价格，在每个房间安排上下铺共 10 张床位。房间内设有空调、电视、纯净水以及独立的卫生间等，条件与青年旅社相差无几，但价位却要低得多，每张床位每天收费 20 元，对于大学生来说，这大大降低了他们的求职成本。

除了降低价格，他还将旅社定位为"求职服务平台"。首先，严格限制入住者身份，要求入住者必须出示身份证和学生证或毕业证双重身份证明，因此房客身份相对单纯。一方面大学生整体素质相对较高，另一方面大家因求职而住在一起，相对而言有交流话题，可以分享求职信息和经验。其次，旅社提供各种帮助房客有效求职的免费增值服务，专门为住宿者开辟了招聘信息发布栏，发布栏上有近期的招聘会信息，去往各个招聘会现场的交通指南、附近的订餐电话等，还提供免费的求职书报借阅，以及网络查询等服务。平时也会开设一些有针对性的免费讲座，请一些高校的老师上门为求职者解惑。

更重要的是，旅店的服务人员还担当了求职辅导员的角色。职达副总经理周度表示，旅社的工作人员都由大学毕业生组成，工资要比一般的饭店服务员高一倍。他们除了帮助房客解决在住宿过程中的各种问题之外，还担负着与房客交流，了解他们求职过程中的情况，帮助他们排解求职压力，解决求职过程中遇到的困难等任务。

通过以上几项措施，职达旅社不仅为求职者提供了便宜安全的住宿服务，而且打造了一个求职氛围浓厚的平台。这个平台成为吸引房客的重要因素。

职达成立初期，经营业绩并不太好。由于规模小，也没有广告，很多人并不知道它的存在。而且在上海这样一个地价昂贵的大城市，20 元一天的价格让人联想到阴暗的地下室、脏乱的群租房。不过随着房客的口口相传，职达南站店的入住率不断提高，求职旺季入住率达到 90%以上，淡季也有 60%多。

算下来，职达的一个房间价格达到 200 元，虽然耗用成本比较高，但是入住率要比某些经济型饭店高多了。一些经济型饭店开始主动要求加盟。于是，两个多月后，职达在中山公园的一家加盟店开张，入住率经常达到 100%。目前职达已在北京、上海、深圳、杭州等地拥有 2 家直营店、2 家控股店、10 家加盟店，在旅社业务上已略有赢利。文元庆的计划是到 2009 年 8 月达到 100 家连锁店的规模。

案例分析

在经济型饭店大行其道的今天，市场进一步细分已经非常有必要。文元庆之所以成功，是因为他独辟蹊径，选择了需求非常旺盛的大学生求职住宿市场，低价、“求职服务平台”的定位使得职达旅社广受欢迎。可见，任何企业想要成功，都离不开营销上的STP战略，即市场细分（Segmentation）、选择目标市场（Targeting）和市场定位（Positioning）战略。只有经过合理的市场细分，选择合适的目标市场并准确定位，才能为进一步针对目标市场制订营销策略提供基础依据。

考考营销小专家

一、填空题

1. 饭店市场细分是指饭店根据客人需求或购买方式等方面的__________，依据一定的标准将整体饭店市场分为若干不同类别的子市场的过程。

2. 散客一般是指一次性订房数量少于__________间的客人。

3. 无差异性营销策略是指用________________对待整体市场。

4. 集中性营销策略适用于________________的饭店市场。

5. 市场定位的实质是________________。

6. 价格和质量定位策略是指将产品的__________作为反映__________的标准。

二、选择题

1. 饭店市场细分的客观依据是______。

A. 客人需求的差异性　　B. 客人需求的相似性

C. 客人差异性　　D. 客人的相似性

2. 根据购买方式的不同，可以把饭店市场划分为______。

A. 团队市场　　B. 公司类市场　　C. 散客市场　　D. 商务类市场

3. 目标市场应该具备______条件。

A. 适当规模　　B. 发展潜力

C. 竞争者未完全控制　　D. 符合饭店发展目标

4. 差异性营销策略适用于______的饭店。

A. 中小型　　B. 实力强　　C. 实力薄弱　　D. 大型

5. 饭店市场定位的内容包括______。

A. 价格定位　　B. 竞争定位　　C. 产品定位　　D. 服务标准定位

三、简答题

1. 什么是市场细分？饭店为什么要进行市场细分？

2. 饭店选择目标市场时通常会考虑哪些因素？

3. 饭店目标市场营销策略有哪些？分别在什么情况下使用？

走近市场

【实训名称】

饭店 STP 实训。

【实训内容】

选择本地一家饭店，分析其目前客源情况，通过市场细分，为其重新选择目标市场和进行市场定位。

【实训要求】

运用营销的 STP 策略为该饭店重新选择目标市场和市场定位。实训完成后，形成报告上交指导老师。

第五章 饭店产品策略

学习目标

1. 了解饭店产品的概念及构成要素；
2. 掌握饭店产品的特点；
3. 理解饭店产品生命周期各阶段的不同特点以及相应的营销策略；
4. 了解饭店新产品的概念和种类；
5. 掌握饭店新产品的开发程序。

动脑筋

在爱挑剔的客人面前

一位台湾客人入住江南某市一家宾馆。当行李员帮他把行李送进客房刚刚退出时，服务员小汤即已提着一瓶开水走进房间，她面带微笑，把暖瓶轻轻放在茶几上，主动询问客人："先生，您有什么事需要我做吗？"台湾客人说："小姐，请给我一条毛巾。""好的。"小汤满口答应，马上出去，一会儿便用盆子端着一条干净的毛巾，来到客人面前，用夹子夹住毛巾，递给客人说："先生，请用。"没想到客人却很不高兴，责备道："我不要旧的，我要没有用过的新毛巾！"小汤心里一愣，却不动声色，即对客人表示："对不起，我给您拿错了。"说完便出去换了一条新毛巾来，客人这才满意。

台湾客泡上一杯茶——由于他喜欢喝浓茶，就用两袋茶叶泡一杯茶，并打开闭路电视，一边喝茶，一边看电视。茶喝过后再加水味道稍淡，他又把剩下的两袋茶叶另泡一杯。当他觉得茶味又不够时，发现茶叶没有了。于是，客人打电话给楼层服务台，请服务员再送一些茶叶来。小汤很快就拿了几包同样的茶叶进来送给客人，没想到他大为不满地抱怨："我不要这种绿茶，我要喝浓一点的红茶！"这时小汤心里很感委屈，但她丝毫没有流露出来，再次向客人道歉说："对不起，我又给您拿错了。"接着又去换了几包红茶来送给客人。

此刻，客人很受感动，他发觉自己刚才两次对服务员发火太过分了，不由连声地向小汤道谢："小姐，谢谢你！"脸上露出愧疚的神色。

从案例中可以看到，饭店产品与我们通常消费的物质产品在本质上有很大的不同，饭店产品是有形实体与无形服务的结合，客人对其满意度的高低受到很多因素的影响，通过本章的学习，我们将会了解到饭店产品的特点及其不同生命周期阶段相应的经营策略。

第一节　了解饭店产品

饭店制订经营战略，首先要明确饭店能提供什么样的产品和服务去满足客人要求，也就是要解决产品策略问题。它是营销组合策略的基础，从一定意义上讲，饭店的成功与发展关键在于饭店产品满足客人要求的程度以及产品策略的正确与否。

一、饭店产品的概念与构成

（一）饭店产品的概念

饭店产品（Hotel Product）包含的意义十分广泛，从不同的角度看都有不同的定义。饭店产品从供应商的角度看，它是组合产品，即饭店的经营者凭借着物质、非物质的产品向客人提供服务的总和；从客人的角度来看，饭店产品是花时间、精力、金钱来享受购买一次经历。就供给一方而言，饭店产品是指饭店为了满足客人的食宿等需要而凭借着各种设施、设备和环境条件向客人提供物质产品和服务产品的总和。从市场观念的角度来看，饭店产品的概念所包含的内容更为广泛，广义的饭店产品是向市场提供能满足人们某种需要和利益的物质产品和非物质形态的服务。物质产品主要包括实体及其品质、特色、品牌等。它们能满足客人对使用价值的需要。非物质形态的服务主要包括产品形象、质量保证、声誉等，给客人带来利益和心理上的满足和信任感，具有象征性价值，能满足人们心理上的需求。这种对饭店产品的理解，称为饭店产品的整体概念。

市场概念下的产品整体概念具有三个层次的含义，即核心产品、形式产品、扩大产品。核心产品是指产品提供给客人的基本效用或利益，是客人需求的中心内容。但是由于不同客人的需求不同，因此对于每个客人来说核心产品也不同。

对于经济型的客人来说，其需求是价格便宜、干净舒适地过一夜；对于豪华型的为了炫耀财富的客人来说，其需求是享受体面与现代化的服务和设施。

饭店形式产品是指饭店向市场提供的实体和外观，是扩大化的核心产品，也是饭店真实有形的产品，即位置、建筑、装潢、设备、设施、服务项目等。饭店的扩大产品是由饭店另外附加到产品上去的，能给客人带来更多的利益和更大的满足，如饭店提供免费订票业务、提供旅游景点的咨询等。

（二）饭店产品的构成

营销学家梅德里克（Medlik）认为产品由以下几大部分组成。

1. 饭店的地理位置

饭店的地理位置是指与机场、车站、商务中心、旅游景点的距离及周围的环境因素。这些都是客人选择饭店时要考虑的主要因素。

饭店选址的好坏对于饭店吸引客源和饭店的经营会产生很大的影响。例如，距旅游景点近、交通便利的饭店，往往可以吸引更多的客源。饭店的地理位置不仅影响客源的可进入性，而且不同地理位置的饭店也有不同的价值，一般来说，越靠近市中心的饭店，房价越高；越靠近风景区的饭店，房价也越高。

2. 饭店的设施

饭店的设施是指饭店的建筑规模、各类客房、商务套房、豪华套房、总统套间及内部各类设施，各类别具特色的中餐厅、西餐厅、康乐中心、会议厅、商务中心以及各处公共场所的设备设施。饭店设施在不同的饭店类型中，其规模大小、面积、接待量和容量也不相同。而且这些设施的内外装潢、体现的气氛也不一样。饭店设施是饭店产品的一个重要组成部分。

3. 饭店的服务

饭店的服务是指服务内容、方式、态度、速度、效率等。饭店所提供服务的种类、服务的水平是客人选择饭店时衡量饭店好坏的重要指标。服务业中，优质的服务可以具体归纳为：礼貌礼仪、服务态度、服务技能、服务效率、服务质量、服务项目、设施是否方便舒适、清洁卫生、提供的环境、自由安全感。良好的服务是树立饭店形象、提高知名度的重要手段。

4. 饭店的气氛

饭店的气氛是指客人对饭店的一种感受。饭店的气氛具有无形性。气氛一方面取决于饭店的装潢、装饰、布局等硬件条件，另一方面取决于服务人员的仪表、服务态度等软件条件。良好的气氛可以使客人对饭店形成良好的印象，从而再次光顾。

5. 饭店的形象

饭店的形象是指客人对饭店产品的历史、知名度、服务质量和信誉、建筑风格、服务人员仪容仪态等诸多因素的一致看法。饭店形象对于吸引客源是十分重要的因素。饭店可以通过广告宣传的方式来树立或改善饭店的形象。

6. 饭店的价格

价格是产品的组成部分之一。饭店价格既表示饭店通过其地理位置、设施与设备、服务和形象给予客人的价值，也表示客人从价格反映产品的不同质量。特别是对第一次购买的客人来说，如果不了解饭店产品的情况，往往会通过价格来判断、选择饭店。

构成饭店产品的这六大要素是相互关联的，是饭店产品不可分割的组成部分。客人在选择饭店时会同时考虑这六个因素，而不是只考虑其中的某一个因素。但是不同的客人在选择饭店时，对每个因素的重视程度不同。比如，商务客人比较重视饭店的地理位置，比较有身份的商人、政府官员则重视饭店的设施和服务等。

二、饭店产品的特点

饭店产品是服务市场上的特殊产品，既有与其他产品相同的属性，也有其突出的特点。

1. 有形产品和无形产品的结合

客房、餐厅菜肴、酒水、各种文体设施都是有形产品，但是，客人在饭店住宿、用餐和活动，几乎都离不开饭店工作人员提供的服务，即难以用尺量用秤称的无形服务。无形服务比有形产品更重要，但是无形产品的不稳定性、质量标准的非量化性、服务质量的无检验性以及营销的超前性，都加大了饭店质量控制的难度，也对员工的素质提出了更高要求。

2. 不可储存性

饭店里的客房、娱乐设施等一天不出租，就不能创造价值，它们作为饭店产品的组合部分是不能像工业品那样储存起来，日后再卖的。客人在购买产品之后，只是买到了产品的时间性很强的使用权，若不及时消费，其价值也就立即消失，无法携带和储存。

3. 不可转移性

饭店产品不是物质产品，无法运输，虽然它的营销有时也需要经过中间环节，但是它的商流和物流是分离的。产品交换后，客人得到的不是具体的物品，而只是一种感受或经历。客人在饭店住宿，只是购买饭店客房和其他设施的占有权和使用权。这便是饭店产品不同于其他物质产品之处，即不可以运输，在交换之后没有所有权的转移。

4. 生产、销售和消费的同时性

饭店服务的生产过程、销售过程、消费过程是同时或几乎同时进行的，即当场生产、当场销售、客人当场消费。这是服务产品与无形产品最核心的区别。这种特殊性决定了饭店生产经营必然受到区域的限制，市场范围受到一定的局限。而且因为这一特点，也增加了饭店质量控制的难度。

5. 季节性

饭店产品作为旅游产品的组成部分，通常也体现出很强的季节性。在旅游旺季，市场对饭店的需求量增多；在淡季时，市场对饭店的需求量就会随之减少。饭店营销人员就要根据此特点制订营销策略，给饭店创造最大的价值。

6. 不可专利性

饭店产品同其他旅游产品的组成部分一样，通常具有不可专利性。不可专利性是指一家饭店不可能为自己设计的客房装饰、菜肴、服务方式等申请专利。饭店只能为自己的标记和名称申请专利。正是因为饭店的不可专利性，当某一家饭店创新出某一新产品（新的服务形式或新的菜肴），当这种新产品为饭店带来很好的经济收益时，其他饭店就会竞相效仿。

7. 品牌的忠诚度低

如上文所讲，饭店具有不可专利性的特点，也就是说当一家饭店提供一种产品时，很快另外一些饭店都可以提供相同的产品，这种不可专利性导致饭店可以相互模仿，提供的产品也就基本相同。所以对于一般客人来说，只认一个品牌的意义不大，何况客人都有追求新鲜感的心理需求，想换一家新的饭店，体验新的环境和新的消费感受。这样一来，品牌忠诚度降低也就不可避免了。

8. 服务的差异性

饭店的服务包括大量的人工劳动，缺少生产的统一标准和控制。由于工作人员的工作方式方法、工作态度、技能技巧各不相同，因此各饭店之间、同一家饭店不同的服务人员之间，甚至同一位服务员在不同的时间对待不同的客人都会有所差异。

9. 脆弱性

它源于旅游业本身的脆弱性，旅游业要发展，离不开食、住、行、游、娱、购。此外，尚有多种旅游业无法控制的外部因素，如国家政局、经济发展、汇率变动、签证方式、自然灾害、社会治安等，以上诸因素的变化都会波及饭店业。

小案例

餐厅服务员的素质

地点：某宾馆餐厅

导引小姐引导几个客人从门口过来。几个客人簇拥着一位爱挑剔的老太太。

服务员为她斟上红茶，她却生硬地说："你怎么知道我要红茶，告诉你，我喜欢喝绿茶。"

服务员稍稍一愣，客气而又礼貌地说："这是餐厅特意为您们准备的，餐前喝红茶消食开胃，尤其适合老年人，如果您喜欢绿茶，我马上单独为您送来。"

老夫人脸色缓解下来，矜持地点点头，顺手接过菜单，开始点菜。

"喂，水晶虾仁怎么这么贵?"老夫人斜着眼看着服务员，"有些什么特点吗?"

服务员面带着微笑，平静地、胸有成竹地解释道："我们进的虾仁都有严格的规定，一斤120粒，水晶虾仁有四个特点，亮度高、透明度强、脆度大、弹性足，其实我们这道菜利润并不高，主要是用来为饭店创牌子的拳头产品。"

[旁白] 服务员在客人点菜时，将菜的形象、特点用生动的语言加以形容，使客人对此产生好感，从而引起食欲，达到销售目的。

[镜头]"有什么蔬菜啊?"老夫人又说了，"现在蔬菜太老了，我不要。"

服务小姐马上顺水推舟："对，现在的蔬菜是咬不动，不过我们餐厅今天有炸得很软的油焖茄子，菜单上没有，是今天的时新菜，您运气真好，尝一尝吧?"服务员和颜悦色地说。

"你很会讲话啊。"老夫人动心了。

[旁白] 餐饮服务员，应兼有推销员的职责，既要让客人称心满意，又要给餐厅创造尽可能多的利润，只有这样，才是称职的服务员。

"请问您喝什么饮料?"服务员问道。

老夫人犹豫不决地露出沉思状。"我们这里有椰汁、粒粒橙、芒果汁、可口可乐"……老夫人打断服务员的话："来几罐粒粒橙吧。"

[旁白]"你要什么饮料，"客人可以要或不要，或沉默考虑。第二种是选择问句，必定选其一。对那种犹豫不决，或不曾有防备的客人效果极佳。在推销的工作中，语言的引导十分重要，用什么样的话才能引起客人的消费欲望，这是培训工作中不可忽视的重要内容。

三、饭店产品组合

客人在饭店消费往往是根据自己的需要，在饭店进行选择性消费的。换句话说，对于每个客人而言，并不是饭店的每一个功能客人都需要，而是在众多的饭店产品中选择若干项的组合进行消费。

产品的功能组合也称产品的搭配，是指一个企业提供给市场的全部产品线和产品项目的组合或搭配。饭店产品功能组合也就是饭店经营的全部产品线的组合方式。饭店产品组合包括饭店的地理位置、各种客房、餐厅、娱乐设施、产品的形象部分、服务部分和产品的价格等。

饭店产品组合是由饭店产品的广度、长度、深度和一致性所决定的。饭店产品的广度是指饭店共有多少项分类产品，即饭店的客房、餐厅、健身中心、酒吧等。饭店产品的长度是指每一项分类产品中可以提供多少种不同的服务项目，如饭店有商务套房、豪华套房、总统套房、经济套房等不同档次、不同楼层的客房；有中餐厅、西餐厅、日式餐厅、韩式餐厅等各种风味特色的餐厅等。饭店产品的深度是指每一项中又能提供多少品种，对于饭店的餐饮部门来说，每个餐厅能提供的菜肴、饮料和酒类的品种。一致性是指各类产品的使用功能、生产条件、营销渠道或其他方面关联的程度。饭店的客房、餐厅的菜肴、小吃和饮料、酒类，一致性比较明显。对于集团化的饭店，为了开发市场，拓展业务，纷纷开办旅行社、经营食品饮品的公司等，还搞一些金融和房地产业，它们之间相关程度就较低，缺乏一致性。

拓宽产品线有利于充分发挥饭店的潜力，开拓市场；加深产品线可适应更多层次的客人的不同需求；加强产品间的关联性，可以使饭店充分利用资源，在更大的领域里取得竞争优势。在当今瞬息万变的社会里，人们的观念也在不断地变化着，人们的需求也就不断地随之变化，因此，一成不变的产品组合是无法满足客人需求的，饭店营销人员应根据市场的变化趋势判断客人的需求，对产品的组合不断地进行调整，抓住市场机会，占有更多的市场份额。

合理的产品组合是饭店是否能吸引客人，在竞争中取得成功的关键。饭店经营者应慎重地对饭店产品组合进行决策，因此在开发组合产品时应注意以下几方面。

1. 营销目的

饭店必须首先明确开发某一组合产品的目的。例如，营销的目的是为了增加销售数量还是为了扩大产品的知名度，吸引更多的客人，从而占领更大的市场。

2. 营销对象

营销对象即产品的目标市场。在开发时要确定目标市场是谁，只有明确了目标市场才能开发有针对性的产品，使产品组合适应目标市场的需求。

3. 产品如何组合

产品的宽度越大，深度越深，组合出来的项目也就越多，但是，并不是所有的组合都能适应市场的需求，只有选择最佳的组合推向市场，才能为饭店创造最大的收益。对于饭店而言，其核心产品（住宿和餐饮）都是基本相同的，不同饭店的区别就在于它的非核心产品，在进行饭店产品组合时应集中在这方面下工夫，创出本饭店的风格和特色。此外，由于不同的客人受不同因素的影响，对相同的产品组合，客人有不同的评价标准和看法，因此，提倡将个性化的服务理念融入到产品组合过程中去。

4. 组合产品的价格

饭店产品的组合通常会在保障饭店一定收益的基础上，比购买单项产品略低一点。

5. 组合产品推出的时机

饭店应把握好组合产品推出的时机，以使组合产品在市场上产生最大的收效。

6. 组合产品的营销策略

对于不同的产品，面对不同的目标市场可以采取不同的营销策略。例如，可以适当地在价格上采取一些优惠让客人接受此项产品组合，或通过各种媒体采取广告宣传，提高客人对产品组合的认知程度，或者两者兼顾，等等。

拓展·阅读

挑战传统——千奇百怪的特色酒店系列

在所有的传统教科书中，关于酒店构成要素的定义中第一条就是：酒店必须依托于具体的建筑形式而存在，于是长久以来，人们也习惯性地将饭店建筑理解为传统的建筑形式。

但事实上，世界上还有许多与传统建筑模式大相径庭的酒店，因其别出心裁，而深受客人们喜爱。

飞机餐馆：西欧有位酒店投资商以很低的价格买下一架报废了的客机，然后聘请专业技师将飞机外表油漆一新，使之崭新如初，并将内部改造成为一个颇具规模的餐厅。餐厅停靠在一座特制的高平台上，从地面上看，就像飞行在空中一样。所有的服务员都接受了系统的空姐培训，又能提供专业的餐饮服务，经理们则穿着机长的制服来回巡视。

水下酒店：美国的米特酒店建设在一艘退役的大船上。船底部分进行了大型改造，安装了许多特制的防压玻璃。船底腾空后被改造成客房，安放了近 50 个铺位。游客们进入水下旅馆后，大船就慢慢驶向浅海。人们一路上可以尽情地观赏各种海底景色和稀有鱼种，奇妙之极，美不胜收。营业后，预约的客人越来越多，铺位的租金也水涨船高，最贵的居然达到了 5000 美金一晚。

酒桶饭店：日本的“酒桶饭店”从外面看就像一个硕大的啤酒桶，在大街上特别抢眼，酒桶里面分为几层，人们从桶底进入，可以在里面开怀痛饮，尝尝“泡在酒桶里喝酒”的滋味，也可以打开桶壁窗观赏外界风光，半醒半醉地眺望夜空。

井中旅馆：非洲的马里拥有许多奇特的自然资源，但由于气候实在太炎热，旅游者大都望而却步。于是马里政府投资修建了许多“井中旅馆”。旅馆位于地下 30 米深处，出口颇像一口井。人们在旅馆里过着“井底之蛙”的生活，气温低时，出来欣赏马里奇特的自然风光，气温一高，又都缩回井底。

第二节　饭店产品的生命周期

产品生命周期理论是市场学中十分重要的理论。研究产品生命周期理论，对于正确制订产品决策，及时改进老产品，发展新产品，有计划地进行产品更新，正确地制定各项经营策略，指导企业的经营管理，都具有重要意义。

一、饭店产品生命周期的概念

我们常常会发现市场上某种产品刚上市时无人了解，无人问津，过一段时间后逐渐为人们所接受，有些产品由于迎合了客人的需要，可以火暴一时，但无论多么流行，再过一段时间后，客人对它的喜爱慢慢减少，甚至最终被市场淘汰。这便是在营销学中所说的产品生命周期。

饭店产品生命周期（Product Life Cycle）是指产品进入市场开始，直到被淘汰退出市场为止的全部过程所经历的时间。它大体经历了一个类似人类生命模式的周期性规律，典型的产品生命周期包括四个阶段：投入期、成长期、成熟期和衰退期。

产品生命周期概念的提出，首先明确了产品的生命是有限的这一观点。对生命周期内容阶段的划分，可以使营销管理者时刻分析产品的营销状况，在不同阶段采取不同的营销策略，掌握经营主动权。

二、饭店产品生命周期各阶段的主要特征

饭店产品生命周期各阶段的划分可以根据销售增长率，产品普及率等定量指标。根据国外资料，销售增长率在 0.1%～10%为投入期和成熟期，高于 10%为成长期，低于 0.1%为衰退期。产品普及率小于 5%为投入期，5%～50%为成长期，50%～90%为成熟期，90%以上为衰退期。这些数量界限固然可以作为划分依据，但人们在营销实践中常采用经验基础上的定性划分。定性划分的依据便是产品生命周期各阶段的特点。

产品生命周期是产品在市场上销售能力的规律，如果以时间为横坐标，以金额为纵坐标，产品生命周期就表现为一条 S 型的曲线，如图 5－1 所示。

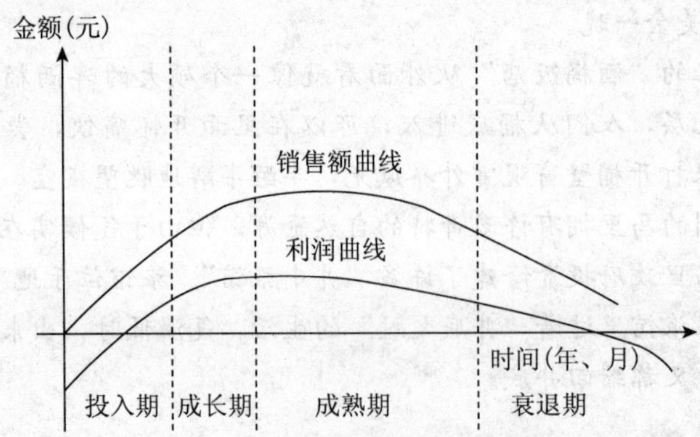

图 5－1　饭店产品生命周期曲线

在这条曲线上可以划分出上述四个阶段，各阶段表现出各自不同的特点。

（一）饭店产品的投入期

这一阶段也叫介绍期、引入期或诞生期。饭店面临的竞争压力很小，市场内无论是饭店的客人还是营销中介都还未完全接受饭店产品。因此，饭店的主要任务是多做广告使客人了解饭店产品。

（二）饭店产品的成长期

假如在介绍期，饭店在市场上站稳脚跟，并建立了一个极为稳固的客源基地，那么，它会迅速成长，进入产品成长期。饭店通常以经营项目的增多作为主要的成长形式。

在成长期，产品迅速地被市场所接受，饭店的利润额迅速增加。同时，竞争对手看到这种产品经过介绍期开始有利可图而纷纷进入市场提供同类产品。这时的饭店营销活动更需要考虑竞争这一因素。

（三）饭店产品的成熟期

在这个阶段，产品已被绝大多数可能的购买者所接受，市场处于最激烈的竞争阶段。成熟阶段又可分为三个时期。第一个时期是增长成熟期，该时期的特点是市场需求量趋于饱和，销售增长率虽为正值，但开始下降，利润均有微弱的上升趋势。第二个时期是稳定成熟期，该时期内市场需求已经饱和，销售增长率为零，利润达到最大值。第三个时期是衰退成熟期，该时期销售水平下降，客人开始转向其他新产品，利润开始降低。无论处于哪个时期，市场竞争都是十分激烈的。营销人员为了保持饭店原有的市场份额，必须采取强有力的措施。

（四）饭店产品的衰退期

此时的饭店产品已失去原有的吸引力，被更适合客人需求的新产品所代替。饭店销售额迅速下降，市场竞争表现为价格竞争，价格竞相跌落。当然也有些饭店在产品成熟期时就开始考虑产品改进方案，使产品生命周期再次循环，产生再生期。

三、饭店产品生命周期各阶段的营销策略

对饭店产品生命周期四个典型阶段的划分，目的就在于针对不同阶段的产品，有的放矢地实施营销策略，因此各阶段的营销策略便成为营销管理者研究的关键问题。

（一）饭店产品投入期的营销策略

投入期的营销策略突出一个“短”字，以最短的时间迅速进入和占领市场，为进入成长期打好基础。营销策略中包括价格、促销、营销渠道及产品的服务质量等各方面策略，如果以价格和促销活动作为重要策略，则投入期的营销策略有以下四种组合方式，如图5－2所示。

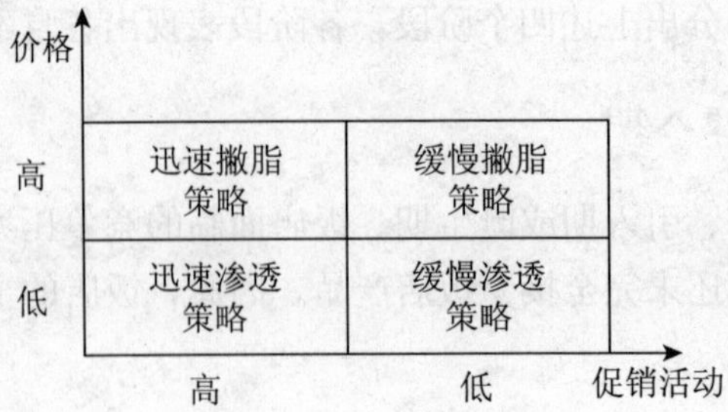

图 5－2　饭店产品在投入期的营销策略组合方式

1. 迅速撇脂策略

它是指以高价格和高水平的促销推出饭店新产品。高价策略的目的在于尽可能多地获取销售利润，高促销目的在于快速打开销路，占领市场。这种策略的适用条件是：潜在市场上的客人不知道该产品，客人出于感情动机急欲购买并照价付款。由于高价格会吸引众多潜在竞争者，所以饭店可扩大销售量，以准备降价。

2. 缓慢撇脂策略

它是指以高价格和低水平的促销将新产品推上市。一方面高价出售，一方面以低水平促销降低销售成本。这种策略能使饭店赚取更多的利润。但是，采取缓慢撇脂策略必须是市场容量较小、竞争的潜在威胁不大。这样就不必用高促销来抢占市场。同时，市场上的客源已经了解该产品，并且急待购买，所以宁愿出高价。

3. 迅速渗透策略

它是指用低价格和高水平的促销推出产品。这种策略的优点在于能以最快的速度取得尽可能大的市场占有率。尽管价格低、销售成本高，使企业利润微薄，甚至亏损，但是这种策略不仅能迅速占领市场，而且能减少潜在竞争者的介入。当市场规模较大，大部分客人对价格反应敏感，并有强大的潜在竞争力量时，可以采用迅速渗透策略。

4. 缓慢渗透策略

它是指以低价格和低水平的促销推出新产品，逐步打入和占领市场。低价格使产品易被客人接受，低促销可以尽可能地降低成本。实施这种策略的市场条件必须是：市场容量大，客人对价格十分敏感，并已相当了解该产品，促销的弹性低，而价格的弹性高。采用该策略时还要密切注视潜在竞争者，否则会被竞争者抢先占领市场。

（二）产品成长期的营销策略

这一阶段的营销策略应该突出一个“快”字，以便抓住市场机会，迅速取得最大的经济效益，同时迅速扩大生产能力。成长期的产品营销策略有以下要点：

（1）在生产上，积极组织人力、物力和财力，改进和完善生产能力和工艺，迅速扩大生产批量；同时，改进产品质量，赋予产品新的功能和特性，改进外观款式，增加互补品和侧翼产品。

（2）在广告宣传上，改变广告内容，从提高产品知名度转变为说服人们购买其产品，为饭店树立产品形象，进一步提高产品在社会上的声誉，创立名牌。

(3) 在营销渠道上，通过不断进行的市场细分，针对不同目标市场上客人的需求，在完善产品的同时，创造新的营销渠道，以开辟更广泛的市场。

(4) 在价格上，对于投入期价格较高的产品，应在扩大生产批量，降低成本的基础上，选择适当时机降价，既能够吸引更低层次对价格敏感的客户群，又能够防止同行业竞争者的介入。

如果饭店采用上述策略，应会巩固自己的竞争地位，但实施这些策略要付出额外代价。因此，在成长期，饭店面临的问题是如何在高市场占有率和高额当前利润之间作出选择，也就是解决长远利益与眼前利益的冲突。如果想长期在市场竞争中处于领导地位，饭店经营者就不得不暂时牺牲最高的当前利润。

拓展·阅读

主题饭店的产品文化营销

主题饭店是指以饭店所在地最具影响力的某一素材（历史、城市、故事）为主题，饭店从硬件（建筑、装饰、产品等有形方面）到软件（文化氛围、文化理念、服务等无形方面）都围绕主题展开，带给客人富有个性的文化感受和难忘的体验的饭店，是“主题”与“饭店”两者的结合，以文化为主题，以饭店为载体，以客人的体验为本质。

在主题饭店产品的设计开发中，将主题文化融入餐饮、客房、会议室和娱乐项目等，开发出体现主题风格的主题餐厅、与主题风格和谐一致的主题客房、传递主题文化的娱乐场所设施等。例如，在主题餐厅中设有适应功能需要的各种餐饮服务区域；各餐饮服务场所命名应与主题定位有关联，标示标牌设计美观、典雅，易于识别；开发设计展示酒店主题文化的主题宴会和体现主题文化的菜肴系列，菜肴本身就是一道文化风景，现代美食观讲究菜肴的“色、香、味、形、器、质、名、养”，可以通过形态美与质地美的和谐统一，实体美与意境美以及主题文化的有机交融，使客人在美食过程中获得身体和精神上的满足和享受。

例如，全国首家以三国文化为主题的四川成都京川宾馆，就将三国文化融入餐饮、客房和娱乐项目之中，在主题餐厅中将宴会厅命名为蜀汉堂，餐厅包间分别名为桃源厅、喧哗苑、清风台、铜雀台等，且开发出了三国宴、蜀宫乐宴等产品，以及三国百家菜等百姓饮食，其中菜品也是以“桃园结义”、“煮酒论英雄”等三国典故命名的。而蜀宫乐宴则是模仿三国时期的宫廷乐宴，采用古代分桌而坐、歌舞佐餐的形式，极具特色；在主题客房中将一豪华行政套房命名为“蜀汉帝宫”，意为刘备休息就寝之处，其他则有“关将军府”、“诸葛相府”等，在客房中有介绍和反映三国文化的图书、杂志等阅读物；设立有“蜀汉文物陈列馆”，向客人展示文物精品；另外，还和武侯祠合作挖掘三国题材并开发产品，和康辉旅行社共同打造“三国文化”旅游。

（三）产品成熟期的营销策略

产品进入成熟期后，就进入了产品生命周期的黄金时代。在这个阶段，产品的销售量达到顶峰，给饭店带来了巨额利润，所以饭店的营销策略都着重于延长产品的成熟期，也就是突出一个“长”字。

1. 市场改进策略

市场改进策略就是要为产品开拓更广泛的市场，具体地说，就是提高产品的销售量。销售量可以用如下公式表达：

销售量=产品使用者数×每个使用者的使用量

因此，提高销售量，就应从扩大产品使用者和提高使用量两个方面入手：①改不用者为使用者。饭店尽可能用各种促销手段，使尚未使用这种产品的人转而使用它。②进一步进行市场细分，开辟新的目标市场。新的目标市场可以是地理的细分市场，如国外省外的市场，也可以是人口的细分市场。③争夺竞争者的客源。企业可以利用挑战性广告吸引竞争者产品的用户。④发展产品的新用途，即不改变产品的特性、质量、功能而发展新的用途。产品用途增加，客人购买产品的数量就会大大增加。利用促销手段，可以激励客人在更多的场合，以更高的频率使用这种产品。

2. 产品改进策略

处于成熟期的产品，可通过对产品特性、质量、功能等方面作某些改进而吸引新的客源，使停滞不前的销售量得以提高。具体的产品改进策略有如下几种：①提高产品质量策略：提高产品使用性能，以高质量维护住老客源，吸引新客源。②改进特性策略：给产品增加新的特性，以此扩大产品的多方面的适用性。③改良款式策略：满足客人对产品美学的要求，使产品获得独特的产品个性，以领导市场潮流和风格。④改善服务策略：对销售趋于饱和的产品附加优质服务工作，会带来更多的产品市场。服务工作可以从提高服务速度，增加技术服务及个性化服务等方面加以改善。

3. 营销组合改进策略

这是指对产品设计、定价、营销渠道和促销这四个因素综合改进，以刺激销售量的回升。①价格：降低产品价格吸引低层次客人，除直接降价外，还可以实行特价、早期购买折扣价、补贴运费、放宽信贷条件等间接降价方法来吸引客人。②营销渠道：为产品开辟更多的新营销渠道，并在原有的营销渠道中增加更多的销售网点。③促销：采用多种促销手段，如增强广告频率，延长广告时间，开展赠奖、竞赛、折让等促销活动，加强人员推销工作等。④更新换代策略：前面叙述的三种策略都是在老产品基础上谋求扩大市场销售量的途径，属于进攻型策略，或者是以守为攻的防守型策略。更新换代策略则是一种撤退型策略，置身于市场激烈竞争的环境中，饭店根据主客观条件，在分析产品前景不利的情况下，干脆提前淘汰老产品，积极开发新产品，开创新市场。使产品不断更新换代，是饭店在市场竞争中立于不败之地的最根本措施。更新换代时要注意有计划、有步骤地使新旧产品在市场上衔接。

（四）产品衰退期的营销策略

产品进入衰退期后，在市场上失去了吸引力，被更多、更好的产品代替。产品是否已进入衰退期，还需要饭店成立一个由各个管理部门代表组成的审查委员会，根据市场大小、占有率、价格、成本、利润等资料，作出评估。如果确实进入了衰退期，则饭店应尽早把资本投入到新产品的开发中。因此，在衰退期的营销策略中应突出一个“转”字。

1. 维持或缩小策略

在产品衰退阶段，很多饭店纷纷退出市场，但是如果这种产品在市场上仍能满足一部分落后客人的需求，饭店就可以根据自身条件适当地保留一部分。

2. 延长寿命策略

通过价值分析，降低产品成本，以便于进一步降价；通过科研实验，增加产品功能，开辟新用途；加强市场调查研究，开辟新的目标市场，争取新的客人；改进产品设计，以提高产品性能、质量、包装、外观等，从而使产品生命周期不断实现再循环。

3. 彻底淘汰策略

将老产品转让或出卖给其他饭店，把早已研制成功的新产品推向市场，进入一个新的产品生命周期。

第三节　饭店新产品的开发策略

一、饭店新产品的概念和种类

饭店新产品是指与市场上已有产品存在一定差别或完全不同的产品。从经营者的角度来看，饭店新产品是指本饭店以前从未生产和营销过的饭店产品；从客人的角度来看，则是客人认为只要饭店产品与现有的产品不同，那么这样的产品便称为新产品。总之，只要是整个饭店产品构成中的任何一部分的创新和改革，都属于我们所说的新产品。

饭店的新产品大致可分为五种类型：

1. 全新产品

这种产品在市场上从未出现过，是为了满足人们的需求，开拓全新市场而运用现代科学技术或手段创新的产品。这种产品一般占整个新产品的10%左右。对于现代饭店而言，它可以开发的全新产品一般主要是一些功能性的设施、设备及其全新的组合与管理模式。

2. 新产品线

这种产品是指其他饭店已经使用而本饭店还未开发和应用的产品。这种新产品占整个新产品的比重为20%左右。全新的产品研发费用高，因为客人还没有认识到产品的好处，因此宣传所投入的精力和财力较多，并且还有一定的风险。然而，当本饭店看到其他饭店的全新产品在问世后有利可图，并有很大的市场潜力时，就可以迅速效仿该产品，借助其他饭店对该产品的宣传成果，客观上也促进了现有产品的改进和完善。但是值得注意的是，一定要抓住时机，否则当饭店推出该产品时，市场上该产品可能已经进入了成熟期或衰退期。

3. 现行产品的增补

在已经存在的产品线上增加新的品种，它大约占整个新产品的26%，如喜达屋集团提供了许多种不同的饭店品牌名称：Whotel、Westin、Sheraton、Four points、St. Regis、Luxury Collection，来专门为不同的细分市场提供服务。

4. 现行产品的改进更新

这种新产品是在原有产品的基础上，不进行重大改革而是只对它的局部形式上的改变，使新产品比原有产品的性能更丰富，更能满足客人的需要。这是最常见的一类新产品，它们大致占整个新产品的33%。例如，饭店的餐厅延长营业时间、餐厅推出一些具有异域风味的菜肴等，都属于这一类新产品。饭店经常不断地推出这类新产品，它们是饭店吸引客源、拓宽市场的重要手段。

5. 降低档次经营的产品

这是指饭店在降低成本的基础上，提供与原来产品类似的新产品。这种新产品占11%左右。

二、饭店产品开发的作用与要求

（一）饭店新产品开发的作用

在竞争激烈的今天，任何行业中任何一家企业都会面临着竞争的威胁，如果经营者能够认清市场趋势不断地调整原有的产品，适时推出适销对路的新产品，顺应和满足客人的需求，就能在竞争中取得优势，并立于不败之地。否则，一成不变的产品终究会被客人所厌倦和抛弃，企业也只得退出竞争市场。由此可见，新产品对饭店的生存与发展有着举足轻重的作用。

1. 有利于吸引更多的客源，增强饭店的市场开拓能力

饭店新产品的开发可以扩大营销范围，提高市场占有率。比如饭店原来只有西餐厅，只能招揽那些喜欢西餐的客人，这样就失去了那些喜欢中餐、韩式、日式料理的客人，饭店就可以考虑推出多种风味的餐厅来满足不同喜好的客人的需求。新的产品给客人提供了多重的选择，不但吸引了新的客源，而且还可以稳固住老客人。

2. 可以避免竞争，另辟蹊径

在产品到达成熟期时，市场上不断出现同类产品导致竞争已经十分激烈，在销售量到达一个顶峰后，开始下降，为了占领已经很有限的市场，有些饭店就打起了价格战，这无疑会使饭店的利润额下降。新产品的开发就可以避开这种价格的竞争，在新产品市场寻找另一番作为。

3. 不断地开辟新的市场

饭店新产品的开发可以扩大饭店的知名度，提高饭店在不同细分市场的客人心目中的声誉，增强竞争实力。

4. 有利于饭店设施的更新和先进技术的吸收

在饭店产品开发过程中，必然要求饭店提供相应的新的设备、设施和先进的技术或管理方法的支持。这在客观上促进了饭店设施、设备的更新和服务方式、管理方法的改进，从而增强了饭店的竞争力。

5. 可避免产品线的老化

饭店新产品的开发可以满足人们不断变换的产品需求，使产品打入新的目标市场。

6. 有利于饭店经济效益的提高

从饭店产品生命周期的规律，我们可以分析出，在产品的成熟期和衰退期，竞争达到白热化程度，但是市场上的需求却在随着客人对产品失去了兴趣而逐渐减少，饭店利润就会有所下降。新产品的开发可以使饭店的利润在新产品的生命周期的早期持续增长。

（二）饭店产品开发的要求

1. 必须以市场为导向

开发出的饭店新产品是否符合客人的要求，是否能获得较好的经济效益，市场最有发言权，只有符合市场需求和社会需要的饭店产品，才能获得广阔的市场和强大的生命力。因此，在新产品开发之前，必须进行详细周密的市场调研，了解市场需求情况，进行新产品开发可行性分析，再根据调研结果作出新产品开发决策。

2. 必须以本饭店资源为基础

市场调研可使饭店进一步了解市场需求情况，掌握竞争对手的经营状况，预测将开发新产品的营销前景。但在作出新产品开发决策之前，还应对本饭店资源进行切实细致的分析，包括资金、人力、现有设施设备等。确定本饭店是否有足够的后备资金支持新产品的开发，饭店人员素质能否适应产品的创新。有的新产品开发所需的资金超过饭店所能担负的范畴，会给饭店带来巨大的风险，如果经营不好甚至带来倒闭的危险。因此饭店应该慎重行事。

3. 必须具有良好的经济效益

饭店新产品能否获得良好的经济效益，是衡量饭店产品开发成功与失败的一个重要标志。只有能带来良好经济效益的饭店新产品，才有广阔的发展前景。但是这里所说的效益既有宏观效益，又有微观效益。饭店在进行新产品开发时不但要考虑到本饭店的经济利益也要考虑到国家及社会的利益。若开发的饭店新产品只给饭店带来经济效益，而对整个国家经济的发展和社会的安定起到负面的影响，这种饭店新产品开发是不值得提倡的。

4. 饭店新产品开发必须不断完善

饭店新产品在刚刚问世阶段，通常还不够完善，有很多不尽如人意之处。因此需要饭店对新产品不断地改进、更新，使该产品最大限度地满足客人的需求，吸引更多的客人。

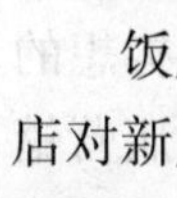

小知识

产品创新：儿童酒店成为酒店新宠

凯悦酒店集团开展“7岁儿童宿营凯悦”，为孩子们提供了全套精心设计的凯悦集团活动。该活动承办主任 Ann 女士说：“关心儿童不仅是照看他们，我们的活动是以教育为中心的。”她还说：“许多家长也希望他们的孩子参加一次有意义的活动。”其实关注儿童，已经成为越来越多的酒店的共同选择。

假日酒店于 1995 年在佛罗里达两家酒店开办“儿童套房”促销活动。该套房是以家庭活动为中心设计的。套房内设有儿童娱乐室、两张儿童床、一个依壁而设的床铺，并配有电视机、录像机、VCD、闹钟和儿童游戏电话。佛罗里达州假日酒店的房间中有91间是儿童套房，一般客房售价为50～60美元，儿童套房价格则在92～158美元之间。

在巴西首都圣保罗，有好几家儿童酒店。这些酒店的客人从3个月到6岁不等，他们可以在酒店里待上一天半天，也可以住上十天半月。儿童酒店把孩子们当客人待，不仅保持一种令儿童愉快的气氛，而且关心每个孩子，尊重其个性。这种旅馆配有专业教师，以及训练有素的护士、医生、保育员、厨师与管理人员，组织各种适合孩子们的活动，使他们在旅馆期间长见识，学习知识与技能。

日本最早的"儿童酒店"出现在20世纪70年代，当时主要为照料酒吧间女招待、夜总会女郎的孩子，因此名声不佳。近年来，有了很大的变化，一些商界女士、护士、秘书、教授等也把自己的儿女送进"儿童酒店"。

奥地利的"婴儿酒店"专门接待来自欧洲各地那些哭闹无常的小客人及他们的父母。酒店不仅有婴儿床、高脚椅、便盆与坐便椅，还有游乐室和酒吧，当然供应给婴儿的也是特制的"鸡尾酒"。

三、饭店新产品的开发构想

（一）饭店新产品的开发构想的概念

饭店新产品的开发构想是指对饭店未来新产品的基本轮廓和架构的设想，是新产品开发的基础和起点。饭店新产品的开发构想必须遵循的原则是：明确准备开发的新产品的特征、目标市场、产品定位、资源分配和投资收益。这样才能保证饭店产品在开发过程中有目标、有步骤地进行。

（二）饭店新产品的开发构想的来源

饭店新产品的开发构想的来源是多方面的，主要包括以下内容。

1. 饭店内部

饭店内部的管理者和员工，包括设计、管理、营销以及服务等所有人员。这是构想的主要来源。据一项调查表明，在美国有55%的新产品的构想源于饭店内部。首先饭店营销人员的创意是饭店内部创意的主要来源。他们与客人直接接触，可以及时地得到客人意见的反馈，了解客人的需求。因此他们的创意最能体现客人的需要。其次是来自饭店直接对客服务人员的构想，他们在工作中常常可以观察到、注意到什么是客人最需要的，什么是客人喜欢和接受的。他们的意见往往也可以代表客人的意见。另外就是饭店高层管理者或饭店所有者的构想。一般来说，他们的意见起决定性作用。

2. 客人

饭店通过分析客人的问题和投诉，可以发现能更好地解决客人问题的新产品创意往往来自对问题的解答。在调查中显示，有大约28%的产品创意来自对客人的观察和询问。新产品开发的目的就是更好地满足客人的需要，从而吸引更多的新的客人，留住老客人。对客人的调查就可以了解他们的需要和欲望，从他们的角度出发进行产品的创新，产品可以迎合他们的需求。特别是饭店的一些长住客人，他们对饭店比较了解而且还代表客人的愿望，因此他们的建议比较有实际价值。此外，一些商人、名流，他们常常住高档的饭店，体会过各种高质量的服务，因此他们的意见也是很值得重视的。

3. 竞争者

了解竞争者产品的特点、状况，并用到本饭店的产品中去。有27%左右的新产品构想的灵感来源于竞争对手产品的启发。饭店有时采取到竞争对手的饭店去住宿的方法来深入了解竞争对手产品的具体特点和情况。有时也通过对竞争对手的广告和其他宣传信息来获得有关新产品的线索。进而对竞争对手的产品进行模仿或将其产品中有价值的一部分借鉴到本饭店的新产品中去。

4. 营销中介和供应商

营销中介与市场联系紧密，能提供有关客人需求的一些信息，了解有关开发新产品的各种最新信息。供应商可以向饭店提供有关新技术和新材料方面的信息，有助于启发新产品构想。

5. 其他来源

除上述来源外还可以从有关的杂志、报纸、专家讲座以及营销调研公司、广告公司、专业人士的建议中获得新产品构想。

只有有了新产品的构想，才可能把这种构想付诸新产品的实际开发中去。因此，饭店管理者应积极地鼓励员工进行创新，同时也应运用各方面的手段获取信息，促使新产品的构想产生。

四、饭店新产品的开发程序

新产品的开发需要大量人力、物力、财力的投入，是事关饭店生存与发展的重大问题，因此，新产品的开发要有严密的组织和管理作为保障，科学有序地进行。

饭店新产品的开发一般分为8个步骤，如图5-3所示。

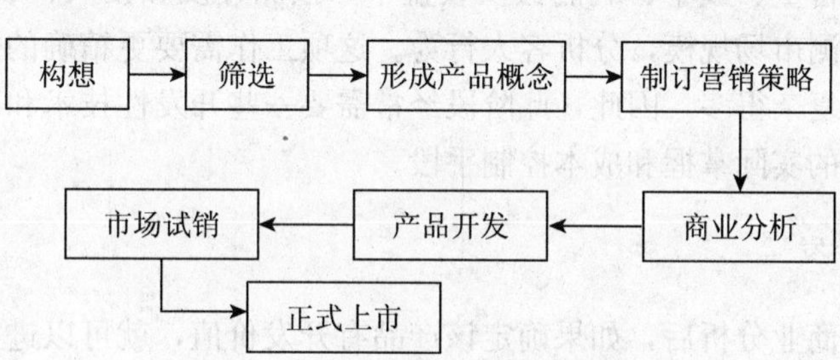

图5-3 饭店新产品的开发步骤

（一）构想

它是指对饭店未来新产品的构思、设想，在构思、设想成形后，将其付诸书面，对其进行描绘，还包括有关新产品开展营销活动计划的一些初步的、简单的想法。在前面已经对构想进行了详细的讲解，在这里就不再赘述了。

（二）筛选

正如上面所讲的，饭店构想的来源很多，所以可能会有很多构想产生，但是不是所有的构想都可以付诸实施，饭店要根据自身的资金、人员素质、管理体制等对这些构想进行筛选。筛选时要谨慎地作出决定，防止因没有重视而轻易放弃好的构想，因错误的判断而选择了不好的构想。在进行筛选时，要考虑饭店的内部条件和外部条件。内部条件包括饭店的资金、设备、技术以及经营管理能力等；外部条件包括市场需求、竞争状况、营销环境、自然环境等。

（三）形成产品概念

对于经过筛选后的新产品构想，还要进一步形成完整的产品概念，即把新产品的构想具体化，用文字或图像描述出来，这样就可形成一种产品形象。在产品概念形成后可以进行概念的测试。测试的目的是测定目标客人对于产品概念的看法和反应。

（四）制定营销策略

在产品的概念测试完成，并选定了一个最佳的产品概念后，饭店营销人员就要制订出相应的基本营销策略。但是在此阶段的营销策略只是大致的轮廓，主要包括三个部分：一是目标市场的规模、结构、客人行为特点、产品的市场定位、短期预计销售量、市场占有率等；二是预定价格、营销渠道和促销预算等；三是预计的销售量、投资收益率和营销组合。

（五）商业分析

商业分析是预测一种产品概念在市场中的适应性和发展能力的阶段。具体的商业分析包括预测产品的销售量、成本、利润额及收益率；预测开发和投入、成本、利润的影响；确定目标市场，预测市场规模，分析客人行为。这项工作需要更精确的数字、计算、调查等，所以比筛选要复杂得多，因此，此阶段经常需要一些开发性技术和市场研究，以及饭店新产品推出上市的实际掌握和成本控制手段。

（六）产品开发

在对产品进行商业分析后，如果确定该产品有开发价值，就可以进入产品的实际开发阶段。在开发阶段要严格按照新产品概念所描述的去开发，并保证生产产品的成本不超出预算。另外，服务产品开发阶段与制造品不同，除了必须注意服务产品的实体性要素之外，还要注意服务产品递送系统的建立与测试。

（七）市场试销

试销是指把一种新产品小批量地投送到经过挑选的具有代表性的小型市场范围内进行销售，用以检验客人对产品的接受程度与用后的反应。这样可以减少新产品开发失败的风险。但是，由于饭店的产品多为服务产品，想要试销服务产品存在着一定的困难。这是因为服务产品具有不可感知性，故必须亲身体验才能评价产品的好坏，但饭店产品作为一种服务产品又没有实体产品可供试销。

所以，只有实际的市场销售，才能检验出服务是否适销对路，是否受到客人的欢迎。如饭店想要增设户外游泳池，不可能先建好让客人使用一段时间，如果反应不好再拆掉。因此这也就要求饭店在新产品上市前作充分的调查准备。当然，有一些无须硬件投入的新产品也可以采用试销的方法，如在一段时间里粤菜曾在全国各地火暴一时，饭店想要增加粤菜，但又不知道该饭店的客人是否像其他饭店的客人一样接受和喜爱粤菜，这时就可先以搞广东美食节等活动的形式，在饭店试经营一段时间，然后再对客人的反应进行调查和分析。

（八）正式上市

新产品试销中取得客人良好的评价和反应，通过分析有巨大的潜在市场时，就可以决策上市。在上市前还有几点是应该注意的：①饭店上市的时机。新产品上市要抢占时机，有些产品也许只比竞争对手晚了一步，竞争对手在该产品上率先建立了品牌偏好，因而使本饭店在竞争中处于不利地位。②目标客人。饭店推出新产品时应针对最佳的客人群制订营销方案。特别是那些喜爱追求新鲜事物、在舆论上有影响力的那部分客人。③营销策略。采取适当的营销策略以提升产品的知名度。

当然，并不是每家饭店任何一种新产品上市都采取相同的步骤，还要根据饭店自身和产品的具体特点，采取相应适当的步骤。无论采取什么步骤，都只有一个宗旨，就是使产品能够适应市场的需要，产品能为客人所接受，最终为饭店带来最大的收益。

本章小结

现代饭店营销理论认为，饭店产品不仅指通过生产活动所创造的、从性质上根本不同于已有产品的物质实体或服务，而且指饭店能够提供到市场并引起客人注意、购买、使用、消费，进而满足其欲望或需求的一切。饭店产品的有形实体和无形部分共同组成了饭店的整体产品。整体产品概念包含三个层次：产品的实质层、产品的实体层和产品的延伸层。任何一个要想在市场上取胜的饭店都必须首先树立产品的整体概念。饭店产品的内容包罗万象，但多数客人在饭店消费时主要是饭店分类产品的不同组合，饭店产品组合是指饭店提供的全部产品的有机构成方式。客人往往只是根据自己的需要选择其中的某项组合，因此对于饭店来说，要考虑产品的有效组合。对于产品组合的衡量，一般用广度、深度和相互关联性等概念来进行。由于市场的需求不断变化，因此，饭店要对其产品组合进行不断的动态调整。

产品的生命周期是指产品从投放市场开始，直至被市场淘汰所经历的全部时间，它的长短主要取决于技术革命、需求变动、竞争态势以及政府干预四个方面的因素。饭店产品的生命周期通常包括投入期、成长期、成熟期以及衰退期四个阶段。饭店必须及时判断其产品所处的市场生命周期阶段，根据各阶段的不同特点制订恰当的营销策略。

饭店产品的开发过程一般可以分为以下阶段：①构思的产生；②构思的筛选；③概念

发展和试验；④商业分析；⑤产品开发；⑥市场试销；⑦全面的商业化。新产品的开发同时面临很大风险，诸如新产品的特色不足、市场分析不够、进入市场的时机不当、开发成本过大以及需求市场发生重大变化等。

经典案例

希尔顿度假饭店成功的启示

作为具有悠久历史的商务酒店，希尔顿致力于向具有更广阔市场前景的度假市场发展。为了改变其在人们心目中的传统形象，创立一系列具有统一接待标准的度假饭店，树立其作为度假饭店的形象，希尔顿实施了全方位营销战略，制订了一整套营销计划，以此在客人心目中树立起其具有独特度假饭店网络的概念。

希尔顿度假饭店开发规划中所提到的需要优先执行的4项工作包括：确立完整的度假饭店体验、完善度假饭店所需的产品和服务、创建全新的分销渠道，以及开发全新的度假饭店认证标准并付诸行动。希尔顿度假饭店成功的关键是其一直保持着公众对希尔顿全球度假饭店的渴望和向往。新开发的品牌标识及其支持系统使其具有独一无二的魅力，在降低产品价格敏感度的同时相应提高了客人对其产品的忠诚度。

为了提升整体产品和服务，并寻求差异化，希尔顿度假饭店开发了一系列全新、独特的产品，具体包括儿童俱乐部、儿童娱乐活动、儿童自助餐、人性化的欢迎和告别体验等；同时，希尔顿度假饭店还开发了一些独特的度假体验，如潜水、浪漫假期和SPA体验等。为了在做到成本最小化的同时实现利润最大化，希尔顿在互联网上开展了大量的市场营销工作，同时推广了希尔顿度假饭店的新品牌识别系统。希尔顿在互联网上向客人提供360度全方位的度假饭店产品体验这种方式不仅对饭店经营者非常有效，而且能够帮助客人找到最适合自己需要的度假产品。希尔顿还创办了推广其度假饭店产品的电视频道，并通过电子邮件向尽可能多的客人提供预订和咨询服务。

在营销预算有限的情况下，希尔顿度假饭店注重市场的细分工作，在市场细分的前提下选择适当的目标市场。一般来说，希尔顿度假饭店70%以上的客人是由旅游中间商带来的，因此，旅游中间商就是希尔顿具有巨大潜力的无形资产。希尔顿向旅游中间商提供了一系列定制化的产品展示、详尽全面的介绍材料、定期发布的酒店简报，并合作举办一些规模较大的战略销售活动等，这些都会对选择合适的目标中间商产生巨大的影响。为了将其度假产品信息传递给更为广阔的市场群体，包括新闻媒体，希尔顿有选择性地参与旅游博览会和交易会，与此同时，向与会人员传达极具个性化、极具影响力的产品信息。

希尔顿并没有满足于前期的销售结果，而是继续创新，力争为客人创造更多的附加价值，进一步延伸了客人的度假体验价值链。例如，为了保证客人在度假前夕一直保持兴奋状态，希尔顿会在客人离家之前不断运用电子邮件的方式向客人传递度假饭店产品的信息，并采用邀请其参与或公布优惠活动的方式加强与客人的沟通和联系。而且，一旦登录了希尔顿度假饭店的网站，客人随时都可以体验步行于希尔顿度假饭店的美妙感受，同时还可以下载目的地资料或了解包裹托运情况。希尔顿度假饭店产品为客人创造的附加价值，不仅为客人提供了与众不同的独特体验，也凸显了希尔顿作为度假饭店的独特性。

案例分析

在希尔顿度假饭店成功的过程中，其一直以丰富客人的度假生活、满足客人及中间商的需要为己任，进而塑造出自身与众不同的独特竞争优势，可见其清楚地认识到了度假饭店差异化过程的主体不仅仅是饭店经营者本身，还包括入住以及即将入住的客人，差异化过程是度假饭店缔造可持续竞争优势的关键。

与此同时，希尔顿度假饭店为创建与商务饭店不同的度假品牌，充分认识到了度假饭店产品的隐蔽性和不确定性，且与激发潜在游客的旅游动机密切相关，进而制订了全方位的营销方案充分利用电视媒体、网络媒体和会展载体，不仅致力于开发“生产”和服务阶段的物理差异，而且还致力于开发营销阶段的心理差异。

考考营销小专家

一、填空题

1. 产品整体概念是指产品由________、形式产品、扩大产品等三个层次构成。

2. 核心产品是产品的________，为客人提供基本的效用和利益，满足消费需求的中心内容。

3. 饭店企业的新产品包括________、________、改进新产品、引进外来产品、新牌号产品等。

4. 饭店产品生命周期一般可划分为投入期、成长期、________、衰退期四个时期。

5. 饭店产品的开发过程一般可以分为以下阶段：①构思的产生；②________；③概念发展和试验；④商业分析；⑤产品开发；⑥________；⑦全面的商业化。

6. 如果只有少数企业出售此产品、销售量少、成本费用大、产品技术上不完善，说明该产品处于生命周期的________。

二、选择题

1. 产品的本质是________。

A. 一种人们主观价值的体现

B. 产品价值的物质承担者

C. 客人需要的满足或客人能够获得的实际利益

D. 产品实现其效用的可靠程度

2. 产品生命周期是指________。

A. 产品的自然存在的时间　　B. 产品的具体物质形态的变化

C. 产品从进入市场到退出市场的全过程　　D. 产品从投入市场测试到成熟时间

3. 当饭店产品在市场上销售量迅速增长时，产品已基本定型，竞争者相继加入，模仿抄袭现象相当普遍，说明产品处于生命周期的________。

A. 成长期　　B. 成熟期　　C. 衰退期　　D. 投入期

4. 产品的新旧归根结底要来自于________的评价。

A. 客人　　B. 饭店内部员工　　C. 饭店同行业　　D. 当地旅游局

5. 客人并不愿意为他们不需要的服务付费，这说明________。

A. 服务是有成本的，并且必然会影响客人的消费支出

B. 客人更喜欢自助的方式

C. 客人希望有不需要支付费用的服务

D. 过多的礼节会使客人感到拘谨不自在

三、简答题

1. 饭店产品具有哪些特点?

2. 饭店产品有哪些构成要素?

3. 简述产品生命周期各阶段的不同特点以及制订的相应的不同营销策略。

走近市场

【实训名称】

认识和研究饭店产品。

【实训内容】

在老师的指导下，以 6～7 人为 1 小组，每个小组针对本地一家知名饭店的产品进行市场调研。收集相关的市场信息，研究该饭店产品的整体概念和市场生命周期阶段。

【实训要求】

根据研究结果，针对该饭店产品的竞争和营销现状提出改进方案。

第六章　饭店价格策略

学习目标

1. 了解影响饭店产品价格的各种因素；
2. 理解饭店产品定价所要达到的目标及采取的方法；
3. 学会实现定价目标所采取的定价策略应用。

动脑筋

“菜价均一”——所有菜一律8元

眼下，许多饭店打出了“平民化、大众化”或者“薄利多销”的招牌，却并未赢得客人的青睐，究其原因，并不是价格让步够不够的问题，也不完全是服务质量不到位的问题。是否真正考虑到了客人的消费习惯、降低了客人消费的门槛也很关键，一句话，我们需要更深入地研究客人。

所有商品统一价格、一律10元的“10元店”，曾在天津百货商品经营中红极一时，这种让人感到新奇且颇有价格诱惑力的营销方式，近年来已开始走进餐饮业。

在天津街头可以看到，一些餐厅饭店纷纷打出所有菜品一律8元的招牌以吸引消费者，这种做法确实给不少店家带来了生意。

现如今，人们为图方便和调剂口味，到饭馆、餐厅吃顿饭已经很平常了，只是由于菜价的原因让工薪族消费者总要掂量许久。统一菜价的做法则让人们不用再去斟酌价格，只考虑个人口味就可以了。而且把菜价定在8元，有的餐馆还定在6元和5元，工薪族消费者也普遍能够接受。

在一家名为“金宪厨房”的餐馆里，门前的菜品招牌和店堂内的菜谱上都标明这是家菜价均一店，八珍豆腐、火爆腰花、菠萝古老肉、水煮牛肉等菜价均为8元，九寸盘的分量也很足，在此就餐的客人都觉得很实惠，味道也不错。自从改为8元店以来，餐馆日营业额直线上升，刚开始日营业额不到700元。仅仅一个月时间，日营业额就翻了几倍，到目前日营业额早已过了千元左右，周末和假日则更高。

业内人士认为，菜价均一不仅仅是方便了结账，这也是行业竞争激烈、餐馆价位普遍向工薪阶层倾斜的一种表现。

“菜价均一”为什么会受到客人如此强烈的欢迎呢？主要是因为市场上产品的价格表象万千，令客人不知所措。消费时，总是觉得价格太“贵”。“菜价均一”让客人“不用再去斟酌价格，只需考虑个人口味就可以了”。客人如果想知道自己购买的产品价格是否物有所值，就必须了解饭店制订价格的规律。本章将向您介绍饭店价格的构成、定价影响因素、定价方法、定价策略以及价格调整等内容。通过本章的学习，您不仅会对饭店产品价格有比较全面的了解，还能掌握相应的技巧与方法。

第一节　了解饭店产品价格

一、饭店产品价格的概念

饭店产品价格，就是指客人购买饭店的产品所需要支付的货币量。饭店产品的价格由饭店产品成本、税收和利润三部分构成。饭店产品价格的高低最终取决于这三部分之和的大小。所谓饭店产品的成本，是指生产饭店产品时所用的建筑物、设备、设施以及各种原材料等物质的消耗和饭店的职工在提供服务时的劳动补偿。税收是指饭店的经营者必须向国家缴纳的一定数量的税金。利润是指饭店的经营者和劳动者通过劳动向自己的客人提供饭店产品和服务时所创造出的新价值。这三者之和又被称为饭店产品的价值。饭店产品的价格要由饭店产品的价值来决定，但是，这里要指出的是，两者不一定完全相等。价格由于受到供求关系、竞争状况等因素的影响，市场会出现偏离价值、围绕价值上下波动的情况。

二、饭店产品价格的构成

从饭店经营者的角度考虑，饭店价格应该是在扣除其所支付的一切成本和营业税以后还可获得所投入资金的平均利润。这样，饭店产品价格就是由该产品的成本加税收加利润构成的。饭店价格制定的原理一般依据以下几种状况。

(1) 取决于饭店产品经营者对饭店产品价值的评价。当这种评价以货币量来表现时，就称为供给价格。

(2) 取决于饭店客人对饭店产品价值的评价。当这种评价以货币量来表现时就称为需求价格。

(3) 只有当饭店经营者和饭店客人对饭店产品价值的评价一致时，即供给价格与需求价格相等时，饭店产品的营销才能获得成功，这种营销价格可称为市场成交价格。一般来说，饭店产品的市场成交价格有一个变动的过程。

三、饭店定价策略的意义

定价策略是饭店营销策略的重要组成部分，价格决策是饭店经营中的一种重要决策，正确地认识定价策略在饭店营销中的作用，是饭店做好其自身的定价工作的关键。价格是一种十分复杂的经济现象，它涉及饭店经济活动的各个方面，从横向来看，价格影响到饭店经营活动的各个方面；从纵向来看，价格也影响到饭店的产品、饭店的生存和饭店的发展全过程。因此，对于一家饭店来说，仅仅把产品服务的价格定好是远远不够的。它必须把饭店的整体价格工作作为一个系统来进行整体的把握，还必须系统地处理好饭店内部不同产品的价格之间的关系，同一产品不同的生命周期阶段的价格关系；本饭店的产品与市场上主要竞争对手的产品价格之间的关系以及饭店价格策略与营销组合之中其他策略间的关系。总之，做好价格决策工作，在现代饭店市场竞争中有着十分重要的意义。

第二节　饭店产品定价的影响因素及定价方法

一、饭店定价的重要性

哈佛商学院著名教授雷曼德·考利（Raymond Corey）曾经指出："定价是极其重要的——整个营销的聚集点就在于定价决策。"可见，现今日益激烈的市场竞争中，产品定价已经是饭店最重要的决策之一，也是饭店营销活动中最活跃的因素。一方面，由于价格的高低对需求有重大影响；另一方面，由于在市场竞争中，饭店的价格策略同其他竞争策略相比具有不可替代的作用。

饭店的经营目标最终是靠产品的销售来实现的，而销售收入和利润水平直接受产品价格的影响。另外，像价格在竞争中的灵活性、价格对消费者的心理作用，以及价格对饭店财务状况的影响等，都直接关系到饭店能否有效地实现目标。我们甚至可以说，在某种程度上，饭店的各种竞争策略最终都将在定价决策上得到体现。

饭店定价策略是否适当，往往决定产品能否为市场所接受，直接影响产品在市场上的竞争地位与所占份额，从而关系到饭店的生存和发展。如果饭店制订的价格适当，就有利于扩大销售，增加赢利，提高市场占有率，开拓、巩固和扩大市场，增强产品的竞争力。

二、影响饭店产品定价的因素

饭店产品的价格制定要受到许多方面的因素的影响，这些因素大致可以分为内部因素与外部因素两类，这里所说的内部和外部是一个相对的概念，它是针对一家饭店的内部与外部环境而言的。下面简要地谈一谈。

（一）定价目标

任何饭店都不能孤立地制订价格，必须按照饭店的目标市场战略及市场定位战略的要求来进行。具体的、可实现的、可衡量的定价目标可使饭店在激烈的市场竞争中求得生存，不同的定价目标要求饭店依据不同的定价方法和策略进行有效定价，同时定价目标也需要定期监控，以检验饭店实行的各项策略的有效性。

（二）市场需求

一般情况下，市场需求状况是影响饭店定价的最重要因素，它决定产品价格的上限。需求与价格成反比关系，即价格越高，需求水平越低。在考虑需求对定价的影响时，应把握以下几个方面。

1. 供求关系

饭店产品的供给与需求是否平衡，对于一家饭店的定价有着很大的制约作用。但是我们都知道，市场上的供求关系是不以人们的意志为转移的，所以它也是饭店的一个不可控的因素。例如，饭店客源的需求具有不稳定性、替代性以及综合性等特点；需求是多种多样的，并且是有层次的。不同的客户群，需求价格的弹性也就不一样，一些客人对价格的敏感度比较高，反之，一些客人对饭店产品的价格并没有太多的关注。

饭店市场需求的情况是饭店管理者定价首先要考虑的因素，针对饭店市场需求的特点，定价者必须要综合考虑，制订多种定价方案。

另外，饭店市场上还存在着另一方，那就是供给方。它也是影响饭店定价的重要因素，如供求是否平衡、供给方的种类、性质怎样、供给方的竞争状况如何等。

2. 需求价格弹性

需求的变动会引起价格的变动，反过来，价格的变动也会引起需求的变动。然而，不同的产品，其需求弹性往往不同。比如，粮食价格下降 10%其需求量一般不会增加 10%，而黄金饰品降价 10%，其需求量增幅可能会超过 20%。黄金饰品的价格弹性大于粮食的价格弹性。需求弹性理论正好说明了价格变动与需求量变动之间的量的关系。其计算公式为：

需求的价格弹性（C）＝需求量变动的百分比÷价格变动的百分比

其中：

需求量变动的百分比＝需求变化量÷原有需求量

价格变动的百分比＝价格变化量÷原价格

计算结果有五种情况：

（1）当 $C>1$，即价格变动率小于需求量变动率时，此产品富于需求弹性或称弹性大；

（2）当 $C=1$，即价格变动率同需求量变动率一致时，此产品只具有一般性的需求弹性；

（3）当 $C<1$，即价格变动率大于需求量变动率时，此产品缺乏需求弹性或称弹性小；

（4）当 $C=0$，即需求对价格的变化没有反应时，需求没有弹性；

（5）当 C 趋向无限时，表明价格不变或极小变动，会引起需求无限变化，需求具有完全弹性，对价格非常敏感。

影响需求弹性大小有三个主要因素：产品有多少用途、产品代替品的数目和相近程度、产品在客人收入中的重要性。

3. 消费心理

在每个客人心目中，对产品价格都有一种主观的估价。客人心理估价值与产品价格可能会不一致。例如，某饭店的某一道菜的标价是“78 元”，但客人无论从款式还是成本等各方面都认为它只值“45 元”。饭店定价如果高出估价值，客人会嫌贵，低于估价值，客人又会怀疑产品的质量。所以饭店在定价时，应当考虑需求心理因素的影响，预先测定目标客人的估价值。

（三）产品成本

饭店产品成本是指在一定时期内饭店生产所消耗的和所支出的成本。饭店产品的不同成本结合在一起就可能形成饭店的不同结构，它对饭店的收入和利润影响很大，不同成本结构的饭店，其销售量对饭店利润的影响程度是不同的。所以，饭店的营销定价人员应该针对不同的情况，确定一个适合于成本的定价。一般而言，在成本不变的情况下，价格的变动会影响饭店利润变化，价格提高，利润就高；反之，价格降低，利润就越低。因此，饭店应尽量控制成本，那么饭店在定价上就有更多的灵活性，在竞争中占据有利地位。

拓展·阅读

酒店鲜榨果汁“潜规则”令人瞠目

以荆州青莲酒家体育馆路分店为例，在武昌工商分局执法人员检查时，该店经营人员介绍鲜榨木瓜汁的操作流程：取 500 克木瓜，兑入 100 毫升木瓜鲜榨果汁伴侣，加入 2 克优果粉，加水搅拌而成。

在酒店相关进货单据上看到，木瓜果汁伴侣 40 元/瓶，每瓶净含量为 2000 毫升，每次使用 100 毫升，折算下来每次实际花费 2 元钱。

用同样方式计算出优果粉每次使用需花费 0.1 元。

目前木瓜市场批发价 8～11 元/公斤，即使该酒店每次榨汁真的使用了 500 克木瓜，每次使用成本也只要 5 元左右。

由此，酒店榨出一扎（1250 毫升）木瓜汁，原材料成本共约 7 元，然而酒店把这扎木瓜汁卖给消费者的价格是 98 元，毛利率高达 93%。

据酒店业人士称，80%只是行业平均利润率，93%的毛利率其实也还不算是最高的，这家酒店的果汁业务是酒店自己经营，原材料都是从外购进的，已经被供应商赚了一笔材料钱。目前，越来越多的酒店采取果汁外包方式，由鲜榨果汁伴侣等原材料供应商直接在酒店制作果汁，材料成本更低，甚至有些商家使用质量低劣的产品，完全是“三精水”勾兑的，根本不加水果，以牟取暴利。

“潜规则”瞒住众多消费者，工商责令相关酒店整改

在酒店中随机采访几位消费者，大部分人对“鲜榨果汁”的“潜规则”毫不知情。

在久久隆酒店消费的钟宜女士接受采访时称，酒店的鲜榨果汁卖得比较贵，一直都以为它们肯定是现榨的纯天然果汁，没想到竟然是用色素、香精等兑成的。旁边另一位消费者许先生称，往鲜榨果汁里面掺点水还能接受，但是加色素、香精等就太离谱了，搞半天连水果味道都是人工合成的，这样赚钱也太狠心了吧。

武昌区工商局相关负责人表示，商家在销售时宣称或者标注“鲜榨果汁”，但实际上果汁中添加了色素、甜味剂等并未告知消费者，涉嫌侵犯消费者知情权。工商部门当日已责令相关酒店整改。

不仅是鲜榨果汁，目前在酒店中流行的玉米汁、黑米汁、红枣汁等杂粮现榨汁，也采取了几乎同样的操作手法。

(四) 市场竞争

市场竞争因素是饭店竞争性定价的决定因素。在竞争激烈的情况下，竞争性定价对实现饭店的经营战略极为重要，然而不同的市场竞争格局和状态对定价的影响是不同的。

(1) 完全竞争市场。这种市场的价格完全由供求关系决定，买卖双方都只是价格的接受者，而不是价格的决定者。

(2) 完全垄断市场。它是指由一家饭店集团完全控制某种产品，而产品在市场上又没有一个现成的代替品的全部市场。在实际生活中，完全垄断市场很少见。

小知识

WALK IN价和协议价

入住这个已经挂牌的三星级酒店，已经是我这个月里的第三次了，因为我对它感觉不错。可是，今天由于没有预订，我要的房间没有了，只有价格高出100元的豪华房间。我对接待小姐说我是老客户，能否打个折解决一下，因为我需要在附近办事，但还是被告知没有。考虑到费用，我无奈地放弃了在这家酒店。然而，大热天我又不想到处找酒店。于是，我就给网络订房公司打了订房电话，讲了要求的地段和价位，不到10分钟，我就要到了这家酒店的豪华房间，而且，价格比总台小姐的报价还便宜60元。上了房间我才知道所谓的豪华房间就是我原来住过的那种类型的标房，而且房间还要旧一些。我想，可能是酒店今天生意好随行就市吧。我是酒店同行，我想今天我碰到的价格游戏其他酒店也会存在，包括我们自己的酒店。于是，我做了一道小学数学题：

380－60＝320元/（间·夜）（WALK IN时销售的酒店客房收入）

320－50＝270元/（间·夜）（通过订房中介销售的酒店客房收入）

同样的房间，同样的实际销售价格320元/（间·夜），一来一去，酒店净损失50元（没有反对佣金的意思），还不算因客人和酒店之间的尴尬和不愉快而造成的隐性损失。

三、饭店的定价方法

为了实现饭店的定价目标，就要相应地采取适当的定价方法，也就是说给本饭店的产品制订一个基本的价格，并且在此基础之上进行适当的调整。饭店在定价时主要考虑自己产品的成本、市场上的需求情况以及竞争情况三方面的因素。在不同的时期，不同的饭店产品对各个因素的侧重点就有所不同，但有两种基本的定价方法：成本导向定价法、需求导向定价法。

(一) 成本导向定价法

成本导向定价法是指饭店以产品的全部成本作为自己的定价基础，在成本的基础上再加上饭店的目标利润或规定利润。成本导向定价法主要包括成本加成定价法和目标利润定价法。

1. 成本加成定价法

成本加成定价法是指在饭店产品和服务成本的基础上，再加上预期利润而制定的饭店产品价格。用公式表示为：

饭店产品价格＝单位产品成本×加成率系数（加成率系数就是100％/加成率）

例如，某饭店的饮料成本为20元，餐饮部经理制订的成本加成率为50％，那么，该种饮料的成本系数就是50％的倒数，等于2，因此，该种饮料最后的价格就是P＝20×2＝40元。成本加成定价法的最大好处就是计算方便，而且在市场环境诸多因素基本稳定的前提下，饭店采用这种定价方法，可以保证其实现正常的利润率。另外，如果整个饭店行业都采用这种定价的方法，各个饭店的成本和加成率就都比较接近，定出的价格也就相差不大，相互之间的价格竞争也就不会太激烈。最后，饭店根据成本加成定价，还会在心理上给人一种公平合理的感觉，别人不易提出反对的理由。但是，成本加成定价法是一种典型的饭店成本导向定价法，是一个以生产为导向观念的产物。这种定价方法只考虑了成本的因素，而没有分析市场的需求弹性与客人的心理。因此，一般来说，无论是在长期还是短期内，使用这种方法都不能使饭店获得最长远的利益。

2. 目标利润定价法

成本加成定价法的主要缺陷之一就是不考虑饭店的投资回收情况，而目标利润定价法却可以较好地弥补这一不足。目标利润定价法是指饭店根据估算的总成本和预计的总销售量，确定应达到的目标利润，从而制订饭店产品价格。用公式表示为：

饭店产品价格＝（总成本＋目标利润）/预计总销售量

$$NP=M+C+NS+NPF \quad [NP(1-F)=M+C+NS]$$

其中，M为目标利润；N为实际销售量；C为固定成本；S为单位变动成本；F为营业税率；P为平均价格。

例如，某饭店有客房600间，全部客房年固定成本总额为3000万元，单位变动成本为80元/（间·天），预计全年客房出租率为70％，成本利润率为30％，营业税率为5％，求客房的价格。

$600\times70\%\times365P(1-5\%)=30000000\times30\%+30000000+600\times70\%\times365\times80$

$P=317$ 元/（间·天）

目标利润定价法的优点在于它同时考虑了投资消费水平、收入、价格以及利润等因素，可以保证实现既定的目标报酬率。但是，该方法的一个重要缺点就是要考虑价格与需求之间的关系，因此，饭店的营销定价人员采用这种方法制订出来的价格，不可能保证销售量的实现，尤其是对于需求弹性比较大的饭店产品，这个问题更为突出。

（二）需求导向定价法

需求导向定价法不再以成本为基础，而是以客人对饭店产品和服务的理解和认识程度为依据。需求导向定价法是市场导向观念的产物，它主要包括认知价值定价法和需求差别定价法。

1. 认知价值定价法

认知价值定价法是根据客人对饭店产品和服务的价值认知以及对该价值的肯定程度的高低来进行定价。在同等条件下，客人心目中对饭店产品和服务都有一定的估价。饭店营销自己产品和服务的价格和客人的认知价值是否一致是饭店的产品和服务能否顺利营销出去的关键，因此，如果一家饭店想采用这种方法来为自己的产品和服务进行定价，就必须做到以下几点：①饭店产品的价格要尽量地向客人的主观认知价值靠拢；②饭店要尽量地去改变客人的主观价值评价，这就需要饭店运用各种市场宣传手段，对客人进行合理适度的引导，从而在一定的程度上去改变客人既定的价值评判标准，并对饭店所制订的现行价格认可。

2. 需求差别定价法

需求差别定价法是指对于同一个产品或服务，制定出两种或十多种的价格。例如，在东莞著名的十几家五星级饭店中，它们都有不同档次的客房标准门市价，以满足不同类型客人的需求，如外国人、华侨以及港澳台同胞。如果在不存在竞争的情况下，决定差价的原则是可以获得最大的实际利益，同时又不会引起客人的不满。如果在有竞争的情况下，一些饭店运用这种方法，把自己最低等级的价格定得比竞争对手的最低价格还要低，这样一来，不仅可以使得自己饭店在市场竞争之中处于有利的地位，还可以获得较高的经济收益。

第三节　把握饭店产品定价策略

饭店产品的定价不仅需要科学的程序、精确的计算，还需要一定策略和技巧。随着市场经济的发展，饭店产品已形成了一整套系统的定价策略。

一、心理定价策略

（一）差别定价

饭店将产品分为几个档次，每个档次定一个价格来满足不同消费层次客人的需求。档次高的，可满足高消费客人的优越感，档次低的，可满足低消费客人的求廉心理，便于客人按需购买，各得其所。

饭店常采用这种方法来做房价结构。一般而言，饭店的客房由五种价格组成：40%客房的价格为平均房价，最低、最高房价的客房各占10%，次高、次低房价的客房各占10%。饭店可以让最低房价低于竞争对手，而最高房价又高于竞争对手，这种方式往往能在价格竞争中获胜。要使这种房价结构取得成功，各种等级的客房在位置、方向、面积、家具等方面应有明显的区别，使客人相信房价的差别是合理的。

（二）品牌定价

品牌定价是指饭店凭借在客人心目中良好的信誉及客人对名牌产品、高档产品“价高质必优”的心理，以较高的价格吸引客人购买而制订的饭店产品价格。但采用这种方式前需要进行详尽的市场调查，使价格与产品质量相符，以保证饭店信誉和客人利益。

小案例

决不降价——五星饭店五星价

北京凯宾斯基饭店在众多知名饭店纷纷通过“降价”手段来寻求生存空间的大环境下，始终保持着稳定的价格政策，而没有一头扎进这“先降价格，再降服务”的恶性循环中去。

1992 年，北京凯宾斯基饭店开业之初，正值北京的高星级饭店群体形成之际，高档次饭店的队伍迅速得以壮大。有限的客源面临着陡然客房猛增，接待规模顿显匮乏，许多酒店被迫降价让利，通过拼设备、拼硬件来维持营运。

凯宾斯基饭店则避实击虚，绕过大家都咬住不松口的国内旅游市场，先行一步进军商务客源市场，率先确定以接待商务客人和国际会议为主，辅以境外旅游客源的行销体系。同时以大量优价出租公寓写字楼，以此来带动客房的出租，并明确以高支付、高消费型客源为主攻方向，及时退出对中低档客源的争夺。

1993 年后，饭店主动参与国际国内的多种旅游促销展览，由专人负责对政府部门和国外驻华使馆的销售。组成了一支中外合作、各显神通的销售队伍。迅速开辟了美洲、东南亚、日韩、中国港澳和中东等新的地区市场，形成了自己的多元营销网络，彻底扭转了“一条腿走路”的被动局面。

1995 年年底，出于北京地区高星级饭店总量的持续扩容，再度引发了商家们最敏感的“价格大战”。凯宾斯基饭店作为当时经营效益最卓著的排头兵，自然也受到了“降价风潮”的波及。出于一些饭店“自杀式”的不正当竞争的影响，饭店客源市场遇到了前所未有的困难，在跌破成本的低价诱惑下，一些常年客源流失了，但成熟的经营者们处乱不惊，在反复分析形势，仔细斟酌研究后，他们甩出了“杀手锏”——同档饭店同价位“战术”，即任何同档次饭店的价格这里都有。而这一战术的根据就是：五星级饭店，就应该理直气壮地卖五星级的价格。

（三）奇数定价

又称“尾数定价”、“非整数定价”，是指以零头数结尾的定价形式。是以奇数或人们喜欢的数字结尾，在直观上给客人一种价格低廉和饭店经过认真的成本核算才定价的感觉，从而使客人对饭店产品及其定价产生信任感。使用奇数定价，可以使价格在客人心中产生三种特殊的效应。

（1）便宜。如标价 99.97 元的产品和 100.07 元的产品，虽然两者相差仅 0.1 元，但前者给客人的感觉是还不到“100 元”，而后者却被认为“100 多元”，因此前者可以给客人一种价格偏低、产品便宜的感觉，使之易于接受。

（2）精确。带有尾数的定价可以使客人认为产品定价是非常认真、精确的，连几角几分都算得清清楚楚，进而会产生一种信任感。

(3) 吉利。由于民族习惯、社会风俗、文化传统和价值观念的影响，某些数字常常会被赋予一些独特的含义，饭店在定价时如能加以巧用，则其产品将因此而得到客人的偏爱。例如，我国南方认为 168、8、9 等数字代表某种吉祥含义。某市一个号码为"9050168"的电话号码，拍卖价竟达到十几万元，就是因为其谐音为"90 年代我一定一路发"。当然，某些为客人所忌讳的数字，如西方国家的"13"、日本的"4"，饭店在定价时则应有意识地避开，以免引起客人的厌恶和反感。

在实践中，无论是整数定价还是尾数定价，都必须根据不同的地域而加以仔细斟酌。比如，美国、加拿大等国的客人普遍认为单数比双数少，奇数比偶数显得便宜，所以在北美地区，零售价为 49 美分的产品，其销量远远大于价格为 50 美分的产品，甚至比 48 美分的产品也要卖得多一些。但是，日本饭店产品定价却多以偶数，特别是"0"作结尾，这是因为偶数在日本有对称、和谐、吉祥、平衡和圆满的含义。

当然，饭店要想真正地打开销路，占有市场，还是得以优质的产品作为后盾，过分看重数字的心理功能，或流于一种纯粹的数字游戏，只能哗众取宠于一时，从长远来看却于事无补。

(四) 整数定价

整数定价是以整数的形式确定产品的价格，给客人一种"优质优价"的感觉。对于那些无法明确显示其内在质量的产品，客人往往通过其价格的高低来判断其质量的好坏。但是，在整数定价方法下，价格高并不是绝对的高，而只是凭借整数价格来给客人造成高价的印象。整数定价常常以偶数，特别是"0"作尾数。例如，饭店一套菜单可以定价为 1000 元，而不必定为 998 元。这样定价的好处是：①可以满足客人炫耀富有、显示地位、崇尚名牌、购买精品的虚荣心；②省却了找零钱的麻烦，方便饭店和客人的价格结算；③对于花色品种繁多、价格总体水平较高的产品，可以利用产品的高价效应，在客人心目中树立高档、高价、优质的产品形象。

整数定价策略适用于产品需求价格弹性小、价格高低不会对需求产生较大影响的产品。如流行品、时尚品、奢侈品、礼品、星级宾馆、高级文化娱乐城等，消费这些产品的客人都属于高收入阶层，会接受较高的产品价格，高价不会对产品的消费产生较大影响。

二、新产品的定价策略

新产品的定价极为重要，关系到新产品能否顺利进入市场，能否站稳脚跟，能否取得较大的经济效益。新产品的定价策略一般有三种：撇脂定价策略、渗透定价策略和适中定价策略。

(一) 撇脂定价

撇脂定价是指在产品生命周期的最初阶段，把产品价格定得很高，以获得最大的利润。一般而言，实施撇脂定价时，产品的营销对象主要是那些收入比较高的客人。这种定价方法使饭店能迅速实现预期的赢利目标，掌握市场竞争及新产品开发的主动权。但新产品利润高容易引来竞争，从而缩短赢利的周期。

撇脂定价通过高价产生厚利，使饭店能够在新产品上市之初，迅速收回投资，减少风险，这是使用撇脂策略的根本好处。此外，它还有以下几个优点。

(1) 树立饭店名牌产品的形象；

(2) 有利于饭店掌控调价的主动权；

(3) 缓解产品供不应求的状况。

但是，撇脂定价策略也存在着某些缺点。

(1) 高价产品的需求规模毕竟有限，过高的价格不利于市场开拓和增加销量，也不利于占领和稳定市场，容易导致新产品市场开发失败。

(2) 高价高利会导致竞争者的大量涌入，仿制品、替代品迅速出现，从而迫使价格急剧下降。此时若无其他有效策略相配合，饭店产品的高价优质形象可能会受到损害，失去一部分客人。

(3) 价格远远高于价值，在某种程度上损害了客人的利益，容易招致公众的反对和客人的抵制，甚至会被当做暴利来加以取缔，诱发公共关系问题。

在现实当中，客人日益成熟、购买行为日趋理性。因此，采用这一定价策略必须谨慎，撇脂定价是一种追求短期利润最大化的定价策略，若处置不当，则会影响饭店的长期发展。

(二) 渗透定价

渗透定价是饭店的低价策略，即在新产品上市之初将产品价格定得较低，从而吸引大量的客人，迅速扩大市场占有率。采用渗透价格的饭店无疑只能获取微利，这是渗透定价的薄弱处。但是，由低价产生的两个好处是：首先，低价可以使饭店产品尽快为市场所接受，并借助大批量销售来降低成本，获得长期稳定的市场地位；其次，微利阻止了竞争者的进入，增强了自身的市场竞争力。

对于饭店来说，新产品是高价入市还是低价入市，需要综合考虑市场需求、竞争、供给、市场潜力、价格弹性、产品特性、饭店发展战略等因素才能确定。在定价实践中，往往要突破许多理论上的限制，通过对选定的目标市场进行大量调研和科学分析来制订价格。

(三) 适中定价

适中定价策略介于渗透定价和撇脂定价两种方法之间，价格水平适中，同时兼顾饭店、营销中介及客人利益，使各方都能接受。这种定价方法比较稳定，利润目标一般都能如期实现，但比较保守，不适合复杂多变的市场环境。

三、折扣与让利策略

折扣与让利是指用适量的价格损失换取两个目标的实现：一是促进产品的生产和消费，形成规模优势；二是鼓励提前付款、大量购买和淡季消费。折价和让利可以体现以下几种形式，即数量折扣、现金折扣、季节折扣和价格让利等。

（一）数量折扣

数量折扣是指饭店对那些大量购买某种产品的客人予以一定的价格优惠。一般而言，购买数量越大，折扣越大。实行数量折扣可以起到鼓励客人增加购买数量，建立长期关系的作用，同时使饭店降低各环节的费用。

数量折扣主要有两种形式：一是累积数量折扣。主要用于批发关系，即规定在一定时期内，客户购买产品的总量超过一定数额时，按总量给予一定折扣。该方法有利于建立饭店与客户之间的买卖关系。二是非累计数量折扣，主要用于一次性购买。客户一次性购买的数量或金额达到饭店规定的要求时，就可得到某种折扣优待，以鼓励客户大量购买。例如，国家旅游局规定，30 人以上全包价标准的旅游团实行第人减免的办法。有的饭店实行客人住满几天便可获得一晚全免房，或实行一次性优惠卡，或逾期退房 6 个小时，或免收半天房费等方式。在饭店业里，常见的数量折扣形式有公司价（公司长包房）、团体价、长住客人价、会议价等。

饭店采用数量折扣定价时应注意下列几点。

（1）享受折扣或让利的标准不宜太高。饭店要尽可能使大多数客人都有机会享受这种优惠或折扣，否则这种策略就达不到吸引客人扩大销量的目的。

（2）饭店实行大批量出售的数量折扣定价策略，要尽量以降低营销费用，增加利润为基本依据，而不要认为，给客人让利就会降低饭店的利润，否则实行这种价格策略就会达不到目的。

（3）饭店采用这种定价方法要对所有客人都一视同仁，即规定的价格和条件都是相同的。只有这样饭店才能树立自己的形象，让客人感觉不被歧视。

小案例

交易会

交易会即将来临，广州各大酒店都在紧锣密鼓地接待准备工作。上个月酒店销售部的郭小姐与两家公司各签订了不同价格的双标房合同，即红星公司签订双标房是 360 元/（间·天），白马公司签订双标房是 430 元/（间·天）。谁知碰巧的是，两家公司因为业务关系，他们的业务员相互认识起来，当谈到交易会期间将住在同一家酒店时，与酒店签订的价格问题也就很自然地谈开了。白马公司了解到红星公司所签订的合同价比他们便宜 70 元时，觉得同是签订入住该酒店，为什么自己得不到应有的优惠？于是白马公司的负责人就理直气壮地找到了酒店的郭小姐，“凭什么红星公司的合同价要比我们低呢？这样不合适吧！”郭小姐告知白马公司客户，价格的确有差异，但这并不是欺骗他，也不是故意给他们高价。给红星公司这样的低价是有前提的，因为红星公司每年的入住间数和消费水平要达到一定的量，而对白马公司却没有任何附带条件。如果白马公司也能有红星公司同样的入住量和消费水平，酒店也可以给予白马公司和红星公司一样的价格。因为这是酒店的销售政策，不存在由于个人感情的好坏而给予不同价格的问题。经过郭小姐的耐心解释，白马公司负责人考虑到本公司客人的确不够稳定，如果与酒店签了过高的入住量和消费水平，达不到这个量到头来一定是公司吃亏，于是合同价格之事就不再提了。

（二）现金折扣

目前市场上逐渐开始流行一种现金折扣的定价策略。现金折扣又称付款期折扣，即对在约定的付款期内付款的客人给予比原定价格还低的价格的一种方法。现金折扣是在“信用付款”的前提下发展出来的一种优惠策略，即对有良好的业务信誉的客人，对其按约定日期付款的情况给予不同的折扣优惠。其目的在于鼓励客人尽早付款，加速饭店的资金周转。例如，付款期限为一个月，而立即付现金则打折扣10%，5天内付现可打折扣8%，15天内付现可打折扣3%，后半月内付款无折扣优惠。饭店采用该方法可以改善饭店资金周转状况，同时可以减少死账带来的损失，并降低饭店自己在收款中所消耗的费用。

饭店实现现金折扣的关键是：

（1）饭店要合理制订折扣率。基本原则是折扣率的上限不能低于饭店加速资金周转所增加的赢利，其下限则高于同期银行贷款的利率。

（2）饭店应该跟客人好好商量，制订出饭店不受损失，客人又能接受的推迟付款的时间。

（3）饭店应该对那些声誉、信誉、社会地位、经济实力等各个方面都较好的客人给予赊购。

（4）饭店对逾期付款的客人应认真研究采取什么措施让饭店减少损失。

（三）季节折扣

季节折扣也称季节差价，是指饭店在淡季的时候给予客人一些折扣或优惠。饭店在淡季给予客人折扣的目的在于通过这种定价策略使自己饭店产品的销售“淡季不淡”，使饭店设施和服务在淡季仍然可以被充分利用，从而提高饭店的经济效益。例如，现在很多饭店都将客房在淡季时折价出售，或者开展周末大酬宾活动等，以此招揽更多的客人，增加饭店的收入。迫使饭店用这种方法去刺激淡季需求，折扣便是最有效最直接的办法。对于在淡季内准时购买饭店产品的客人和营销中介，给予一定的折扣优惠。因饭店产品的即时性决定了饭店产品的不可储存性，所以在淡季时尤为重视季节性折扣。但饭店采用这种价格策略必须保证降价所带来营业收入高于饭店所消耗的成本投入。不然，饭店就入不敷出了，就违背了当初定价的目的。

（四）价格让利

饭店的一些产品，已经在客人心目中形成一种习惯性的价格标准。这一类产品价格不应轻易更改，免得引起客人不满。饭店宁可在产品的内容、包装、质量等方面进行调整，也不应采用调价的方法。日常生活中的饮料、大众食品一般适用这种策略。

总之，采用折扣、让利会使饭店的平均房价降低，因此饭店的经营管理人员必须在事前仔细研究应采用哪些做法，并作出计划安排。只有在降价营销所增加的营业收入高于所需的直接成本时，各种特殊价格才是可行的。

小案例

实物点菜——青岛黄海饭店

山东青岛黄梅饭店在夏季根据客源市场的变化改变了以往的供餐方式，变客人看菜单点菜为面对实物直观点菜，变团队会议包餐为自助餐，7月份，餐饮月收入139万元，同比增长19%，在销售毛利率按饭店规定下调了近20%后，利润仍比往年有所增加。

饭店明苑餐厅过去是看菜单点菜，如今，在洁白的冷藏式展示柜上，分门别类地摆满了100多个品种的高、中、低档半成品菜点。有肉制品、海产品，有南北时令蔬菜、水果，有地方名吃小吃，也有岛城极富特色的鲜活海鲜。面对实物直观式点菜，方便了中外用餐者。在这里，连不识字的老太太、幼儿园的小娃娃也可以对着食物指指点点，任意挑选自己喜欢的菜肴。同时，由于菜点严格按饭店规定的质量要求和毛利率配制，所以既令人吃得放心又感到经济实惠。

中华餐厅过去是团队会议包餐餐厅，如今改成了一日三餐的自助餐厅，有近百个品种，冷拼热炒、海鲜烧烤、面食汉堡、水果饮料。每位仅收46元。客人用餐时或自己选取或由厨师现场烹煮烧烤，不仅感到经济实惠，更感到吃得舒服满意。这个餐厅还融美食娱乐为一体，午、晚有歌舞伴餐，令用餐者在大饱口福的同时，也大饱眼福。

团队会议由原来吃桌饭改为吃自助后，不仅仅受团队会议用餐者的欢迎，也吸引了众多社会食客来此用餐。原来无团队会议用餐时餐厅冷冷清清的局面变了，代之的是客人盈门、异常火暴的现象，近300个餐桌的餐厅常常座无虚席。

餐饮部的这些措施、不仅为饭店餐饮在日趋激烈的市场竞争中开辟了一条新路，注入了生机，同时，饭店也得到了丰厚的回报。

四、差别定价策略

差别定价策略是指饭店根据客人对饭店产品的需求多少和需求弹性的差别，对相同的饭店产品以不同的价格营销的策略。饭店这样做的目的就是，通过价格划分出自己的若干市场，饭店为他们分别提供产品，从而扩大自己的营销，增加收入。下面简单介绍几种饭店常用的方法。

（一）客人差别

饭店对不同的客人，在同一种饭店产品中制订出不同的价格。如我国很多饭店对学生、老人有价格优惠。饭店采取这种策略，可以稳定客源，维持饭店的基本收入。

小案例

实习生的麻烦事

在盛夏的旅游旺季，正是集中接待各界朋友的繁忙时期。对于来自全国各地的客户们，宾馆总经理根据客户与宾馆的不同联系与业务关系，分别给予不同的房价优惠。因需要照顾的客户很多，为了便于前厅总台收银台准确结算，总经理将需要给予优惠房价的客户名单及具体打折数目，列了一个清单，交给了总台收银员，打折的幅度从七折到九折不等。总台负责结账的收银员是旅游外事职业学校的实习生，她接到这个打折清单，依此结账。

一天，一位先生离店，来到总台结账，这位先生正是与宾馆有业务关系的一个客户。这位实习生接待了这位先生。她一查阅客人登记资料，是属于总经理给予打折优惠的宾客，一查清单，总经理给打了八五折。实习生小姐告诉客人："宾馆总经理关照给您的房价打八五折。"客人一听很高兴，连声道谢，满意地交款结账。就在这时，实习生小姐拿出总经理开列的打折清单，指着客人的名字说："您看，这是总经理给订的优惠数。"客人接过清单一看，自己名下确实是打八五折，忙说："好，好，就这样吧。"待他一看其他人名下的打折数，不由得皱起了眉头。此刻，他的笑容消失了，问道："都是你们宾馆的客户，怎么给别人打七折、八折，而给我却打八五折?"实习生小姐无言以对，亮清单亮出了麻烦，实习生也不知如何答复客人了。只见客人生气地把清单摔给实习生，愤然离店而去。宾馆总经理得知此事后，十分生气，但又无可奈何地说："这位实习生的头脑怎么简单到如此地步？素质太差了！"

（二）产品形式差别

饭店对同类型产品的不同形式制订不同的价格。如同饭店的客房，可能有总统客房、商务客房、标准间等不同规格和标准的房间，其价格也不同。采取这种策略可以满足不同客人的需求。

（三）时间差别

在不同的时间，客人对同一种饭店产品的需求有明显的差别，因而饭店对同一种饭店产品在不同的时间应制订不同的价格。如饭店对同一种产品可以根据旅游淡季、旺季、黄金周、双休日制订不同的价格。

第四节　实施饭店价格调整

饭店在定价之后，由于宏观环境和市场形式的变化，往往要随时调整价格。饭店产品价格的变更是指饭店对制订的基本价格进行的根本性的更改，具有长期性。而日常的价格修订不具有长期性，是对基本价格进行微调。饭店进行价格变更一般有两种情况：一是饭店主动进行价格变更以应对竞争者的价格变更；二是饭店产品价格的变动势必会引起客人的一定程度的购买反应，而这一因素又反过来会制约饭店的价格调整。

一、饭店主动进行产品价格变更

主动进行价格变更一般是指饭店感受到价格改变的必要性之后率先进行价格的变动。主动变更价格可以是主动提价，也可以是主动降价。

（一）降低价格

虽然降价会影响同行之间的关系，引起价格竞争，但在某些情况下不得不降价。

（1）面临淡季或者饭店的生产和服务能力过剩，需要进一步增加营业额，以提高现金流量并期望获得更高的目标收益率，再加上饭店产品不宜保存的特性使饭店必须采用包括降价在内的各种营销手段以开辟销路。

（2）面临激烈的价格竞争，饭店的市场份额逐渐丧失，不得已主动降价。例如，某地高档饭店密集，有效客源市场不足，当地假日饭店为了展开与其他高档饭店的有效竞争，将其标准间房费降低约30%，有时饭店降价是为了扩大销售，争取市场占有份额的绝对优势，同时使成本因产量增加而降低。

（二）提高价格

提价会引起客人和旅行社等营销中介的不满，但成功的主动提价也能够使饭店更好地应对营销环境的变化，并提高目标收益率。此外，在通货膨胀的情况下饭店也不得不提价。通货膨胀会引起物价普遍上涨，饭店的成本上升，售价必然相应提高。有时售价的上涨幅度超过成本的上升。在通货膨胀条件下，饭店为了在交易中减少风险，可采取下列措施：①报价限时；②在合同中注明随时调价的条款；③减少现金折扣和数量折扣；④提高旅行社定房的批点；⑤减少产品功能和附加服务，对高利产品和市场加强营销力量。提价的另一个原因是市场供不应求。在这种情况下，饭店可提价或限量或者两者并行。也可变相提价，比如取消或减少折扣、在系列产品中加上高利的品种、搭配营销等。饭店在提价时，应通过各种传播媒介传递信息，向买方说明情况，争取买方的理解，并帮助他们解决因提价而产生的问题。

二、饭店对竞争者价格变更的反应

当发现竞争者的价格已发生变化时，饭店在采取行动之前应该对其价格的变化加以仔细分析，以确定竞争者目前的价格变化是长期的变更还是短期的修订。竞争者为什么要变更价格，其目的是为夺取市场份额，还是出于成本变动的需要；是营销或财务方面的变化，还是要形成一个新的行业领导价格。进一步分析，如果本饭店不能对此价格作出反应，那么利润和市场份额将会有什么变化，其他竞争对手以及客人又将作出什么反应。饭店要想在几天甚至几小时内作出反应，采取应变措施则是很难恰到好处的。因此，最好在事前制订出反应程序（如图6-1所示），以便临时按程序进行反击。这个程序在某些变价频繁或必须立即作出反应的行业中被广泛应用。

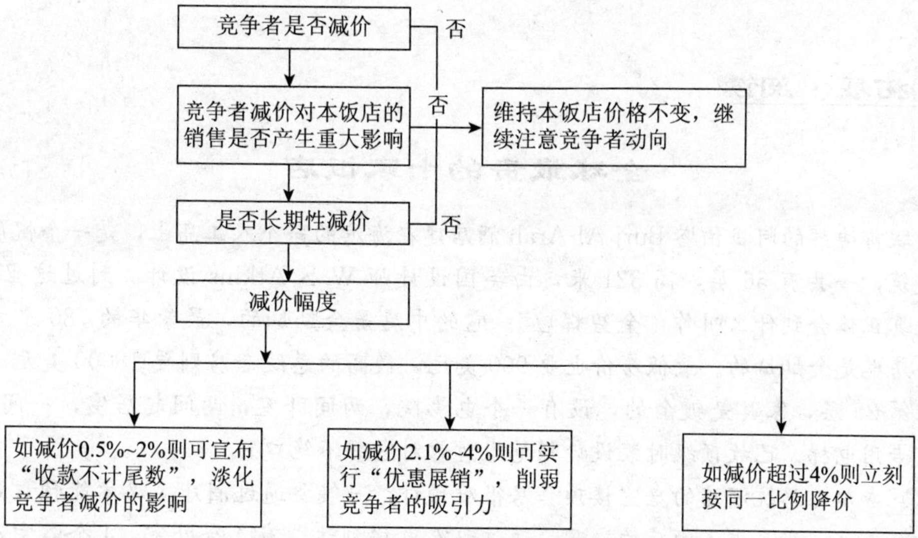

图 6－1　对付竞争者降价的反应程序

三、客人对价格变更的反应

饭店在调价后，特别是客人对变价的反应，首先，可用弹性理论来分析需求的价格弹性，由弹性的大小，可测定价格的升降幅度是否适当。譬如，饭店客房这一富有弹性的产品降价 25％，销量增长却不到预期目标，这就说明降价的幅度还不够大。其次，由于客人对变价的理解不同，有时会出现始料不及的反应，这也是需要认真研究的。降价本应吸引更多客人，增加销售量，但对某些客人却适得其反，因为这涉及客人的需求心理的因素。例如，客人对降价有很多的理解。

(1) 将有新鲜产品供应或更好的服务质量和硬件（例如，新鲜时蔬和饭店新建楼），老产品降价是为处理积压的存货。

(2) 好货不降价，降价无好货。

(3) 饭店财务困难，今后有可能停业。

(4) 可能还要降价等再降价时再买（尤其是短期内连续降价，最易造成这种持币观望的局面）。

(5) 降价意味着饭店服务对象、目标的变化和档次的降低，不能再象征客人的尊贵身份。

因此，有时不适当的降价反而会使销量减少。至于提价，本应是抑制购买，但也有些客人却有不同的理解：其一，涨价一定是供应量较少，不及时订购将来可能买不到；其二，该产品一定有比较好的质量或特殊价值；其三，可能还要再涨价，赶快订购。例如，许多游客在旅游旺季来临之前预订客房时，面临已微涨的房价，往往会有此考虑。

拓展·阅读

全球最贵的十家饭店

阿联酋迪拜的阿拉伯塔 Burj Al-Arab 酒店建在海滨的一个人工岛上，是一个帆船形的塔状建筑，一共有 56 层，高 321 米，由英国设计师 W. S. Atkins 设计。到过这里之后，你才能真正体会到什么叫作“金碧辉煌”。它的中庭是金灿灿的，最豪华的 780 平方米的总统套房也是金灿灿的。最低房价也要 900 美元，最高的总统套房则要 18000 美元。总统套房在第 25 层，家具是镀金的，设有一个电影院，两间卧室，两间起居室，一间餐厅，出入有专用电梯。已故顶级时装设计师范思哲曾对它赞不绝口。

(1) 威尔森总统酒店的皇室楼顶套房很难预订，一般要通过酒店主席才能预订到，每晚 65000 美元。套房占了酒店的一层，通过私人电梯到达，有 4 个卧室，4 个浴室，可以鸟瞰日内瓦湖和白朗峰。套房设有防弹窗户和门，经常有明星和国家领导人来这里入住，这里离联合国总部只有 5 分钟的车程。

(2) 纽约四季酒店的泰·华纳楼顶套房从 2007 年开办以来就一直很受欢迎，每晚 35000 美元。套房有 9 个房间，墙身镶嵌珍珠，户内户外都有公园，还有私人的温泉浴和图书馆，图书馆的中心有一架华丽的钢琴。

(3) 意大利撒丁岛 CaladiVolpe 酒店的总统套房均价为每晚 34000 美元，到旺季时会达到每晚 45000 美元。套房位于酒店的高层，占地 2500 平方英尺（2250 平方米），有 3 间卧室，3 间浴室，一间私人健身馆，一间蒸汽浴室和一个酒窖。在屋顶的阳台还有一个咸水游泳池。

(4) 威斯汀埃克塞尔西奥酒店的库珀拉别墅套房位于酒店的第 5 层和第 6 层，占地 6099 平方英尺（5489 平方米），还有一个占地 12808 平方英尺（1627 平方米）的阳台，可以鸟瞰威尼托，每晚 31000 美元。

(5) 东京丽兹·卡尔顿酒店总统套房位于东京最高的楼的顶层，占地 2368 平方英尺（2131 平方米），是鸟瞰富士山和六本木的最佳位置，每晚 25000 美元。

(6) 巴哈马群岛亚特兰提斯酒店，桥套房——每晚 22000 美元。亚特兰提斯酒店的桥套房之所以被称为“桥”套房，是因为其拥有的 10 个房间刚好组合成一座桥，“架”在该酒店的双塔楼之间，而且造型非常时尚活泼，引人注目。套房位于酒店的第 23 层，用大理石花纹的地板装饰，套房内有一架巨大的钢琴和一个 22 克拉的钻石。由于迈克尔·杰克逊经常来这里入住，这曾经也被称为“迈克尔·杰克逊套房”。

(7) 巴黎凡登凯悦花园酒店的皇室套房给客人提供一系列包括漩涡浴、蒸汽淋浴和按摩在内的洗浴服务。占地 2500 平方英尺（2250 平方米）的楼顶套房有巨大的起居室、餐厅、厨房和工作室，每晚 20000 美元。

(8) 迪拜伯瓷酒店的皇室套房位于酒店的第 25 层，用豪华的含金大理石楼梯装饰，豹纹的地毯、私人电梯和一个硕大的可旋转的四柱床都使这个套房显得豪华不已，每晚 19600 美元。

(9) 日内瓦里奇蒙酒店（LeRichemond）的阿姆里德皇室套房有3间卧室，位于酒店的第7层，占地2500平方英尺（2250平方米），还有一个占地1000平方英尺（900平方米）的阳台，可以鸟瞰日内瓦湖的整体风景，每晚18900美元。

(10) 莫斯科丽兹·卡尔顿套房的风格为俄罗斯的皇室风格，占地2370平方英尺(2133平方米)，克里姆林宫和红色广场的风景一览无余，每晚16500美元。

本章小结

价格是产品价值的货币表现。在饭店经营中，价格的制订和变化直接影响着客人的购买行为，从而直接影响着饭店产品的销售和利润。尽管在现代营销进程中，非价格因素的作用在增长，但饭店产品价格策略仍是饭店营销组合中重要的基本因素。

现实中的饭店产品价格不仅受价值这个基础因素制约，还受到多种因素的影响，归纳起来有饭店内部力量和外部力量两个方面：饭店内部力量是指饭店本身所能控制的各种因素，如产品成本、产品差异性、定价目标以及销售力量等；外部力量是指饭店本身无法直接控制的因素，如客人需求、市场竞争状态和政府干预程度等。

饭店制订产品的价格，一般可以分为确定定价目标、测定市场需求、估算成本、分析竞争状况、选择定价方法、选定最后价格六个步骤。

饭店应适应不同的市场条件，寻找在一定条件下，针对不同产品、不同目标市场和不同竞争情形下实现饭店营销目标的最佳途径，制订相应的定价策略。饭店常用的定价策略主要有新产品定价策略、折扣价格策略、心理定价策略、饭店产品组合定价策略四种方法。

经典案例

部分中式快餐企业将于8月起提价

7月28日，中国快餐业联盟的成员包括马兰拉面、和合谷、丽华快餐、大娘水饺等20多家中式快餐企业高层聚首北京，共同寻求原材料上涨的应对措施。一些企业高层也首次表态，从8月起，餐厅的部分产品将开始提价。

随着猪肉等主要原材料价格的上涨，一直压低成本的中国快餐业开始集体寻找出路。和合谷老总赵申介绍，仅五花肉一项，现在每公斤27元，比去年同期的13元上涨了一倍；北京奥运会冷鲜肉和猪肉制品独家供应商千喜鹤集团董事长刘延云介绍，千喜鹤的团餐业务与去年同期相比，综合成本平均上涨了20%。

相对于肯德基早前开始的提价，大多按兵不动的中式快餐首次提出了自己的规划。丽华快餐董事长蒋建平表示，丽华快餐现已开始全面涨价，如以前的6元钱套餐提高到7元，涨幅在15%左右；和合谷老总赵申表示，从8月1日起，公司与猪肉相关的产品如东坡肉等将提价1元。

部分中式快餐企业虽然没有正式提出提价，但是也正在通过多种方式应对成本压力。

老家快餐有限责任公司总经理张凯来表示，公司旗下另一子品牌“田老师红烧肉”已经连续3个月每月亏损10万元，从7月开始，公司已经开始限量供应，如果猪肉价格继续上涨，也将采取提价措施。据一家知名企业负责人透露，该公司的供应商于今天起提价，公司将考虑销售终端的价格提升，具体方案还在制订中。

提价是企业生存的必然行为，但是更为关键的是如何解决食材继续轮番涨价与快餐销售价格相对稳定的一对矛盾。中国快餐专家夏连悦表示，中式快餐规模有限，跟大的供应商谈判时往往没有话语权，如果捆绑在一起形成规模后，就能很好地出牌。譬如，餐巾纸、筷子等小套装，有的企业采购最高是0.70元一包，而有的大企业采购只需0.38元一包，将优势资源集合起来后，仅这一项一家企业一年就能省下10万元左右。

肯德基所属的百胜餐饮华北供应商北京都丽梦食品有限公司董事长张立强表示，企业加强新产品研发、替代、调整也是摆脱困境行之有效的方法。（来源：京华时报）

案例分析

由于消费者对价格上涨非常敏感，因此企业不会轻易调整菜品价格。同时，由于生产原料涨价，供货商也随行就市，提高了价格，这样一来必然会降低企业的毛利率，现在许多餐饮企业正通过减少中间环节来尽量控制成本。

对于毛利率相对较高的星级宾馆来说，餐饮原材料价格的上涨会不会促使他们进行菜单调整呢？贵宾楼张奕小姐说，贵宾楼的自助餐厅价格从3月1日起调价，但涨价的原因是出于综合考虑，并不是因为原材料价格上涨而进行的调整。同时，他们在涨价的同时也对提供的菜品进行了调整，目前客流量没有受到丝毫影响。而其他星级饭店亦表示不会调价。

对此，餐饮业一位权威人士表示，虽然原材料价格对餐饮企业菜品定价起着决定性作用，但由于目前餐饮业价格竞争激烈，不少企业还脱离不了价格战，所以考虑到涨价带来的市场风险，企业不会轻易调整菜品价格。

考考营销小专家

一、填空题

1. 一般情况下，市场需求状况是影响饭店定价的最重要因素，它决定产品价格的________。需求与价格成反比，即价格越高，需求水平越低。

2. 饭店在定价时主要考虑自己产品的________、________以及________三方面的因素。

3. ________是指在产品生命周期的最初阶段，把产品价格定得很高，以获得最大的利润。

4. 饭店在定价之后，由于宏观环境和市场形式的变化，往往要随时调整价格。饭店产品价格的变更是指饭店对既定的基本价格进行的根本性的更改，具有________。

5. 主动进行价格变更一般是指饭店感受到价格改变的必要性之后率先进行价格的变

动。主动变更价格可以是________，也可以是________。

6. 定价是极其重要的——整个营销的聚集点就在于________。

二、选择题

1. 定价目标必须服从于________。

A. 追求利润最大化的需要　　B. 实现预期的投资收益率的需要

C. 提高或维持市场占有率的需要　　D. 饭店营销的总目标

2. 高档产品、优质名牌产品适宜采用________。

A. 尾整数定价策略　　B. 略正数定价策略

C. 折扣定价策略　　D. 产品组合定价策略

3. 为迎合客人的求廉心理，饭店可以通过适当降低某几种产品的价格，来带动其他产品销售的策略。这叫作________。

A. 产品组合定价策略（连带产品定价）　　B. 现金折扣定价策略

C. 尾数定价策略　　D. 新产品定价策略

4. ________属于成本导向定价法。

A. 需求差异定价法　　B. 理解价值定价法

C. 通行价格定价法　　D. 盈亏平衡点定价法

5. 饭店普遍采用的定价目标是________。

A. 提高或维持市场占有率　　B. 实现预期的投资收益率

C. 追求短期高赢利　　D. 反映饭店经营状况

6. 产品价格的主要构成部分是________。

A. 销售数量　　B. 资金周转　　C. 利润　　D. 成本费用

三、简答题

1. 试述制定饭店产品价格的影响因素。

2. 试将撇脂定价法与渗透定价法的优缺点、适用市场条件加以比较。

3. 试述成本加成定价法、需求导向定价法及竞争导向定价法的具体内容。

走近市场

【实训名称】

饭店客房价格调研。

【实训内容】

在老师指导下，以4～5人为1组，进行市场调研。

【实训要求】

每个小组针对本地某一家饭店的客房价格，收集相关的市场信息（如该地同级饭店客房价格等），结合实地调研，对该饭店客房价格营销现状进行分析并提出改进方案。

第七章　饭店营销渠道策略

学习目标

1. 理解饭店营销渠道的概念和功能；

2. 掌握饭店营销渠道的基本分类；

3. 掌握饭店营销中介的作用、基本分类，以及饭店选择营销中介的原则；

4. 掌握饭店营销渠道的选择和设计，熟悉饭店对营销渠道成员管理中的激励、评价和控制等方法；

5. 掌握电子商务的经济特性及其对饭店营销渠道的影响；

6. 熟悉饭店发展电子商务的途径。

动脑筋

网上预订

携程旅行网可以通过互联网向全球3万家酒店进行预订，中国酒店预订网可使预订者享受酒店门市价3～7折的优惠，而且在3分钟内就可以得到确认。一般来说，酒店预订网的价格介于酒店门市价和旅行社折扣价之间，并且其变更、结算更便利，因为它实行的是前台自付的形式，最重要的是它使那些商务散客得到了近乎团体客人的优惠价。

互联网给饭店营销渠道策略带来了重大的影响，它到底在哪些方面、通过什么方式影响甚至制约饭店营销渠道策略？

第一节　了解饭店营销渠道

渠道策略是众多营销组合中最需要其他部门和组织配合才能有效实施和完成的，而且营销渠道一旦确定，要改变它将十分困难。因此，它是现代饭店营销中最困难、最富有挑战性的工作之一。所以，现代饭店的营销渠道策略决策常常是非常小心而谨慎的。

一、饭店营销渠道的概念

（一）饭店营销渠道的含义

饭店营销渠道（Hotel Distribution Channel），又称为饭店分销渠道，是促使饭店产品或服务顺利地被终端客人使用或消费的所有经济组织或个人。具体而言，也就是指客人从产生消费动机，进入饭店，到最终消费饭店产品的整个过程中所经历的各个环节连接起来而形成具体通道或途径，如图 7－1 所示。

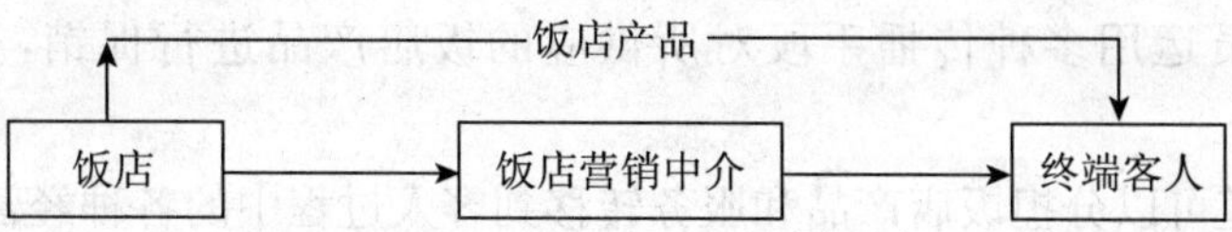

图 7－1　饭店营销渠道示意图

饭店营销渠道的目标就是使饭店生产经营的产品或服务顺利地被终端客人使用或消费，其具体的任务是使终端客人能在适当的时间、适当的地点享用到能满足自己需求的饭店产品。饭店营销渠道所涉及的是饭店产品从生产向消费转移的整个过程。在这个过程中，起点为饭店营销产品，终点为客人购买产品，位于起点和终点之间的为中间环节，中间环节包括从起点到终点之间参与营销活动的各类经济组织和个人，如各种类型的饭店营销中介、旅游运输公司、银行和广告代理商等。

在市场经济条件下，存在着大而广的市场容量，大部分饭店产品必须依靠一定的饭店营销渠道，才能将产品和服务销售到客人手中。它既是饭店产品商业化的必由之路，也是连接产品和客人的中介。图 7－2 是饭店营销中介机构的经济效果图，从中我们便可以直观地感受到饭店营销中介机构的介入为饭店带来的好处。

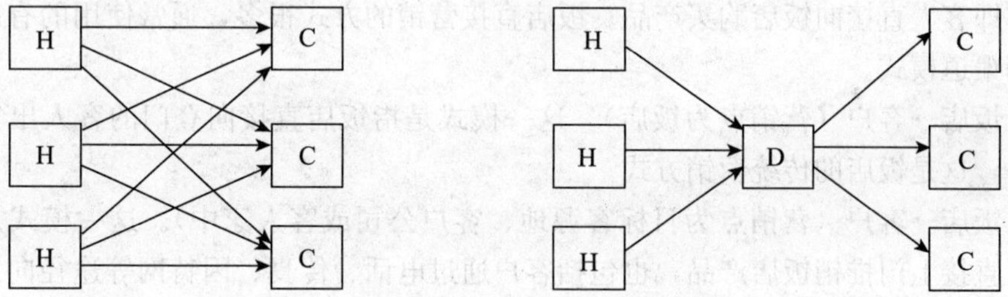

H：饭店　D：营销中介　C：客人

图 7－2　营销中介经济效果图

从图 7－2 中我们可以得知，如果不使用饭店营销中介机构，三个饭店和三个客人之间将发生总共九次的交易行为，而使用了饭店营销中介机构后，交易行为只有六次，节省了交易成本，可见，后者更为经济，更有效率。

（二）渠道的功能

饭店营销渠道有着强有力的执行功能，能帮助饭店把产品和服务转移给终端客人，弥合产品、服务和客人之间的缺口，因此，营销渠道对饭店来说是不可缺少的。饭店营销渠道解决了饭店产品和服务价值的交付问题，其主要功能如下。

(1) 收集和传播饭店营销渠道运作时所必需的信息。饭店营销渠道可以帮助收集和传播饭店营销环境中有关潜在客人与现行客人、竞争对手和其他参与者的营销调研信息。

(2) 向饭店产品的客人（包括渠道中间的和终端的购买者）提供售前、售中、售后服务，还可提供管理咨询等各种服务。

(3) 渠道成员运用多种传播手段对所供应的饭店产品进行促销，吸引更多的客人购买。

(4) 营销渠道可以分担饭店产品和服务转移到客人过程中的各种经营风险。

(5) 营销渠道可以帮助饭店达成有关产品的价格及其他条件的最终协议，以实现饭店产品价值的转移。

(6) 渠道成员向饭店进行有购买意图的反向沟通行为，如预订等。

(7) 饭店营销渠道可以为负担渠道运作的成本费用而收集和分散资金。

(8) 买方通过银行和其他金融机构向卖方支付销售账款。

(9) 帮助已达成的交易付诸实施。

二、饭店营销渠道的类型

饭店产品的营销渠道按不同的分类方法可分为多种类型，一般而言，按有无营销中介参与营销来进行分类，可分为直接营销渠道和间接营销渠道两类。

（一）饭店直接营销渠道

饭店直接营销渠道，又称零层次渠道，是指饭店不通过任何营销中介直接向客人营销产品，亦即客人直接向饭店购买产品。饭店直接营销的方式很多，通常使用的有以下三种直接营销渠道模式。

(1) 饭店→客户（营销点为饭店）。这一模式是指饭店直接向登门的客人出售饭店产品或服务，这是饭店的传统营销方式。

(2) 饭店→客户（营销点为目标客源地、客户公司或客人家中）。这一模式是指饭店营销人员直接上门推销饭店产品，也包括客户通过电话、传真、因特网等途径向饭店预订产品。近年来，随着信息技术的广泛应用和计算机的普及，饭店的重要营销渠道是网络。饭店应做好主页设计、网站建设、信息更新、需求回复等方面的工作，以强化饭店营销的效果。

(3) 饭店→自设饭店营销网点→客户（营销点为饭店自设的营销网点）。这一模式是指饭店在经营区域或目标领域内自行设立饭店营销点，如在机场、车站等设立饭店营销点，面向客人直接销售。这一模式还包括饭店公司（集团）成员饭店之间相互代理预订、互相推荐客源的联营营销。

（二）饭店间接营销渠道

随着饭店市场进一步国际化，单靠直接营销渠道已经很难有效地吸引分散在世界各地的客人，许多饭店开始借助批发商、零售商、代理商等营销机构和个人在信息上的优势开展饭店营销活动。这种借助营销中介将饭店产品转移到最终客人手中的模式称为饭店间接营销渠道。饭店常用的间接营销渠道有两种。

(1) 饭店→零售商→客人。饭店将产品以较低的价格出售给零售商，由零售商组织客源。

(2) 饭店→批发商→零售商→客人。饭店在与批发商（如经营团体包价旅游的旅行社）进行价格谈判的基础上，以大幅度低于门市价的价格，将其产品批量营销或预订给批发商，批发商则委托零售商将产品出售给最终客人。

三、饭店营销渠道策略

饭店营销渠道对于饭店来说十分重要，但由于它同时具有非常强大的惯性，不能轻易地被改变，因此饭店非常有必要在建立渠道之初就尽量做到尽善尽美。饭店在建立渠道时，一般需要考虑渠道的长度、宽度和各种渠道的联合策略等。

（一）饭店营销渠道的长度策略

饭店营销渠道的长度策略是指饭店根据产品特点、市场状况和饭店自身条件等因素来决定渠道的级数。营销渠道的长短一般是按流通环节的多少来划分的，渠道级数越多，饭店营销渠道越长，则称为长渠道营销策略。渠道级数较少，我们经常称之为短渠道营销策略。运用这一策略时，要考虑效率原则（便于客人购买）、经济原则（饭店营销渠道能带来足够的营业收入和利润）和客源原则（考虑客源的基本特点）。饭店营销渠道级数类型如图 7－3 所示。

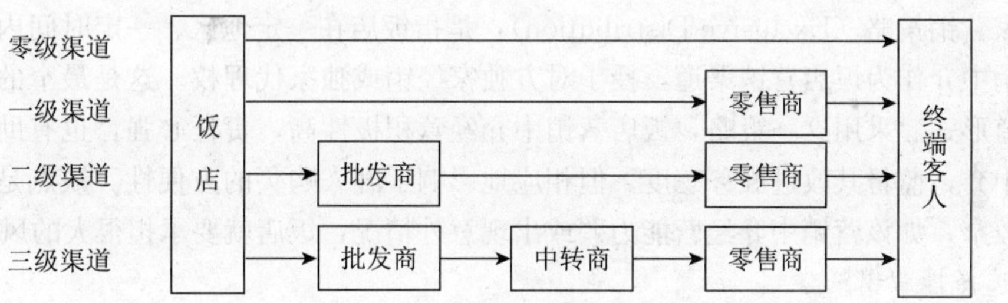

图 7－3 营销渠道级数类型图

1. 零级渠道

零级渠道是指饭店的产品和服务没有经过任何营销中介的转手，而是由饭店直接销售给客人的营销渠道，又称直销。直销的主要方式是上门推销、邮购、饭店自设营销网点、电话预订或网上预订等。

2. 一级渠道

一级渠道是指饭店的产品和服务由饭店通过零售商转手到客人的营销渠道。它包括一个营销中介，这个中介机构通常是零售商。饭店请旅行社、航空公司代理营销产品就属于这种模式。

3. 二级渠道

二级渠道是指一个营销渠道系统中包括两个中介机构，它们一般是一个批发商和一个零售商。批发商将饭店产品以大批量预订的形式购买，再将其与其他产品加以组合、包装成新的产品，以批量的形式出售给零售商或委托零售商代理营销，最终由零售商将产品营销给客人。

4. 三级渠道

三级渠道是指一个营销渠道系统中包括三级中介机构。通常由一个批发商、一个中转商（专业批发商）和一个零售商组成。

级数更高的饭店营销渠道也还有，但是不多。从饭店的观点看，渠道级数越高，渠道的控制和管理也越成问题。一般情况下，饭店总是和最近的一级营销中介打交道。

（二）饭店营销渠道的宽度策略

饭店营销渠道的宽度策略，是指一个饭店在某一营销渠道层级上并列地使用多个营销中介。渠道的宽窄取决于渠道的每个环节中使用同类型营销中介数量的多少。在同一营销渠道层级上，营销中介数量多的属于宽渠道；反之，则称为窄渠道。饭店在制定渠道宽度策略时经常有三种模式可供选择。

1. 广泛型营销策略

广泛型营销策略（Intensive Distribution），又称密集型营销策略，是指饭店对营销中介不作限制，数量越多越好，使用尽可能多的营销中介从事饭店产品的营销，使渠道尽可能加宽。该策略的优点是市场覆盖面广泛，潜在客人有较多机会接触到产品，购买方便。缺点是饭店营销中介成员较为复杂，饭店控制管理营销渠道的难度会加大。

2. 独家营销策略

独家营销策略（Exclusive Distribution），是指饭店在一定地区、一定时间内择优选择一家营销中介作为饭店营销渠道，授予对方独家经销或独家代理权。这是最窄的一种饭店营销渠道形式。采用这一策略，饭店营销中介经营积极性高，责任心强，也有助于饭店控制营销中介，监督其改进服务态度。但相应地影响了客人购买的方便性。缺点是市场覆盖面相对较窄，如该营销中介经营能力差或出现意外情况，饭店就要承担很大的风险。

3. 选择性营销策略

选择性营销策略（Selective Distribution），是指饭店在某一渠道层级上择优选择部分营销中介作为营销渠道，是介于独家营销策略和广泛型营销策略之间的一种中间形式。选择性营销策略能使饭店产品在特定的市场获得一定的覆盖范围，还有利于饭店控制营销渠道费用，降低营销成本。这是一个较广泛的适用性策略，如果饭店营销中介选择得当，采用此种模式可以兼得前两种方式的优点。

（三）饭店营销渠道的联合策略

饭店营销渠道不是一成不变的，随着市场竞争的加剧，单一的饭店营销手段越来越不能满足饭店业的需要。因此在饭店营销渠道的选择上开始走联合营销的路子，组建全国性乃至全球性的饭店营销网络，充分拓展营销渠道的长度和宽度，以更灵活的方式在最接近终端客人的区域进行最有效、最方便的营销。全新的饭店营销渠道系统正在逐渐形成并不断发展。

1. 垂直营销系统

传统饭店营销渠道由独立的生产者、批发商和零售商组成。各个成员作为一个独立的经济组织都追求自己的利润最大化，即使它是以损害系统整体利益为代价的也在所不惜。这种相互间的利益冲突常常会影响饭店产品和服务的营销。

垂直营销系统是由生产者、批发商和零售商组成的一种统一的联合体。某个渠道成员拥有其他成员的产权，或者是一种特约代营关系，或者这个渠道成员拥有相当实力，迫使其他成员合作。垂直营销系统可以由饭店、批发商、零售商中的任一组织担任支配者。这种系统的特征在于专业化管理和集中执行的网络组织，他们有计划地取得规模经济和最佳市场效果。垂直营销系统有利于控制渠道行动，消除渠道成员为追求各自利益而造成的冲突。它们能够通过其规模，谈判实力和重复服务的减少来获得效益。根据垂直营销系统成员间所有权关系及控制程度的不同，可将其分为三种主要类型。

(1) 公司式垂直营销系统。公司式垂直营销系统是指一家公司拥有和管理若干个饭店、批发商、零售商，控制营销渠道的若干个层级或整个营销渠道。这种渠道系统经常由同一个所有者名下的相关生产单位、批发单位和零售单位组合而成。垂直一体化能向后或向前一体化，能对渠道实现高水平的控制。例如，许多饭店开办旅行社为本饭店提供客源，假日旅馆形成自我供应的网络等。

(2) 管理式垂直营销系统。管理式垂直营销系统是指由一家规模大、实力强的企业出面组织，各成员之间以协调方式而不是以使用权为纽带进行管理的营销渠道系统。渠道成员承认彼此间的相互依赖关系，并接受渠道领头者的领导。由知名饭店牵头，批发商和零售商自愿参加的营销系统就属于这种模式。

(3) 契约式垂直营销系统。契约式垂直营销系统是由各自独立的公司在不同的生产和分配水平上组成的，它们以契约为基础规定成员各自的权利和义务关系，来统一它们的行动，以求获得比其独立行动时所能得到的更大的经济利益和营销效果。契约式垂直营销系统近年来获得了很大的发展，成为饭店营销活动中最引人瞩目的发展方向之一，如饭店业特许经营等。

2. 水平营销系统

水平营销系统是由两个或两个以上的公司联合起来，共同开发利用营销市场。这些公司缺乏资本、技能、生产或营销资源来独自进行商业冒险或承担风险，或发现与其他公司联合开发可以产生巨大的协同作用。公司间的联合行动可以是暂时性的，也可以是永久性的。例如，大型旅游集团，既经营旅行社、旅游饭店、旅游景区，又经营旅游交通，它把渠道整合成水平营销系统，形成优势互补，减少渠道资源的浪费。水平营销系统有利于发挥群体作用，共担风险，获取最佳效益。

3. 多渠道营销系统

多渠道营销系统是指饭店为满足客人细分市场的需求，同时使用两条或两条以上的营销渠道销售产品的组织形式。通过增加更多的渠道，饭店可以扩大产品营销的市场覆盖面，降低渠道成本，为客人提供个性化服务以满足客人的要求。例如，某些大型饭店集团同时选择多家批发商、零售商作为自己的营销渠道。

小知识

时段分享

时段分享被认为是一种全新概念的酒店销售方式。时段分享安排的具体做法是：按一定的标准在全国各地乃至世界各地选择合适的酒店组成一个网络，将这些酒店的部分客房按每年一定时段（如每年1周或1月等）的住宿使用权，以一定的价格、一定的年限（如30年、20年、10年、5年、3年或1年）一次性出售给客户，实现客户的六大权益（使用权、交换权、赠让权、受益权、交易权、优惠权），从而向全社会推出一种既是消费又是储存，既可自用又可赠送的特殊产品——酒店共享权。时段分享安排的最大优点在于盘活了酒店的资产，组建了灵活的酒店销售网络，扩大了酒店产品与客人的接触面，同时为客户带来相当大的便利和利益。特别适合大公司、大商社或常年出差的客人使用。例如，某人每年都要到西班牙去度假，于是购买了时段分享网络上西班牙某酒店一间客房的20年每年8月份2周的使用权。如果某年他不想去西班牙了，他可用该客房的使用权交换其他加入时段分享网络的任何地方的任何酒店的使用权，他也可以把该客房的使用权赠送给其他人。酒店时段分享销售已在我国初露端倪，据报道将在中国的北京、上海、广州、西安、武汉、成都六大城市设置六大中心，准备向海内外推出100家入网酒店，实现在我国国内的交换使用。

第二节　饭店营销中介

饭店营销中介，又叫中间商，是指处于饭店和客人之间，参与饭店产品交易活动，促进交易发生和实现的具有法人资格的经济组织或个人。

一、饭店营销中介的作用

饭店营销中介是饭店和客人之间的纽带与桥梁。在饭店产品营销过程中，营销中介不仅简化了营销手续，节约了营销费用，还扩大了营销范围，提高了营销效率。在饭店产品的营销过程中，它们的作用非常重要。

（一）促进饭店提高营销效率

对饭店来说，营销中介是大买主，它能为饭店联系千千万万的客人，使饭店产品和服务的销路有了保证。饭店的客源市场分布很广，任何饭店都不可能仅靠自身来完成营销工作。

（二）协调供给和需求之间的矛盾

饭店营销中介的存在可以缓和供需之间在时间、地点和产品数量、种类等方面的矛盾。营销中介是架设在饭店和客人之间的桥梁，营销中介可以向饭店反馈市场信息，了解市场，还可以利用自己在某一区域市场上多年经营形成的商誉为饭店的产品提供无形保证，使市场了解饭店。由于饭店营销中介的存在，可以保证饭店营销的顺利实现，提高经济效益。

（三）方便客人购买

对客人而言，营销中介充当了他们的采购代理，营销中介可以在合适的时间和地点提供给客人更多所需要的产品、灵活的付款方式和条件、完善的售后服务等各种便利。

（四）有效分担饭店的营销职能

大多数饭店缺乏将自己的产品和服务直接销售给终端客人所必需的资源和能力。饭店营销中介专门活动于营销市场，能较准确地掌握客人的需求及其变化，客人对产品和服务的意见以及竞争者的动态，利用营销中介可及时获取市场信息。因此，让营销中介有效承担饭店的部分营销职能，有利于提高饭店营销渠道的工作效率。

小案例

携程启动网上最低价赔付承诺
——双重低价保证、三倍赔付承诺

2010年3月10日，上海，中国领先的在线旅行服务公司——携程旅行网在上海半岛酒店举办新闻发布会，隆重发布“双重低价保证、三倍赔付承诺”——在同样的网络预订条件下，携程保证境内酒店价格市场最低，否则赔付三倍现金差价。

这是业内首次推出类似的“最低价赔付承诺”，旨在为消费者提供更加便捷、可靠的服务，更切实有效地保障消费者利益。

携程旅行网高级副总裁杨涛表示，在上海世博盛会即将到来之际，携程设定行业标准，提升行业门槛，在国内率先发布此承诺，有利于为消费者创造更好的消费环境，降低交易成本，帮他们更快更顺利地找到高性价比的酒店，切实有效地保障消费者利益。

本次公布的“双重低价保证”是在原有酒店低价承诺的基础上，新增了网络最低价承诺：从2010年3月10日起，消费者通过网上预订中国境内酒店，携程保证价格最低。在相同条件下，如果客人发现携程网上价高于其他网上价，携程将对入住客人赔付三倍差价。

“双重低价保证”是携程继“酒店有房保证”和“酒店低价承诺”之后推出的又一项全新服务承诺。据了解，携程早在2000年就已经推出了“酒店低价承诺”——消费者如果发现其他酒店前台现付价（不包含公司协议价、购买贵宾卡或VIP卡及其他同类行为）低于携程价，携程将赔付差价的三倍。近年来，中国在线旅游增长迅猛，根据CNNIC的统计，2009年网上旅游预订用户规模达到3024万人，增幅达77.9%，旅游预订从线下向网络转移的趋势越发明显。在这样的背景下，如今携程将同样的权益保障从前台现付价延伸到了网络预订价，进一步保障了消费者的权益，真正实现了“最”低价。

业内专家认为，此承诺能帮助消费者减少交易成本，再也无须四处询价、比价，就能获得同等情况下市场最低价，一旦通过携程预订酒店后发现价格贵了，还能获得三倍差价现金赔付。可谓全面保障消费者利益。不但如此，“双重低价保证”还提升了消费体验，客人订得方便、安心，再无后顾之忧。

专家还表示，此举有利于酒店行业建立更加规范可靠的形象，构建分销商与酒店、客户之间的三方互信合作，推动中国酒店业健康有序地发展。

二、饭店营销中介的分类

饭店营销中介，按其在饭店市场中所处地位和所起作用的不同，可以划分为批发商和零售商，按其是否拥有产品的使用权可分为经销商和代理商。

（一）批发商

批发商，是指那些主要服务于饭店和零售企业，满足其产品营销、商业用途需要的专业化、大批量经营的营销中介。他们主要从事组织和批发包价业务，与旅游饭店、旅游交通、旅游景区及包价业务所涉及的其他部门签订协议，预先购买饭店的产品和服务，然后根据客人的不同需求和消费水平，设计出各具特色的包价产品，最后通过零售商在市场上销售。

批发商的作用主要有以下几个方面。

1. 组合产品

批发商根据市场需要购买大量的饭店产品和服务，并将其与其他产品整合以形成更有吸引力的包价产品，以批量的形式销售给零售商。

2. 调节供求

批发商一般距离零售商较近，能够很快地将饭店产品和服务批发到零售商手中，因而可以有效地满足终端客人的需要。批发商通过其营销人员的业务活动，可以使饭店有效地接触到众多小客户，从而可以发挥促进销售的作用。

3. 沟通产销信息

批发商通过向饭店和零售商提供有关的市场信息，可以减少饭店、零售商因盲目生产而造成的损失。批发商可经常帮助零售商培训营销人员、布置门店以及建立会计系统等，从而提高零售商的经营效益。

4. 承担市场风险

批发商拥有饭店产品和服务的使用权，可以为饭店分担营销中的各种风险。如果销售不出去，批发商就要承担已购买的饭店产品价值的全部损失。所以，批发商需要通过市场调研，及时获得准确的市场信息，把握市场需求变化趋势，据此进行批量采购，并把饭店产品和服务组合成适销对路的包价产品。

（二）零售商

零售商是指从事饭店产品和服务零售业务的营销中介，其业务主要是代理批发商招徕、组织客人，并为客人提供接待服务，由批发商根据他们的销售额付给佣金。实际上，不论是饭店、批发商还是零售商都从事零售业务，但零售商仅指那些主要服务于终端客人、销售量主要来自零售的饭店营销中介。

零售商是批发商和客人之间的联系纽带，也是饭店产品营销渠道的最终环节。零售商在地点、时间与服务方面，方便终端客人购买，直接将产品销售给终端客人；同时，零售商还要将终端客人的意见和建议、需求变化等市场信息及时反馈给饭店和批发商。

（三）经销商

经销商是指购买饭店产品和服务再转手卖出去的营销中介。经销商购买产品不是自己用，只是用于再销售而已，他们关注的是利差，而不是实际的价格。经销商的收入来自于买卖的差价。一旦买进产品，则营销风险与利益均由自己独立承担。饭店经销商基本上是批发商。

（四）代理商

代理商是指与饭店签订合同，接受饭店委托，在委托权限范围内代理营销饭店产品和服务的营销中介。代理商不购买饭店产品，只是在授权的范围内代理饭店向客人和旅游经销商营销饭店产品和服务，以及提供相关信息等，如代理饭店接受预订、宣传饭店的产品、向客人提供饭店的信息等。代理商的地位是代理饭店进行营销，收入主要来自据代理销售量的多少而获得的饭店支付的佣金或手续费，营销风险与利益一般由被代理饭店自己承担。

现实中的代理商更多的是混和体，在本质上已经不是纯粹意义上的代理商了，更多具备的是经销商的性质，还有些属于两者的混同体，既做代理，有时候又购买产品。

三、饭店选择营销中介的原则

（一）到达目标市场的原则

饭店选择营销中介的目的是要将自己的产品打入目标市场，方便终端客人购买。根据这一原则，饭店在选择营销中介时，应了解所要选择的营销中介是否在本饭店产品的目标市场拥有营销渠道。如果饭店的目标市场是亚太地区，就应该选择经营以亚太市场为主的旅行社作为营销中介。

（二）营销中介的经验及能力原则

营销中介应当在经营方向和专业能力方面符合饭店营销渠道功能的要求。饭店营销的成功有赖于对市场状况及时、全面、深入地了解。优秀的营销中介不仅要有突出的营销业绩，同时还要能够及时地向饭店反馈饭店产品和服务的市场信息，为饭店的营销决策提供依据。

（三）共同愿望原则

营销渠道作为一个整体，只有所有的渠道成员都具有合作愿望，才能建立起一个有效的营销渠道。在选择营销中介时，要分析营销中介参与有关产品和服务营销的意愿，以及与其他渠道成员的合作态度等。

（四）经济性原则

每一种批发商选择方案都将产生不同水平的销售量和成本，因此，选用需要评估哪些批发商的销量大，以及两者的成本如何，再进行综合评价。

（五）控制性原则

评价必须进一步扩大到考虑营销渠道的控制问题，因为使用批发商意味着会产生更多的控制问题。批发商一般是一个独立机构，它关心的是利润的最大化，因此就有可能损害饭店的利益。

拓展·阅读

看看携程的另类垄断如何冲击酒店销售系统

携程在与酒店的博弈中保持强势的“秘笈”与国美、永乐压制家电供货商的手段同出一辙——凭借渠道价值，实现渠道垄断。作为一个独特的资源整合者，携程一只手掌控着全国数十万会员客户，另一只手则控制了全国数千家酒店，逐渐形成了“低价销售—扩大市场规模—更低代理价格—更低价格销售”的循环模式，以佣金形式赚取垄断利润。

你能否接受电话查号信息台114的“特异功能”？日前记者拨打114查询沪上某五星级酒店的电话，接线员立即询问是否需要订房，当得到肯定答复后，电话里随即响起“您好，欢迎致电携程旅行网，预订宾馆请按1……”的语音提示。

据有关信息披露，携程旅行网目前已与国内10多个城市的114联合推出了订房、订票服务，而其竞争对手e龙网也与全国50个主要商务旅游城市的114“联姻”。此举引来了各大酒店的强烈不满，沪上某大型酒店集团高层获悉此事后表示，订房公司的角色应该是信息、服务平台，所做的工作是信息对接，即把需要的酒店推荐给需要的客人，然后代客人完成预订工作，而不是利用营销手段在酒店门口又设一个“前台”，把原先要去酒店直接订房的散客中途拦截，“这样侵犯了酒店的利益，违反了游戏规则”。

互联网订房公司正逐步演变为酒店利润的蚕食者。卢湾区一家五星级酒店的副总经理告诉记者：除了拦截酒店的散客外，携程常常以“最低价协议”为名干涉酒店的客房销售政策；有时还通过对客源的调配，挑动酒店之间的恶性降价竞争，自己坐收渔利。

长此以往，互联网订房公司最终将控制整个中国酒店业——“携程威胁论”在酒店业中开始蔓延。

1. 扔不掉的“拐杖”

互联网订房公司最初是以客房销售“拐杖”的面貌出现的。对于酒店经营者而言，由于固定经营成本不可避免，旅游网站以其宽广的覆盖面和便捷的预订方式给酒店提供了一条全新的销售渠道。所以当网站要求以较低的价格代理客房销售时，酒店经营者总是乐呵呵地答应。通过百度搜索携程新闻，记者发现携程的预订网络当初进入一个个旅游或商务城市时，当地酒店的反应无一例外都是欢欣鼓舞。

沪上一位资深酒店管理者告诉记者，“一开始，旅游网站的客房预订量只占酒店客房销售量的1%，渐渐地这一比例上升到了5%、10%，乃至20%。当酒店用源源不断的客房把网站喂大之时，酒店本身开始面临一种尴尬的局面：网站订房中心冲击酒店自身的销售系统，酒店自身销售大幅减少”。

卢湾区那家五星级酒店的副总经理说：“携程销售的客房数已经接近我们酒店出租率的30%。假如我们的酒店客房规模在200间以内，我一定痛下决心，抛弃这根‘拐杖’。”然而，这家酒店有着600多间客房，一旦退出携程的订房网络，将意味着出租率的大滑坡。任何一位酒店经营者都不敢轻言与携程决裂。

正因为这种“敢恨不敢弃”的复杂情绪，酒店与携程之间的关系日趋微妙。一位网名为“炳叔”的商务人士在他的个人博客中写道：“通过携程可以订到便宜的客房，但如今不少酒店已经把携程带来的客户当‘垃圾’对待了，给你的一定是最最差的房间。有的是正对着电梯的房间，开门就漏光；有的是临街最不隔音的房间，一晚上都有大卡车‘伴奏’；还有的房间厕所下水有问题，死活冲不下去……”

2. 可怕的渠道垄断

与中国的携程、e龙相似，在美国也有两家实力强劲的互联网订房公司——Expedia. com和Hotels. com。数据显示，这两个网站在2002年共占去网上酒店预订60%的市场份额，坐享高达30%的利润率。由于互联网订房公司的存在，美国酒店业一年要损失10多亿美元，在酒店业内被称为“两台提款机”。

这还仅仅是个开端。一位资深酒店业人士预言，零售业渠道垄断的赢利模式将被这些互联网订房公司学习，佣金势必不能满足它们的胃口。现在大多互联网订房公司虽然都采用消费者到酒店前台付账的方式，但随着越来越多的人接受网上支付手段，他们会从“经纪”转向“行纪”，通过延期数月支付上游酒店房款，使得其账面上长期存有大量现金，并形成资金体内循环的“类金融”赢利模式。更令人担忧的是，互联网只认“第一”的特性，使其更容易实现寡头垄断，互联网订房公司早晚也会向酒店收取“进场费”“促销费”“管理费”等各种名目繁多的费用。

据了解，近年来，为了遏制互联网订房公司的垄断趋势，美国酒店业内掀起了一个个阻击订房网站的高潮。最初是各酒店集团纷纷建设自己的网站，但它们随即发现，多数消费者都喜欢货比三家，“专卖店”拼不过“大卖场”。随即，万豪国际、希尔顿、凯悦等五大连锁酒店管理集团联合起来建立行业网站——Travelweb. com，并挂出最优惠的销售价格，目标直指Expedia. com和Hotels. com。

3. 中国酒店业对策

携程2005年财务年报显示，总营收为5.212亿元人民币，相较2004财年增长了56%；净利润为2.242亿元人民币，相较2004财年增长了68.4%。纳斯达克给予携程的市盈率高达50倍，比号称“中国互联网第一”的网易的市盈率高出20倍。携程的市值更是达到15亿美元，已高过新浪、搜狐和盛大。

虽然携程高层一再宣称“将订房的毛利控制在较低水平，决不至于瓜分酒店业太多的利润，更不会试图控制酒店业”，但它这种超常规发展速度，已足以让中国酒店业担忧了。

相比美国同行，中国酒店业是弱小的，集团化比例不到10%，即使是那些颇具规模的品牌酒店集团，也还没有自己的订房网络。这种状况使得大量集团内的酒店和其他单体酒店一样，需要依赖于互联网订房公司的客源。沪上一家酒店集团的高层慨叹："近30%的客房出租率，是我们自己送给携程的。"从另一侧面，这也可以解释为何纳斯达克看好携程。

出现寡头垄断，无论是对于市场还是消费者，都不是一件好事。面对迅速发展中的互联网订房公司，中国酒店业如何应对？记者了解到，国内最大的酒店集团锦江国际已经和美国德尔公司共同开发具有国际先进理念和高端技术的酒店分销网络。但有关专家认为，酒店集团除了要提升自身的客房销售能力外，还应该拓展多元化的销售渠道。例如，全球连锁的瑞士酒店自预订系统非常完善，但同时仍与80多家酒店预订网站和旅行社合作。

第三节　饭店营销渠道的管理

小案例

万豪进一步加强与旅行社的合作关系

万豪国际日前在全球启动了其"喜爱旅行社"的活动，目的是在行业领导人和客户中树立起旅行社在行业中的重要地位。

"这个广泛的活动将吸引整个旅游业团体，增强业务以及鼓励人们继续旅游。"万豪国际的全球销售副总裁Julius Robinson说道。

万豪酒店与旅行社的合作早在20多年前便已开始，当时万豪也是第一家开展"Fam-Tastic旅行社"特价活动的酒店，到现在全世界2900家万豪酒店都能为旅行社提供44美元起的特价房。

万豪同时也是首家对旅行社佣金进行集中处理的公司，也是全世界唯一一家为佣金制的酒店预订提供双重佣金保证的公司。

"万豪一贯了解，在客人挑选和预定酒店时旅行社给客人带来的价值。'喜爱旅行社'活动让我们加强了与旅行社的合作。"Robinson说。

新的"喜爱旅行社"设计了一些活动单元，包括通过虚拟教程、培训课程、与当地旅行社合作及万豪管理人员的交流会以及与国际认证的旅行社协会的合作，来让酒店的销售团队学习到如何更好地处理与旅行社的关系。

饭店营销渠道策略的中心问题是营销渠道的选择与设计，渠道成员的评价、激励和控制，以及他们之间关系的协调问题。

一、饭店营销渠道的选择与设计

营销渠道的选择与设计，是饭店面临的最复杂和最富有挑战性的决策之一，它直接影响着营销目标的实现。有利的市场加上理想的渠道，能使饭店获得最佳利润。选择与设计一个渠道系统要求建立渠道目标和限制因素，识别主要的渠道选择方案，并对它们作出评价。

（一）影响饭店营销渠道选择与设计的因素

饭店在营销过程中选择何种营销模式，以直接营销还是以间接营销为主，如何设计饭店营销渠道的长度和宽度？这些主要取决于以下几个因素。

1. 饭店市场因素

市场因素在饭店营销渠道策略中起着举足轻重的作用。饭店营销对象的人数、分布情况、购买习惯等都会影响饭店对营销渠道的选择。

（1）目标市场规模。也就是指目标市场中潜在客人的数量。目标市场的规模直接决定着渠道的长度和宽度。客人人数众多时，为了客人购买的方便，饭店选择或设计的营销渠道的长度和宽度会相对更大一些，如使用较多的营销中介来覆盖市场层面。如果客人经常小批量预订，也需采用较长的营销渠道，因此，零散客人常常依赖旅行社等代为预订。然而，大批量的团队预订和会议预订，则选择直接营销较适合，由主办方直接向饭店预订。

（2）目标市场的地理分布。客人集中分布在某些特定的地区，饭店可以选择直接营销渠道，在该地区设立办事处。如果客源市场分布很广，则适宜采用宽长的营销渠道，选择或设计较多的营销中介代为营销。

（3）目标市场的主要购买方式。目标市场上的客人习惯于哪种购买方式对于渠道的结构也是十分重要的。例如，随着网络订房技术的普及，越来越多的商务散客习惯于利用网络直接向饭店订房，从而使得饭店网络宣传和网络营销发展迅速。

2. 饭店产品因素

饭店产品因素主要指饭店产品和服务的质量和性质。它同样是一个在饭店营销渠道选择与设计中需要考虑的重要因素。一般而言，质高价优的产品和服务由于往往被少数富有的客人重复购买，因此宜采用直接营销渠道或窄短的营销渠道；大众化的产品由于购买对象众多，分布较广，宜采用宽长的营销渠道；对于新产品，由于尚欠知名度，饭店采用间接营销渠道往往需花费较多口舌，不如采用直接营销渠道。具体而言，以商务设施为特色的商务饭店适宜采用短渠道或直接营销，而休闲度假饭店则多宜通过旅行社代理营销。在饭店提供的各类不同性质的产品中，客房营销以营销中介代理为主，而餐饮、娱乐、健身设施等则适宜直接营销。

3. 饭店自身因素

营销渠道的选择与设计需要与饭店的整体情况相一致。因此，在渠道的选择与设计中，我们必须将饭店的经济实力、饭店营销管理能力等自身的因素考虑在内。

（1）饭店实力。不同渠道结构的选择范围受到饭店自身规模和实力大小的限制。资金雄厚、实力强大的饭店不用担心没有营销中介加入他们的渠道，它们完全可以用较高的佣金来组织更多、更好的饭店营销中介，或是自己组建营销渠道。较小的饭店往往因资金缺乏、实力较弱只能依赖营销中介的支持和帮助，营销渠道必然会更长。

（2）饭店政策。饭店的政策往往决定了饭店在渠道结构策略中的愿望和态度。如果饭店希望对其客源和营销中介的质量加以选择，同时自身又具备控制能力，那么饭店就会要求减少营销中介的数目，或加强饭店的直接营销，或选择较短的营销渠道，以加强对客源和营销中介的控制。如某饭店希望维持其豪华饭店的高档形象，必然尽可能地减少旅游团队和普通会议客人，而将其营销重点放在各种大型商社和企业等高端客户的直接营销上。

（3）管理水平。饭店的管理水平会影响营销渠道的长度与宽度。具体而言，如果饭店的营销渠道管理能力较强，就可以利用自己熟练的渠道管理团队来驾驭市场。反之，如果缺乏必要的进行渠道活动的能力，饭店营销必须以能够提供良好服务和配合的营销中介为渠道。

（二）设置和协调渠道目标

无论是创建渠道，还是对原有渠道进行变更，饭店都必须将渠道设计目标明确地列示出来。只有明确了营销渠道的目标，才能设计出切实可行的营销渠道，才能使营销渠道与饭店的战略目标和营销策略相适应。

饭店营销渠道的目标应该是最大限度地满足客人的需求，如饭店产品和服务的种类、处理和完成预订的时间及成功率标准、产品的价格范围、营销中介的服务质量标准、客人获得相关信息的数量及方便程度等。渠道成员应该为客人提供与饭店一致的服务水平并使客人能够更方便地购买饭店产品。

营销渠道的目标应该反映饭店的整体目标。营销渠道策略作为饭店整体策略的一部分，必须注意与渠道的目标和其他营销组合策略的目标（价格、促销和产品）之间的协调，注意与饭店其他方面目标（如财务、生产等）的协调，避免产生不必要的矛盾。

（三）确立饭店营销渠道结构方案

一个饭店营销渠道选择方案包括三方面要素的确定：渠道的长度策略、渠道的宽度策略以及营销中介机构的类型。

1. 饭店营销渠道的长度策略

渠道的长度策略是指营销渠道的级数的数目是多少。营销渠道的级数至少有零级，也就是我们所说的直接营销；最多可以达到五级甚至五级以上。营销渠道的选择经常会产生2～3种方案，这些方案会受到饭店的活动、市场的性质和规模、营销中介的选择，以及其他因素的限制。有时，对于所有的饭店而言，渠道结构中级数的选择是一致的，但在某些短时期内会呈现一定的灵活性。

2. 饭店营销渠道的宽度策略

确定了渠道的总的级数，还要对每个渠道层级上使用多少个营销中介作出决定。具体有三种基本的策略可供选择：广泛营销、独家营销和选择性营销。

3. 饭店营销中介的类型

饭店营销渠道的长度与宽度确定后，就要决定如何对渠道内的营销中介进行具体的选择。饭店应该弄清楚能够承担其渠道工作的中介机构的类型。

出于对市场长远利益的关注，渠道的控制和渠道的适应性等内容已逐渐成为饭店渠道选择与设计要考虑的重要因素。饭店通过与营销渠道成员签订合同，明确与渠道成员之间合作的权利和义务。例如，明确营销中介的价格折扣、佣金标准、结算方式、付款条件与期限，饭店产品的质量、数量、时间保证，以及饭店为保证产品的顺利销售而提供给营销中介的技术培训和促销资料，销方提供市场信息和各种业务统计资料等。在渠道结构方案中，要对渠道成员的市场区域进行划分，明确各营销中介在不同客源市场的销售权限。

二、饭店营销渠道管理

为了保证营销渠道的高效运行，饭店必须对营销渠道做好长期的、有效的管理。一般而言，渠道管理（Channel Management）就是指饭店为实现已经制定的营销目标而对现有的渠道成员进行的一切管理活动的统称。诸如，对饭店营销渠道成员的激励和评价、为适应新的市场状况和环境变化而进行的调整与控制，都是渠道管理的主要内容。

（一）饭店营销渠道成员的激励

渠道激励（Channel Activation），就是指饭店为促进渠道成员努力完成已经制定的营销目标而采取的各种激励或促进措施的总称。其目的就是为了减少饭店与营销中介的矛盾，使其出色地完成营销任务。

大多数情况下，构成营销渠道系统的各个成员与饭店属于完全独立的不同经济实体。维系这种渠道成员之间、渠道成员与饭店之间关系的纽带只是双方对利益的一致追求。促使他们参加这渠道体系的条件固然已提供了若干激励因素，但是这些因素还必须通过饭店经常的监督管理和再鼓励得到补充。

要使渠道成员的营销工作达到最佳状态，饭店必须关心和重视对营销中介的优惠与奖励措施，进行持续不断的激励。一方面，应维护营销中介的尊严，尊重营销中介的各种利益，加强与营销中介的沟通，如有分歧，就本着共同协商的原则，以达到双赢的目的。在与营销中介进行合作谈判时，价格是非常重要的一项内容。有时，饭店会为了争到些许小利而雀跃不已。殊不知，这已经埋下了隐患。营销中介肯定会追求自己的利润。所以，我们应当给予营销中介适当的利润。如果饭店锱铢必较，势必会挫伤营销中介的积极性。

另一方面，给营销中介以更多的优惠，增加营销中介的收入，饭店可以根据营销中介的营销能力、资信状况给不同的营销中介以最大限度的价格优惠，同时采用灵活的优惠形式，如减收或免收预定金、邀请营销中介参加熟悉产品的旅游活动、联合宣传和促销、赠送小礼品等。

营销中介往往为多个饭店营销产品，除非有一定的激励措施，营销中介不会为自己所销售的各种产品分别进行营销记录。有关产品开发、定价、包装或者促销计划的大量信息都被埋没在营销中介的非标准记录中，有时他们甚至有意识地对饭店保密。而这些信息对饭店来说又是非常宝贵的。因此，饭店及时提供必要的业务折扣和营销支持就显得十分重要。

对营销中介进行适当的培训也是一种激励的方式。由于营销中介并不是对自己的所有产品都了解得很详细，因此对营销中介的工作人员进行适当的培训是非常重要的一环。而营销中介为了更快地销售饭店的产品和服务也非常愿意接受这种培训。

（二）饭店营销渠道成员的评价

饭店要想对渠道成员进行适当的激励，首先需要按一定的标准来衡量渠道成员的表现，并将这种衡量长期化。这种评价标准往往包含以下几个方面的内容。

首先，对饭店产品营销渠道成员的工作业绩要定期进行评估。一般来讲，评估标准包括营销配额完成情况、成长和赢利记录、偿付能力、在促销与培训计划方面的合作情况、账款回收状况以及对客人提供服务的情况等。

一定时期内各渠道成员所达到的营销额是一项重要的评估指标。其评价方法主要有以下三种：一是将渠道成员的营销业绩分期列表排名，以此了解渠道成员的营销实绩，并作为奖优罚劣的依据；二是将渠道成员的营销业绩与前期进行比较；三是根据每一渠道成员所处的市场环境和它的营销实力分别制定出其可能实现的营销定额，再将其营销额实绩与定额进行比较。

其次，渠道成员的参与热情也是评价的一个重要标准。一个十分有能力的营销中介不积极配合饭店的营销活动，其结果可能比一个普通的营销中介积极配合饭店营销活动的效果要差许多，甚至可能会危害到饭店目标的完成。衡量营销中介参与程度的内容包括与公司促销和培训计划的合作情况以及营销中介应向客人提供的服务等。

再次，由于营销中介往往是经营多种品牌或多种类型的产品，因此我们也可以通过对营销中介经销的其他产品进行调查来衡量营销中介的能力。如果营销中介的经营品种多，总体的营销量大，那么说明该营销中介是十分有实力的。同时，我们还可以从中了解到自己的产品销量在营销中介营销的产品总量中占有多少比例、处于什么样的地位。从而决定对营销中介进行激励应着重于哪一个方面。

（三）饭店营销渠道的控制

1. 营销渠道控制

对渠道成员进行激励、评价的目的都是为了更好地对渠道成员进行管理、控制，使渠道成员能够按照饭店的目标共同前进。营销渠道的目的是促使产品不断地、更好地向客人转移，而只有当所有渠道成员的目标相一致时，渠道才能很好地运转。所以控制渠道的首要任务是使渠道成员了解饭店的营销目标。

另外，饭店的任务不能仅限于设计一个良好的渠道系统，并推动其运转。由于各个独立的业务实体的利益不可能总是一致的，因此无论对渠道进行多好的设计，总会有某些冲突存在。尤其是当客人的购买方式发生变化、市场扩大、新的竞争者兴起和创新的营销战略出现时，这种冲突更为突出，所以渠道结构需要不断改进，以适应市场新的动态。饭店采用较多的改变渠道结构的方法包括增减个别渠道成员、增减某些特定的市场渠道，或者创立一个全新的方式在所有饭店市场中营销其产品。只有不断适应市场的变化，才能更好地控制好渠道为己所用。

2. 营销渠道的控制权

一般来说，能否获得渠道的控制权，所获得权力的大小主要在于饭店的基本实力，即规模与垄断的优势。规模大的饭店要比规模小的饭店获得的控制权大。具有某种垄断优势的饭店比没有这些优势的饭店更容易获得较大的控制权。

3. 营销渠道冲突控制

(1) 发生冲突的原因。引起冲突的原因有很多，如在买卖交易上，卖方总想以高价出售并希望得到现金支付，买方总想以低价购进并希望有较宽松的信用条件。在经营目标上，饭店总是希望市场占有率、营销量和利润不断地增长，零售商当营销和利润到了一定程度时却往往不愿再努力了。在产品营销上，饭店希望营销中介营销自己的品牌，营销中介则对产品不问品牌，只看好不好销。在利益分配上，饭店希望营销中介将厂家提供的折扣再提供给客人，营销中介却喜欢把这种折扣归为已有。生产者和营销中介都希望对方负担广告费用，承担存储的任务等。由此可见，营销渠道发生的冲突是客观存在的。

(2) 控制冲突与促进合作。需要注意：认清渠道中的潜在冲突，有计划地监测冲突，制定解决冲突的策略。

小案例

"携格"事件引发行业反思　经济酒店求变

由于格林豪泰酒店推出的优惠价格低于携程旅行网的预订价，因此携程认为格林豪泰的做法破坏了市场体系，双方向记者证实已暂停合作。"携格"事件引发行业深度反思，在金融危机之下，经济型酒店是自建渠道还是依赖现存的强势网络平台？如何才能跳出成本过高的困局？这些问题不断困扰着经济型酒店的管理层。

双方暂停合作后，格林豪泰与"去哪儿"旅游搜索引擎加强了合作。记者在"去哪儿"旅游搜索引擎上看到，北京的格林豪泰推出99元一晚的特价房。针对此次合作，格林豪泰酒店管理集团IT经理徐晶告诉记者："对于酒店经营者来说，由于经营固定成本不可避免，随着经济的不景气，经济型酒店的成本需要更低一点。旅游搜索引擎不像其他途径需要收取高昂的中介费，酒店就有更多的空间为客人提供优惠房价。"

业内人士透露，一般来说，酒店想要使用携程、e龙等旅行网站的网络预订平台揽客，需要支付相当于房价15%～20%的佣金，但由于旅行网站处于酒店预订"行业老大"的位置，多数酒店仍然愿意与他们合作，以获取更多的客源。"例如携程目前可以为客人提供全球134个国家的2.8万家酒店的预订服务，其单月酒店预订量已经超过了100万间。另外，在国内的数十个城市中，有多家酒店每天会有一定数量的保留房，可为携程会员提供即时的预订服务，携程在酒店预订行业有着'龙头老大'的地位。"

但从2007年起，"商务酒店联盟""星月联盟"的出现为酒店在线预订平台带来了竞争者，它们采取全新的营销模式，通过统一的在线直销平台对预订者进行"面对面"的销售，这种直销模式只向酒店收取低廉的平台使用费，每笔订单的成本被控制在10%以内，满足了减少酒店销售的中间环节从而降低了成本的要求。"在美国也有两家实力强劲的酒店预订网站——Expedia. com和Hotels. com。数据显示，这两个网站在几年前，大约占去网上酒店预订60%的市场份额，拥有高达30%的利润率。为了遏制酒店预订网站的垄断趋势，最初，各酒店集团纷纷建设自己的网站，但它们发现，多数消费者都喜欢货比三家。随即，万豪国际、希尔顿、凯悦等五大连锁酒店管理集团联合起来建立行业网站Travelweb.com，并挂出最优惠的销售价格。这样收费低廉的直销平台迅速对酒店预订网站造成冲击”。“去哪儿”旅游搜索引擎相关负责人告诉记者，从目前销售渠道逐步多样的现象来看，国内的酒店在线预订也开始走向竞争化。

第四节 饭店电子商务

小案例

Agoda.com与万豪国际集团签订网络分销协议

Agoda.com是一家在线酒店预订服务公司，特别致力于在亚洲提供最低价格的酒店预订，今日宣布与万豪国际集团（纽约证券交易所代号：MAR）建立合作伙伴关系，万豪国际集团是全球首屈一指的酒店管理公司，业务遍及美国及其他多个国家和地区，管理超过3100家酒店。此次合作关系将通过Agoda的网站，分销万豪旗下品牌世界一流的酒店。

分销协议覆盖万豪集团遍布全球的酒店。Agoda.com是一家特别致力于在亚洲市场提供最低价格酒店预订的服务商，其经营重点集中于亚太地区的热门目的地，如曼谷、中国香港、新加坡。

Agoda商业发展部副总裁Wilfred Fan说道：“我们很高兴与全球最著名和最值得敬仰的企业——万豪集团达成合作关系。通过我们覆盖全亚洲和太平洋地区的广泛市场，我们有能力创造更多的业务，增加对像万豪集团这样的国际酒店集团的更大吸引力。我们技术方面的投资也是本次分销合作协议的关键之一。酒店商通过我们提供的网络平台，可全面自主地控制自己的销售量和具体内容，可以更加灵活地适应当今不断发展的市场环境。”

合作关系为万豪酒店集团更有效地提高在线客房销售提供了一个平台。Agoda将提供万豪直接进入其“收益控制系统”(Yield Control System)，让酒店能够更好地管理客房销售收益，帮助其解决在所有营销渠道中保持价格平衡，以及收益管理的问题。Agoda的当地市场专家将为万豪酒店集团在应对市场的不断变化和发展趋势时，提供有效地经营策略，把机遇转变为机会，增加更多的收益并扩大业务范围。

万豪国际集团全球电子商务高级总监Oral Muir先生表示：“我们一直寻求在亚洲建立在线旅游合作的关系，发展分销技术并成为主要的国际酒店销售商。这项新协议可以帮助我们推广不断发展中的在线消费市场。Agoda强大、坚实的技术平台，以及国际市场销售的专业知识将为我们带来巨大的收益。我们十分高兴与Agoda建立合作关系，并深信此次合作关系定会互惠互利。”

利用因特网（Internet）进行商务活动的经营模式已成为当今饭店营销渠道建设和发展的必然趋势。通过因特网，饭店可以有效地展示饭店的形象和服务，建立良好的客户关系，实现高效管理与营销，降低营销成本，提高经济效益和管理水平。

一、电子商务的经济特性

电子商务（Electronic Commerce，EC）的出现使低交易成本的信息交流方式成为可能。作为信息技术的一种应用，电子商务技术实质上是一种新型的信息处理技术。与传统的信息交流方式相比，电子商务拉近了人与人之间的地理距离，使饭店和广大终端客人之间面对面的信息交流通过一条网线就能够得以实现。饭店实现了与终端客人的直接对话，而无须借助层层的营销中介。这种直接的沟通方式至少在以下几个方面是传统营销渠道所无法比拟的。

（一）使饭店准确掌握市场信息

在传统的信息流通方式下，终端客人的需求信息需要经过层层营销中介的收集和处理后才能到达饭店这里，在这个过程中信息很有可能出现失真。这种失真最直接的后果是饭店的产品不为市场所接受。电子商务的直接信息交流方式可以把信息失真降到最低的程度，保证饭店能够生产出符合市场需要的产品。

（二）降低交易成本，提高产品竞争力

在传统饭店营销渠道模式中，营销中介是生产与消费之间的桥梁。为了实现产品的营销和信息的沟通，这些中间环节必不可少。为了获得必要的利润，这些中间环节层层加价，使得产品价格一路攀升，这无疑损害了终端客人的利益，也使得产品的竞争力受到影响。电子商务技术使生产与消费的直接交流成为可能，饭店通过电子商务能将产品直接营销给终端客人，减少了中间环节带来的交易成本的增加，提高了产品的竞争力。

（三）有助于饭店提供个性化的产品

随着社会经济的不断发展，人们越来越偏爱消费更多体现个人特点的产品。在电子商务出现之前，饭店想获得大量分散客人的个人需求信息是非常困难的。电子商务的普及使产品的个性化生产成为可能，饭店通过电子商务能够比较容易地收集到客人关于产品需求的个性化信息。这些信息有利于饭店为客人量身定制，提高饭店产品的竞争力。

（四）饭店电子商务有助于提高营销效率

传统的商业价值在于经济规模，而电子商务的价值在于商业机会。通过互联网，饭店产品的营销信息能在世界各地瞬间完成传递与计算机自动处理，使产品供给、需求与销售、银行汇兑、保险等过程无须人员干预，能在最短的时间内完成。在传统营销渠道中，用信件、电话和传真传递信息必须有人的参与，且每个环节都要花费不少时间。有时由于人员合作和工作时间的问题，会延误传输时间，失去最佳商机。电子商务克服了传统营销渠道费用高、易出错、处理速度慢等缺点，极大地缩短了交易时间，使整个交易非常快捷与方便。

二、电子商务对饭店营销渠道的影响

蓬勃发展的电子商务对传统的饭店营销渠道产生了巨大的冲击，主要影响体现在以下几个方面。

（一）增加饭店营销渠道

Internet 将饭店产品和服务的信息集中在一个平台，瞬间传递到世界各地，将目标市场的客人与饭店连接起来，使得饭店业务有可能延伸到以往从未到达过的地方，使饭店产品信息在空间上得到前所未有的拓展。展示在客人面前的 B2C 的直接预订渠道，为客人提供了方便快捷的服务，客人只需按其需求进行选择、确认即可。虚拟的营销渠道为客人提供了最终的买卖成交场所，因此，电子商务可以给饭店业经营增加新的营销渠道。

（二）疏通饭店营销渠道

在电子商务环境下，由于信息沟通成本低、效率高，饭店营销渠道各环节的信息能充分沟通。信息渠道的畅通也使各环节的主体意识到，只有互相合作，才能使各方面的利益共同达到最大化，因此各营销渠道主体之间的关系逐渐形成双赢的合作竞争关系。同时，由于虚拟渠道的介入，使渠道间的竞争加剧，从而迫使他们放弃原来的各自为政的想法和行为，从单独活动逐步走向合作双赢，最终使渠道越来越畅通。

（三）细化饭店营销渠道

通过电子商务，饭店和营销中介可以直接了解客人的消费需求，可以直接向客人提供产品，可以低成本地向客人提供定制化服务，可以与客人实现互动。一对一营销的兴起和实现，使饭店营销渠道由粗放型变成集约型，营销渠道的细化是电子商务时代一个显著的渠道特征。由于电子商务的发展，客人的个性化需求逐渐得以满足。

（四）降低饭店营销成本

营销成本的降低是电子商务带来的最直接的利益，这主要表现为降低交易成本、降低沟通成本和减少流通成本。电子商务使营销渠道的成本降低的功能越来越受到饭店的重视，导入电子商务已成为饭店重构和再造的一个重要目标，许多走在前面的饭店已尝到了甜头。

（五）使渠道透明化

传统的营销渠道，对饭店来说，大多数情况下是不透明的，即使中间阻塞了也不知道问题出在何处，更不知道该从何处下手。但是在电子商务时代，通过把电子商务系统引入渠道，就可以使渠道透明起来，在电子商务平台上，饭店可以引进即时管理（JIT），动态跟踪产品的状况，从而为饭店的生产经营提供了保障。

小知识

电子商务的类型

按照交易对象分类，电子商务商业模式经常分为五种类型：

(1) B2B，(Business to Business) 企业与企业之间的电子商务；

(2) B2C，(Business to Customer) 企业与消费者之间的电子商务；

(3) C2C，(Customer to Customer) 消费者与消费者之间的电子商务；

(4) B2G，(Business to Government) 企业与政府方面的电子商务；

(5) C2G，(Customer to Government) 消费者与政府方面的电子商务。

注：2 是英语 two 的谐音，代表 to。

三、饭店发展电子商务的途径

（一）利用饭店自身网站，且关键在于优化网站

目前大部分饭店都已经建立了自己的网站，但网站的利用率目前还有待考证，饭店对自身网站所做的营销还很不到位。对饭店网站的营销主要包括两方面：①饭店网页的建设；②饭店网页的搜索定位。

饭店网页的建设既要强调页面的美观性，更要注重页面的功能性和实用性。网站的建设应主要涵盖以下内容：①饭店设施设备的介绍；②饭店特色服务的介绍；③饭店产品的预订；④客户信息的反馈；⑤其他与客人出行相关联的信息，如饭店所在城市的旅游指南等。饭店网站的建设一方面要满足自身的营销需求，另外要将网站人本化建设，体现对客人的人文关怀，体现饭店的特色。从目前饭店网站的建设情况来看，大部分饭店的网站还停留在饭店设施设备的介绍阶段，只是对饭店产品的初级宣传，饭店网站的建设没有提升到一定的高度。网页建设作为饭店宣传的一种手段，其最终的目的是实现饭店产品的营销，所以网站上有效的预订功能和链接功能可以提高网站的利用率，提高饭店客房的利用率。

饭店网页的搜索定位是指饭店网页在各门户网站和搜索引擎上的关键词搜索排名。排名越靠前则意味着被点击的可能性越大，意味着被利用的可能性越大，意味着饭店的网站越优化。在茫茫网海中同类的企业网站不计其数，如果不能有效地在搜索引擎中排名靠前，那么其网站的存在没有太大意义。另外，选择合适的门户网站或搜索引擎也是决定优化饭店网站优化效率的关键。目前门户网站如 yahoo、sina、sohu、163 等，搜索引擎如 google、baidu 等其覆盖面都已经达到了一定的广泛程度，是饭店优化网站的首选。当然这种网站的优化还要受到饭店资金的限制，要想实现网站的优化也不是一朝一夕的事，但也是势在必行的。

（二）利用网络订房中心等营销中介

一方面，随着旅游业的发展，营销中介的范围不断扩大，除了原有的旅行社、旅游公司外，还出现了像北京 e 龙公司、携程计算机技术（上海）有限公司等利用网络平台等手段为

客人提供中介服务的网络订房中心，这些订房中心促进了电子商务的进一步发展。另一方面，越来越多的旅行社在发展传统业务的同时，也在不同程度地扩大业务范围，将其业务拓展到了电子商务领域，开展了一定规模的网络订房业务，许多旅行社也都建有自己的网站。

迄今为止，北京 e 龙公司、携程计算机技术（上海）有限公司都已经成功地在美国纳斯达克上市，是旅游业电子商务的先锋和典范。除了这两家比较大的公司外，在全国范围内还有更多的规模中等或小型的网络订房中心，其业务操作模式都是将旅游业与电子商务相结合。网络订房中心的发展壮大为饭店发展自己的电子商务提供了广阔的平台。

饭店利用网络订房中心发展电子商务主要有以下两点好处：①扩大饭店客源范围，提高饭店的客房利用率；②在更广阔的范围内宣传饭店。

随着网络订房中心的发展壮大，其为客人提供订房的手段也越来越丰富，越来越多的客人接受了通过网络订房中心预订客房的方式，网络订房中心拥有大量的客源。饭店通过与网络订房中心的合作，通过旅游饭店营销中介的饭店营销活动获得的饭店客户增多，提高了自身的客房利用率。对饭店来说，受资金、人力等多方面的条件限制，饭店不可能在全国范围内进行饭店营销和发展客户，而对网络订房中心来说，则存在这种可能。饭店利用同网络订房中心的合作，可以更大范围地利用客户资源，并以饭店自身的条件来赢得更多的回头客，从而提高了饭店的客房利用率。饭店业发展的实际情况也让越来越多的饭店意识到网络订房中心所预订的房间在自身客房利用当中所占的比率越来越大。所以，充分利用网络订房中心是提高饭店的客房利用率的有效途径。

利用网络订房中心扩大饭店的宣传范围是饭店与网络订房中心合作的第二个益处。网络订房中心一方面可以在自己的网站上为饭店作宣传，另一方面也通过其对外发放的宣传材料对饭店进行宣传，如 e 龙、携程每月在机场等公共场所发放的宣传手册，而这些对饭店来说多是一种免费的宣传。

另外，随着 GDS 在中国的不断完善，饭店利用网络营销中介的空间也将越来越大。

（三）利用其他网站

这主要是指利用现有的各类网站资源进行网络宣传，如网络广告、相关链接等途径。当然，这种方法不是每个饭店都可以采用的，会受到各种条件的限制，是一种电子商务的辅助手段。总之，利用此种途径的原则是要用最少的资金获得最大的宣传。

随着科学技术的不断发展和进步，饭店电子商务将获得更大的发展空间，饭店也将从中获得更大的利益。饭店应分析自身的特点，确定投入的方向和投入比例，使电子商务的发展获得最大的效率。

拓展·阅读

e 龙率先实现国内酒店签约 1 万家　覆盖 450 个城市

1. 成为国内签约酒店数量最多、覆盖范围最广的在线旅行服务提供商

国内领先的在线旅行服务提供商——e 龙旅行网宣布，随着与上海三林快捷假日酒店

合作的达成，截至2010年1月27日，e龙在国内签约的合作酒店已经达到1万家，覆盖国内450个城市，成为国内签约酒店数量最多、覆盖范围最广的在线旅行服务提供商。毗邻世博场馆的上海三林快捷假日酒店，是快捷假日酒店品牌今年在国内开设的第一家店。“第一位入住的客人即通过e龙旅行网预订，”快捷假日酒店的负责人表示，愿意与e龙网一同为消费者的世博之旅提供便利。

“率先实现国内酒店签约1万家，不但表明越来越多的酒店认可了在线旅行预订的商业模式，以及e龙作为该行业领导厂商的地位，更直接为消费者提供了便利，产品越丰富，消费者可选择的机会就越多。”e龙旅行网CEO崔广福如是说。

作为全球领先的在线旅游服务商Expedia在亚洲区的核心部分，e龙旅行网目前也同时为消费者提供覆盖全球100多个国家的国际酒店预订服务，而目前Expedia在全球的合作酒店已达10万家。

2. 万家酒店助消费者省钱省心

一直以来，e龙旅行网都是以“以最低成本、最简便的交易、最智能的信息，为客户提供最好的旅行服务”为使命，致力于打造中国最大的、最智能的旅行服务市场。

对于在线旅行服务提供商来说，签约合作酒店数量的多少直接影响到消费者在线预订体验效果的好坏，消费者是e龙合作酒店数量增加的直接受益者。

对二三线城市的拓展以及与酒店集团的合作，是推动e龙合作酒店数量近期迅速增长的重要因素。而更深层次的增长动力在于，e龙提出的“以消费者为中心”的新型上下游合作关系模式，得到了越来越多合作伙伴的认同。

基于这种新型上下游合作关系，e龙旅行网在国内首创网上酒店消费券，消费者使用此券在线成功预订并入住指定酒店指定房型，即可获得消费券实际使用金额的现金返还，从而享受省钱、省心的实惠服务。目前消费者已经可以在国内2000余家优质酒店使用该券。

3. 高品质服务为酒店扩张奠定基础

签约合作酒店数量的增加，直接带来了服务运营方面的压力，但对于一向注重服务建设的e龙旅行网来说，这并非难事。

在酒店预订服务方面，e龙旅行网通过提供强大的地图搜索、酒店360°全景和用户评级等多方面的服务支持，使用户可以在广泛收集信息的基础上作出旅行决定。

“除此之外，e龙旅行网通过此前推出的酒店低价（如高出酒店前台当日挂牌价，3倍差价赔付）、到店有房（如确认后到店无房，赔付首晚房费）、7×24小时服务等多方面的保障，为提供简便智能的在线预订服务奠定了扎实的基础。”崔广福说。

作为e龙旅行网2010年酒店业务战略规划的重要内容，在继续增加酒店合作伙伴数量的同时，e龙还将进一步提高酒店在线预订业务的比例，并继续贯彻实施4G战略（承诺化的服务效果Guarantee、环保化的出行方式Green、全球化的旅行资源Global和在线化的服务模式Go-online），以保证消费者获得独特的预订服务体验。

本章小结

饭店营销渠道是促使饭店产品或服务顺利地被终端客人使用或消费的所有经济组织或

个人。具体而言，也就是指客人从产生消费动机，进入饭店，到最终消费饭店产品的整个过程中所经历的具体通道或路径。饭店产品的营销渠道主要包括直接营销渠道和间接营销渠道两类。

饭店营销中介是指处于饭店和客人之间，参与饭店产品交易活动，促进交易发生和实现的具有法人资格的经济组织或个人。按其在饭店市场中作用的不同可分为批发商和零售商，按其是否拥有产品的使用权可分为经销商和代理商。

饭店营销渠道策略的中心问题是营销渠道的选择与设计，渠道成员的评价、激励和控制，以及他们之间关系的协调问题。

电子商务技术是一种新型的信息处理技术。电子商务实现了饭店与客人的直接对话，这种直接的沟通方式的功能与作用是传统营销渠道无法比拟的。

经典案例

从金陵饭店摆脱携程看酒店多渠道管理

2007年7月，全球酒店业的权威杂志《HOTELS》发布了全球酒店业300强的2007年度排行榜，南京金陵连锁酒店以10318间客房、43家酒店名列第73位，跻身全球酒店业100强。

金陵饭店辉煌的背后，并没有号称中国酒店业第一渠道商——携程的身影。而事实上，早在2007年年初，金陵就与携程结束了合作关系，当时，曾引起国内酒店业一片哗然。“国内酒店管理集团只有金陵一家敢跟携程脱离关系。”金陵饭店股份公司首席信息官朱明生笑着说。朱明生的底气，源于实行多渠道合作和管理后旗下各酒店客源结构的改变。

与国内一些酒店高达30%的客源来自携程或e龙等渠道商不同，金陵饭店通过IT平台整合了多种订房渠道，“冲淡”了一家独大的渠道格局。“等2011年我们针对中小订房渠道的电子商务网站发展起来，金陵的渠道结构会更健康，任何一家渠道商的退出都不会对我们的业务造成影响。”朱明生如是说。

案例分析

金陵饭店的例子给了国内其他酒店业者以启示——永远别把所有鸡蛋放进同一个篮子里，那么，酒店该去哪里寻找合适自己的其他篮子呢？又怎么保证更换后的篮子一定合适呢？

1. 成也渠道，败也渠道

酒店的销售渠道，历来被公认为酒店经营中最难的一个环节。在携程CEO梁建章尚不知旅游为何物时，中国绝大多数的酒店的销售渠道非常传统：要么设置路口广告、要么与三公里内的公司签协议、要么依托旅行社、要么建立呼叫中心。连锁酒店还可以靠规模优势，但无法获得共享资源，投入巨大，收效甚微。

携程的出现，改变了中国酒店业的销售渠道。作为一个独特的资源整合者，携程一只手掌控着全国数十万会员客户，另一只手则控制了全国数千家酒店，逐渐形成了“低价销售——扩大市场规模——更低代理价格——更低价格销售”的循环模式，以佣金形式赚取垄断利润。高昂的成本，推高了佣金，但酒店却是“敢怒不敢言”。因为对于它们中的绝大多数而言，高达30%的客人来自携程这一单一渠道的事实，让携程已成了他们想扔却无法放下的“拐杖”，而究其原因，只有两个字——实力！

相对“携程”们，中国酒店业无疑是弱小的一方，集团化比例不到10%，即使是那些颇具规模的品牌酒店集团，也还没有完全建立起自己过硬的订房网络。这种状况使得大量集团内的酒店和其他单体酒店一样，需要依赖于电子商务订房公司的客源。沪上一家酒店集团的高层慨叹：“近30%的客房出租率，是我们自己送给携程的。”

出现寡头垄断，无论对于市场还是消费者，都不是一件好事。面对迅速发展的电子商务订房公司，中国酒店业应当如何应对？有关专家认为，酒店集团除了提升自身的客房销售能力外，还应该拓展多元化的销售渠道。全球连锁的瑞士酒店自身预订系统非常完善，但同时仍与80多家酒店预订网站和旅行社合作，而国内许多酒店则明显忽视了这方面的渠道建设。

2. 酒店销售，究竟有多少渠道

多渠道的合作和管理是金陵饭店提高收益的显著方式。那么，可供酒店合作的渠道目前一共有多少呢？

(1) 传统渠道，即利用本地优势，依托旅行社，与酒店周边三公里内的公司签协议，毕竟强龙压不过地头蛇，明里暗里的公关成本，可以帮酒店保证稳定的客流，但是局限性大，无法获得长远发展，对自己一亩三分地以外的客源则完全无法把握。不过近年来，已经有网站利用其平台，搭建起旅行社与酒店的远距离沟通桥梁，比如业内知名的同程推出的“中房信”销售系统，以及针对商旅客户的“差旅宝”。

(2) 以携程、e龙为代表的在线旅游企业。这些在线旅游企业依靠庞大的呼叫中心加发卡模式，垄断了国内酒店30%左右的房量。如前所述，这已经引起了国内酒店业者的普遍担忧。

(3) 搭建自己的中央预订系统甚至呼叫中心，建立酒店直销网站。这一渠道成本较高，目前已开始逐渐在国内相当多的大型连锁酒店集团普及，比如本文提到的金陵饭店。金陵饭店的全球销售系统建设初期就遇到资金的问题，国内没有先例，国外软件公司的系统过于昂贵。最终，金陵采取合作研发的模式构建销售平台，于2005年成功上线，并在当年年底覆盖了当时金陵旗下所有酒店。

(4) 借助大型销售平台。自己搭建中央预定系统这种模式成本太高，单体酒店是无法克隆的，也是国内众多的三星以下酒店所无法承受的，对中国绝大多数酒店而言，也许更需要一个基于全国乃至全球的中立的销售平台进行无缝对接，共享资源，共享利益，共担风险。这种模式，国外有四大GDS，国内则有同程中房信、锦江德尔等销售平台。

以同程中房信为例，酒店本地的网站与该系统无缝对接后，就可以直接与国内数千家旅行社和订房中心签订合作协议，并可以为客人的下一站旅程预订国内的其他4000家酒店。这样可以将系统与更多的渠道对接，形成真正的销售体系。

3. 无法忽视的多渠道管理

渠道管理是指对不同订房渠道实现及时有效地管理，如GDS、酒店订房中心、携程、e龙、旅游批发商、公司直接订房、上门无协议散客等。当一家酒店拥有三种以上的渠道时，渠道管理的重要性就体现出来了。而这其中最关键的，就是酒店的价格控制。

酒店要想对渠道实现有效的管理，必须做好所有渠道信息，做到准确、全面，最重要的是做到同一批订单，如通过不同渠道预订其价格应该一致，不至于让客户对价格等信息感到混乱而失去对酒店的信心。如酒店上门无协议散客的房价应与订房中心的正常客户销售价一致，而不是给某个订房渠道特殊价格造成人为的某个订房渠道订房量上升（使终端住店客人人为地从其他渠道转入该订房渠道）。

那么，对于拥有多种渠道的酒店来说，如何制定良好的定价策略呢？通常首先确定一个市场能接受的Walk-in（以不含早餐的房价作为基础价，也作为柜台价），然后根据不同的细分市场和不同的预订方式制定相应价格。其原则根据各酒店集团的要求不尽相同，应根据酒店自身的定位、产品优劣以及市场的接受程度和客人对价格的不同敏感度作相应定价。

而在多种渠道并行、多种价格变动复杂的同时，要确保酒店价格转化良好，避免出现价格的互串，就需要酒店的相关管理系统具有极强的联动性和可操作性。以同程中房信系统为例，对于接入中房信的全国近千家旅行社和中小订房网，酒店房价一旦发生变动，只要酒店登录中房信系统后台修改后，全国500家旅行社和中小订房网上的房价可实现自动实时更新。

而对于没有接入中房信的其他订房网和酒店机构客户和签约企业，中房信则提供客户管理功能，可以针对旅行社、签约企业、其他订房网进行短信和传真群发，降低酒店销售和渠道管理成本，避免价格出错，而只有这样，才能保证多渠道模式下酒店的效益的稳步提高。

金陵饭店对携程说"不"，给了国内酒店业者不小的反思。对于相对弱小的中国酒店业而言，更应该综合运用自身网络、订房网站、旅行社等多重销售渠道，变被动为主动，平衡各种销售渠道之间的比重，切忌"在一棵树上吊死"。

考考营销小专家

一、填空题

1. 饭店营销渠道就是指客人从________，进入饭店，到最终________的整个过程中所经历的各个环节连接起来而形成具体通道或路径。

2. 饭店产品的营销渠道按有无营销中介参与营销来进行分类，可分为________和________两类。

3. 营销渠道的长短一般是按________来划分的，渠道级数多，饭店营销渠道长，则称为长渠道营销策略。

4. 按在市场中所处地位和所起作用的不同，饭店营销中介可以划分为________和________。

5. 饭店营销渠道策略的中心问题是____________，渠道成员的评价、激励和控制，以及______________。

6. 控制渠道的首要任务是______________。

二、选择题

1. 下列哪一项不是影响饭店营销渠道选择与设计的因素？________。

A. 饭店产品因素　　B. 渠道的长短

C. 饭店市场因素　　D. 饭店自身因素

2. 饭店营销中介，按其是否拥有产品的使用权可分为________。

A. 经销商和代理商　　B. 批发商和零售商

C. 中间商和批发商　　D. 代理商和零售商

3. 渠道的宽窄取决于渠道的每个环节中使用同类型________数量的多少。

A. 产品因素　　B. 营销中介

C. 饭店市场因素　　D. 饭店自身因素

4. ________是指饭店的产品和服务没有经过任何营销中介的转手，而由饭店直接销售给客人的营销渠道，又称直销。

A. 二级渠道　　B. 一级渠道

C. 零级渠道　　D. 间接营销渠道

5. 广泛型营销策略，又称________，是指饭店对营销中介不作限制，数量越多越好，使用尽可能多的营销中介从事饭店产品的营销，使渠道尽可能加宽。

A. 独家营销策略　　B. 选择性营销策略

C. 营销渠道的联合策略　　D. 密集型营销策略

三、简答题

1. 简述饭店营销中介的作用。

2. 简述饭店选择营销中介的原则。

3. 饭店如何开展电子商务？

走近市场

【实训名称】

饭店营销渠道调研。

【实训内容】

选择当地一家三星级以上标准的饭店，先通过网络、报纸等媒体上的相关资料了解该饭店营销渠道的初步情况，然后通过实地考察，对该饭店营销渠道的结构类型、渠道策略等进行调研，形成调研报告。

【实训要求】

运用本章知识分析该饭店现状，指出优点和存在的问题，最后提出整改建议。

第八章　饭店促销策略

学习目标

1. 理解和掌握饭店促销的本质及促销组合策略的内容；

2. 掌握饭店人员推销的特点和程序、广告决策的特点、营业推广的形式及公共关系活动的方式；

3. 初步具备运用推销、广告宣传、营业推广和公共关系等促销方式开展饭店促销的能力。

动脑筋

饭店促销

某国际酒店管理集团在一个经济发达的城市开了一家大饭店，在开始试营业期间生意很好，但是最近到店里消费的客人数量急剧下滑。附近一家饭店的生意却红火稳定，而这家饭店生意却一天比一天差。饭店总经理思来想去，也不知道问题出在哪儿？你能为他出出招，帮他拿出有效的促销方案和宣传手段来促使这家饭店的生意重新红火起来吗？

当前，随着中国经济的快速发展，中国的饭店已经越来越多，档次越来越高，在许多大城市中，饭店业的竞争尤为激烈，新饭店遍地开花，对于新饭店来说，如何在这种激烈的市场中打响牌子，引起消费者的注意，促销就显得非常重要了。那么对于饭店营销部门来说，该如何运用饭店促销策略来组织饭店的促销活动呢？这就要求饭店相关人员充分掌握和运用饭店促销策略知识和技能。

第一节　了解促销与促销组合

一、饭店促销

（一）饭店促销的含义及内容

饭店促销是指饭店营销者将有关饭店、饭店地址、饭店产品及服务的信息，通过各种宣传、吸引和说服的方式，传递给饭店产品和服务的潜在客人，促使其了解、信赖并购买自己的饭店产品或服务，以达到扩大销售的目的。

促销本质上是一种宣传、说服和沟通活动，是谁通过什么渠道（途径）对谁说什么内容，沟通者有意识地安排信息、选择渠道媒介，以便对特定沟通对象的行为与态度进行有效的影响。

（二）饭店促销的作用

促销在饭店营销活动中是不可缺少的重要组成部分，是因为促销具有如下作用。

1. 传递信息，提供情报

销售饭店产品和服务是营销活动的中心任务，信息传递是产品顺利销售的保证。在促销过程中，一方面，卖方（饭店）向买方（营销中介或客人）介绍有关饭店现状、产品特点、价格及服务方式和内容等信息，以此来诱导客人对产品或劳务产生需求欲望并采取购买行为；另一方面，买方向卖方反馈对产品价格、质量和服务内容、方式是否满意等有关信息，促使饭店取长补短，更好地满足客人的需求。

2. 突出特点，诱导需求

在市场竞争激烈的情况下，同类或相似饭店产品很多，并且差别微小，客人往往不易分辨。饭店通过促销活动，宣传、说明本饭店产品和服务有别于其他同类竞争产品之处，便于客人了解本饭店产品在哪些方面优于同类产品，使客人认识到购买、消费本饭店产品所带来的利益较大，客人乐于认购本饭店产品。饭店作为卖方向买方提供有关信息，特别是能够突出产品特点的信息，能激发客人的需求欲望，变潜在需求为现实需求。

3. 指导消费，扩大销售

在促销活动中，饭店的营销部门循循善诱地介绍产品知识，在一定程度上对客人起到了教育指导作用，从而有利于激发客人的需求欲望，变潜在需求为现实需求，实现扩大销售的功效。

4. 形成偏爱，稳定销售

在激烈的市场竞争中，饭店产品的市场地位常不稳定，致使有些饭店的产品销售波动较大。饭店运用适当的促销方式，开展促销活动，可使较多的客人对本饭店的产品产生偏爱，进而稳住已占领的市场，达到稳定销售的目的。对于客人偏爱的品牌，即使该类产品需求下降，也可以通过一定形式的促销活动，促使客人对该品牌的需求得到一定程度的恢复和提高。

二、饭店促销组合

当前饭店促销方式主要包括人员推销、广告促销、公共关系和营业推广。在这四种促销方式中，人员推销最根本的特点是推销员“人的表现”是促进销售的主要原因；广告促进销售最主要的原因是“告知”；公共关系促销最主要的原因是“关系好”、“形象好”、“人缘好”，追求的是远期效益；营业推广最主要的特点是与日常营业活动紧密结合，起到催化交易活动的作用，产生“短期效益、快速反应、购买高潮”的效果。

由于各种促销方式都有其优点和缺点，因此在促销过程中，饭店常常需要将多种促销方式同时使用。所谓促销组合，是一种促销活动的策略思路，主张饭店运用广告、人员推销、公关宣传、营业推广四种基本促销方式组合成一个策略系统，使饭店的全部促销活动互相配合、协调一致，最大限度地发挥整体效果，从而顺利实现饭店目标。

（一）影响饭店促销组合的因素

饭店促销组合和促销策略的制定，其影响因素较多，主要应考虑以下几个因素。

1. 促销目标

它是饭店从事促销活动所要达到的目的。在饭店营销的不同阶段，为了适应营销活动的不断变化，要求有不同的促销目标。无目标的促销活动收不到理想的效果。因此，促销组合和促销策略的制定，要符合饭店的促销目标，根据不同的促销目标，采用不同的促销组合和促销策略。

2. 产品因素

饭店产品和服务具有市场生命周期，促销目标在产品市场生命周期的不同阶段是不同的，这决定了在市场生命周期各阶段要相应选配不同的促销组合，采用不同的促销策略。在投入期，促销目标主要是宣传介绍产品，以使客人了解、认识产品，产生购买欲望。广告起到了向客人、营销中介宣传介绍产品的功效，因此，这一阶段以广告为主要促销形式，以营业推广和人员推销为辅助形式。在成长期，由于产品获得客人的认可，销量上升，同时也出现了竞争者，这时仍需加强广告宣传，但要注重宣传饭店产品的独特之处，以增强客人对本饭店产品的购买兴趣，若能辅之以公关手段，会收到相得益彰之效。在成熟期，竞争者增多，促销活动以增强购买兴趣与偏爱为目标，广告的作用在于强调本产品与其他同类产品的细微差别。同时，要配合运用适当的营业推广方式。在衰退期，为减少损失，促销费用不宜过大，促销活动宜针对老客户，采用提示性广告，并辅之以适当的营业推广和公关手段。

3. 市场条件

市场条件不同，促销组合与促销策略也有所不同。从市场地理范围的大小来看，若促销对象是小规模的本地市场，应以人员推销为主；而面对广泛的全国甚至世界市场进行促销，则多采用广告形式。在有竞争者的市场条件下，制定促销组合和促销策略还应考虑竞争者的促销形式和策略，要有针对性地不断变换自己的促销组合及促销策略。

4. 促销预算

饭店开展促销活动，必然要支付一定的促销费用。费用是饭店经营者十分关心的问题，并且饭店能够用于促销活动的费用总是有限的。因此，在满足促销目标的前提下，应当做到效果好而费用省。饭店确定的促销预算额应该是饭店有能力负担的，并且是能够适应竞争需要的。为了避免盲目性，在确定促销预算额时，除了要考虑营业额的多少外，还应考虑到促销目标的要求、产品市场生命周期等其他影响促销的因素。

（二）饭店促销的基本策略

不同的促销组合形成不同的促销策略，诸如以人员推销为主的促销策略，以广告为主的促销策略。从促销活动运作的方向来分，有推式策略和拉式策略两种。推式策略是指饭店运用人员推销的方式，将产品推向市场，即从饭店推向营销中介，再由营销中介推给客人，故也称人员推销策略。拉式策略是指饭店运用非人员推销方式将客人拉过来，使其对本饭店的产品产生需求，以扩大销售，也称非人员推销策略，包括广告、营业推广、公共关系。

1. 推式策略

推式策略以人员推销为主，辅之以营销中介（中间商）销售促进，兼顾客人的销售促进。把产品推向市场的促销策略，其目的是说服营销中介与客人购买饭店产品，并层层渗透，最终到达客人手中，如图 8-1 所示。

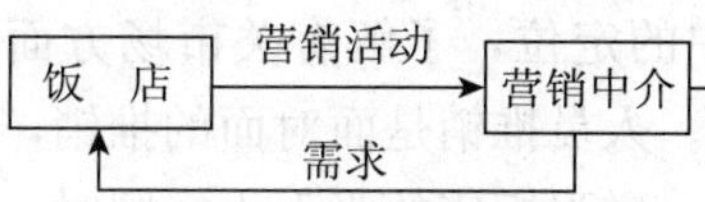

图 8-1　推式策略模型

2. 拉式策略

拉式策略以广告促销为拳头产品，通过创意新、高投入、大规模的广告轰炸，直接诱发客人的购买欲望，由客人向零售商、零售商向批发商、批发商向饭店求购，由下至上，层层拉动购买，如图 8-2 所示。

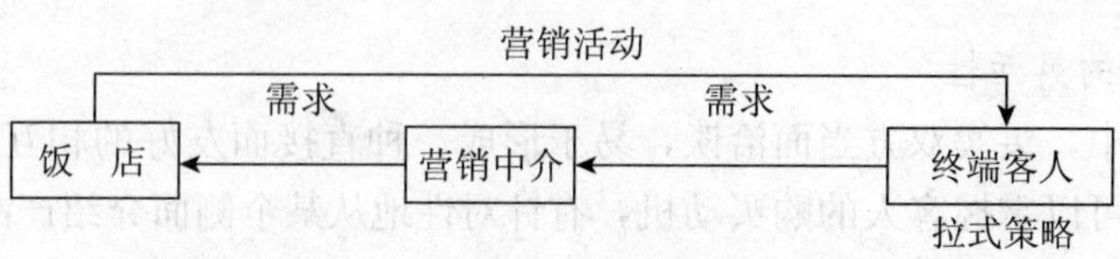

图 8-2　拉式策略模型

推式策略和拉式策略都包含了饭店与客人双方的能动作用。但前者的重心在推动，着重强调饭店的能动性，表明消费需求是可以通过饭店的积极促销而被激发和创造的；而后者的重心在拉引，着重强调客人的能动性，表明消费需求是决定生产的基本原因。饭店的促销活动必须顺应消费需求，符合购买指向，才能取得事半功倍的效果。许多饭店在促销实践中，都结合具体情况采取“推”“拉”组合的方式，既各有侧重，又相互配合。

第二节　饭店人员推销

一、饭店人员推销含义和特点

（一）饭店人员推销含义

人员推销是指饭店的推销人员直接与客人或潜在客人接触、洽谈，以达到促进销售目的的活动。人员推销是一种最古老的促销方式，也是现代市场常用的促销方式。在我国，虽然许多饭店都设有销售部，但由于种种原因，人员推销往往被置于无足轻重的地位，推销人员的作用也得不到充分的发挥。其实，人员推销是强有力的、可靠的促销手段。特别是对于客人不熟悉、价格昂贵的饭店产品（会议设施、多功能厅、宴会厅）而言，人员推销更不失为一种行之有效的推销方式。因此，忽视人员推销，将导致旅游饭店销售上的失误。人员推销有着一般宣传和广告无法替代的优点。首先，人员推销有助于双向沟通信息，饭店推销人员可以把饭店的设施、服务、价格等信息传递给潜在的客人，并针对客人的要求和建议，纠正他们对饭店产品和服务的偏见，同时改进饭店工作。其次，人员推销有助于获取反馈信息，调整饭店营销策略。人员推销使客人与饭店之间的联系直接化，便于推销，有助于直接了解产品在客人心目中的定位，了解有关市场方面的种种信息。再次，人员推销有助于开拓饭店市场的回头客。人员推销是面对面的推销，能够沟通思想与情感，建立友谊，以取得客人对产品的信任，增强饭店的吸引力；同时，应因人而异和因地制宜，对不同的客人采取不同的推销方法以争取长期顾客。

（二）饭店人员推销的特点

1. 信息沟通的双向性

推销人员在推销过程中首先把有关饭店产品和服务的信息传达给客人，同时，推销人员直接从客人处得到信息反馈，诸如客人对推销人员的态度、对推销产品和饭店的看法和要求等。

2. 推销过程的灵活性

在推销过程中，买卖双方当面洽谈，易于形成一种直接而友好的相互关系。通过交谈和观察，推销员可以掌握客人的购买动机，有针对性地从某个侧面介绍产品的特点和功能，抓住有利时机促成交易；可以根据客人的态度和特点，有针对性地采取必要的协调行动，满足客人的需要；还可以及时发现问题，进行解释，解除客人的疑虑，使之产生信任感。

3. 有利于发展和维持客户关系

一个有经验的推销人员为了达到促进销售的目的，可以使买卖双方从单纯的买卖关系发展到建立深厚的友谊，彼此信任、彼此谅解，这种感情增进有助于推销工作的开展。

4. 成本高，要求高

采用人员推销策略，饭店需要花费不少的人力、物力来培训推销人员，对推销人员的素质和能力要求较高，否则，在推销过程中不容易取得良好的效果。

二、饭店人员推销的任务及程序

（一）推销人员的任务

1. 开拓市场

开拓市场是推销人员担负的重要任务，推销人员不仅要千方百计地巩固和老客户的关系，还要善于发现和培养潜在客户，使饭店的新客户能够源源不断地增加。

2. 传递信息

推销人员要把饭店产品和服务等各方面的信息及时传达给客人，与他们经常保持联系，为推销产品打下基础。

3. 推销产品

这是推销人员最基本的职责。推销员要善于接触客人，运用灵活的推销技巧，向客人推荐产品，解答客人的问题，以促成交易的实现。

4. 提供服务

向用户提供各方面的服务也是推销人员义不容辞的责任，如向用户提供咨询、指导等服务。

5. 收集信息

推销人员要及时了解饭店市场的变化和客人对饭店产品的反应，为管理者作决策提供有价值的信息，因此，收集情报、信息反馈也是推销员的一项重要任务。有些饭店还要求推销员定期写出市场情况报告书。

（二）人员推销的程序

1. 寻找客人

寻找客人，是推销工作的第一步。推销人员首先要善于寻找产品的客户，包括有支付能力的现实购买者以及未来可能成为饭店产品购买者的潜在客人及用户，以减少推销的盲目性，提高成交率。推销人员可以采用的寻找客人的方法有逐户访问法、连锁介绍法、个人观察法、广告开拓法、竞争插足法、参加会议法、市场咨询法等。

2. 分析客人

发现潜在客人后，推销人员还要进行初步的客人分析，分析的主要目的就是进一步确认潜在客人成为现实客人、实施购买行为的可能性有多大。MAN 法则认为，作为客人，他是由金钱、权力和需要这三个要素构成的，即只有同时具备购买力、购买决策权和购买需要这三个要素的才是合格的客人，这种分析就是客人资格鉴定。

小知识

MAN 法则

MAN 法则认为作为顾客的人（Man）是由金钱（Money）、权力（Authority）和需要（Need）这三个要素构成的。

一是该潜在客户是否有购买资金 M（Money），即是否有钱，是否具有消费此产品或服务的经济能力，也就是有没有购买力或筹措资金的能力。

二是该潜在客户是否有购买决策权 A（Authority），即你所极力说服的对象是否有购买决定权，在成功的销售过程中，准确地了解真正的购买决策人是销售的关键。

三是该潜在客户是否有购买需要 N（Need），在这里还包括需求。需要是指存在于人们内心的对某种目标的渴求或欲望，它由内在的或外在的、精神的或物质的刺激所引发。另外，客户需求具有层次性、复杂性、无限性、多样性和动态性等特点，它能够反复地激发每一次的购买决策，而且具有接受信息和重组客户需要结构并修正下一次购买决策的功能。

只有同时具备购买力（Money）、购买决策权（Authority）和购买需求（Need）这三个要素的人才是合格的顾客。现代推销学中把对某特定对象是否具备上述三要素的研究称为顾客资格鉴定。顾客资格鉴定的目的在于发现真正的推销对象，避免推销时间的浪费，提高整个推销工作的效率。

3. 接近准备

推销人员在确定推销对象，着手进行推销工作之前，应进行充分的准备。在走出去推销之前，推销人员必须知己知彼，一般应掌握三方面的知识：

（1）产品知识——关于本饭店和本饭店产品的特点、功能等各方面的情况。

（2）客人知识——包括潜在客人的个人情况、客人的需要、购买决策者的性格特点等。

（3）竞争者知识——竞争者的能力、地位和它们的产品特点。同时，还要准备好相关的说明材料，选定接近客人的方式、访问时间、应变语言等。

4. 接近客人

在做好接近客人的准备工作后，推销人员就要设法与客人进行接触。接近客人又分为约见和接近两个环节。约见是推销人员事先征得客人同意接见的行动。约见可以采取当面约见、书信约见、电话约见、托人代约、广泛约见（利用大众传媒，约见大众客户）等方式。具体要确定约定的时间、地点、人物等；接近客人就是正式接触推销对象，引起客人的注意和兴趣，以顺利转入面谈导购阶段的行动。接近的方法有利益接近法、好奇接近法、介绍接近法、产品介绍接近法、问题接近法、调查接近法、直接接近法等。这一阶段推销人员要注意：给客人一个好的印象，并引起客人的注意。因而，穿着、举止、言谈、自信而友好的态度都是必不可少的。验证在准备阶段所准备的全部情况，为后面的谈话做好准备。在接近时，注意使自己有一个正确的心态：友好、自信。友好：自己与对方是进行利益交换，是互惠互利的交换；自信：你不是低人一等求别人，你的饭店产品是能经得起考验的。

5. 面谈导购

这是推销人员与潜在客人正式接触，引导与指导购物阶段，是推销过程中的重要一步。在这一过程中，推销人员在描述产品性质和特点时，必须使自己的表述充分吸引客人的注意力。然后，再针对产品本身的特点以及能给客人带来的利益进行说服与解释。还要特别注意了解对方的反应，以判断买主的真实意图。

6. 释疑解惑

客人在听取产品介绍后，可能会提出一些异议，如怀疑产品的价值、不接受交易条件或价格、对饭店或产品缺乏信心等。推销员应具备巧妙的语言能力并提供有说服力的论据，如通过产品详细介绍等，说服客人，克服障碍，达到预期的销售目标。

7. 促成交易

人员推销工作的重要环节是促使客人采取购买行动，这也是推销工作最困难的阶段。推销人员在认为时机成熟时，应抓住有利时机，或者提出购买建议，或者提供价格优惠，或者提供便利的服务，或者归纳销售的重点，以促进客人作出购买决策。

8. 售后服务

产品销售后，并不意味着整个推销过程的终止，如果推销人员希望确保客人满意并重复购买，就必须对客人进行“跟踪服务”，收集客人对于产品的改进意见，及时向有关部门反映，以调整营销措施，并帮助客人解决使用中的问题。这些工作，有利于树立饭店信誉，密切双方关系，促成重复购买。

三、饭店推销人员的选择与培训

推销人员水平的高低直接影响饭店推销活动的效果。因此，推销人员的选择与培训是饭店营销部门非常重要的工作之一。

（一）推销人员的选择

饭店推销人员应当具备的基本条件是：有事业心、有服务意识、态度和蔼、精力充沛、知识广博、善于沟通、应变能力强、性格开朗等，总体来说就是要选择德才兼备、热爱并且适合推销工作的人员。

推销人员的来源有两种：内部选拔和外部招聘。不管采用哪种方式，都应该认真严格地考核，择优录用。

（二）推销人员的培训

对于选择出的推销人员，饭店还需要对他们进行相关培训，使他们掌握有关的推销知识和技巧，才能安排上岗工作。另外，在饭店不断发展的过程中，还需要根据实际情况，增加和补充新的培训内容和方式，力求使推销人员尽可能好地完成推销工作。

推销人员培训的方法有三种：一是课堂教学培训，主要是通过短期的培训班或进修等方式，由专家和有丰富经验的优秀推销员来讲授相关推销知识，介绍推销方法和技巧；二是模拟培训，即由受训人员亲自参与的、有一定真实感的培训方法，具体做法是：由受训人员扮演推销人员，向专家或有经验的优秀推销员扮演的客人进行推销；三是实践培训，即在实际推销工作中受训人员跟随有经验的推销员进行现场推销，熟悉推销业务并掌握相应的推销技巧，从而尽快成长为合格的推销人员。

拓展·阅读

如何辩证营销，力求事半功倍

1. 难谈的事是好事

在推销工作中，推销人员最怕的就是明知有需求空间，自己也精心筹划，然后满脸堆笑地凑上去，可对方不领情，一趟两趟都冷若冰霜。但是如果辩证地想，客户难谈，说明对方对我们酒店的产品和服务质量要求高，相应地，其信誉也好，难谈的事反而是好事。

2. 一个点一片市场

跑推销，首要的是找落脚点。每到一地，都应该先翻阅电话号码簿，抄下相关的地址，立即送（寄）上酒店产品和服务介绍，先期给对方留下一点印象。在此基础上，“有所为有所不为”地选择重点推销目标。

3. 推销没有分外事

推销不是简单地把酒店的产品和服务卖给消费者，生产环节、销售环节、售后环节，以及与此相关或看似不相关的事情，推销人员都要关注，推销人员没有分外事。如果就推销搞推销，连通市场的路会越来越窄。推销人员处于市场第一线，对信息和市场需求触摸比较早、比较准。一遇变化，应该及时发现、核实、反馈，作为调整产品和服务结构的参考依据。

4. 改变毛病，克服困难

一个新入行的推销人员通常会出现如下缺点：恐惧退缩、缺乏干劲、虎头蛇尾、浪费时间、强迫推销、惹事生非、怨愤不平、急于求成、粗心大意等。

因此，培训部门或营销主管们对这些有缺点的推销人员采取有效的教育方式显得尤为重要。如对于恐惧退缩型销售人员首先要帮助他们建立自信心，消除恐惧。其次，肯定其长处，也指出其问题所在，并提供解决办法。再次，陪同营销训练或实地客户推销，使其从容行事，由易入难，再渐入佳境。最后，传授其消费者以及产品的相关知识并培训其推销技巧。

第三节　饭店广告

一、饭店广告的含义及作用

（一）饭店广告的含义和意义

饭店广告是指饭店通过各种大众媒介和形式向目标客户或公众传递的有关饭店信息，展示饭店的产品和服务，并支付一定的费用。饭店采用广告进行促销，其意义如下：

首先，广告是帮助客人获得信息、减少风险的有效途径。由于接受服务的感受滞后于认知，客人的购买行为充满了对产品功能和心理上、经济上的风险。避免风险的途径有三种，分别是：降低对产品或服务的要求；经常购买同类产品或服务；获得广泛的信息。在这三种途径中，只有第三种是不以牺牲客人的利益为代价的。因此，广告中关于饭店及其产品、服务和品牌的信息有助于客人作出最优的选择和决策。

其次，广告是客人学习消费经验的途径。经验无疑是客人最好的决策因素。经验曲线告诉我们：单位产品的价格随消费数量的增加而减少，即经验的获得可以提高产品的性能价格比。但是，经验的积累需要付出巨大的时间和精力，甚至以不愉快的记忆为代价。对事先没有经验可借鉴的客人而言，广告可以给他们提供经验而获得帮助。例如，葡萄牙里斯本饭店的广告：“……在里斯本豪华的旅馆中住两宿，花 35 美元，在伦敦要花 83 美元；在巴黎要花 101 美元；在罗马则要花 81 美元。在里斯本豪华餐厅里吃一道全菜花 15 美元，在伦敦要花 21 美元；在巴黎要花 30 美元；在罗马则要花 25 美元。用这些钱，你可做你想做的一切事，或购买想买的任何东西，因为葡萄牙仍然是你购物的天堂……”

美国有关广告的定期社会反应调查资料表明：1000 名客人中，有 96.5%的人认为广告是重要的。其中，74.6%的人认为广告使他们及时获得产品的信息，52.5%的人认为广告对于他们了解产品的使用和优点有所贡献。

饭店广告对饭店的意义体现在以下方面：为饭店或饭店集团及其产品树立形象，刺激潜在的客人产生购买的动机和行为。在影响购买决策方面，客人的知觉具有十分强大的威力。正如营销专家 Pizam 和 Mansfeld 所认为的，当营销进入较高层次或产品具有较大同质性时，营销并非产品之战，而是知觉之战。饭店市场正是如此。但是人们的知觉并不一定基于真实。广告则是饭店校正知觉、引导知觉的一种有力工具。

小知识

经验曲线

经验曲线原是指随着一个企业生产某种产品或者从事某种业务的数量的增加，经验不断地积累，员工某种业务技能熟练程度提高，从而提高完成这种工作的效率，其产品成本将不断下降，并且呈现出某种下降的规律。本节内容说明消费者的消费数量的增加，其单位产品购买价格也会相应地减少。而广告对事先没有经验可借鉴的消费者而言，是可以提供给他们经验的，消费者会因此而获得帮助。

（二）广告的作用

1. 宣传饭店形象，提高饭店及其产品的知名度

饭店的市场形象体现为饭店的经营思想、价值观念、信誉品质与店容、店貌、产品和服务特征等内外因素的统一，其作为饭店的标志，必须通过广泛的广告宣传，赢得客人及各类公众的认知、认同和赞誉，才能把握并开拓市场，创造更有效的机会。饭店形象的塑造和宣传是相辅相承的，良好的品质和真诚的努力本身就是最好的宣传，而有效的宣传又是形象得以塑造和发扬光大的必备手段。各种广告媒介和宣传策略的巧妙应用，都有助于提高饭店的知名度、美誉度。

2. 传递信息，指导和激发消费活动

广告在传递饭店及其产品信息方面，是最迅速、最节省、最有效的手段之一，对于新成立的饭店来说尤为明显，饭店没有提供足够的信息给客人，客人就无法了解饭店、熟悉饭店，进而就无法产生需求。饭店对市场需求和客人的消费活动不是消极的、被动的适应行为，其积极、主动的功能突出表现为通过广告宣传诱导客人的消费动机，促发客人新的消费意识，并指导客人消费走上健康的道路。

3. 把握市场动态，及时调整经营决策

饭店广告作为一种推销、宣传的手段，实际上也是饭店产品质量、价格、经营特色及行业竞争状况等方面信息交流、沟通的活动，这无疑对饭店采集信息，进行市场调研和预测，及时调整竞争策略具有积极的作用。

二、饭店广告的目标

广告目标是指在一个特定时期内，对于某个特定的目标受众所要完成的特定的传播任务和所要达到的沟通程度。广告目标可分为通知、说服和提醒。

通知性广告主要用于产品的开拓阶段，其目的在于促发初级需求，如开业广告；也可以用来产生即时的反响，如通知市场有关饭店新增添产品和服务的信息，以及价格的变化；还可以纠正客人错误的印象；树立饭店的形象；缩短客人和饭店之间的距离等。通知性广告以短期效应为目标，多用于促销。例如，北京香格里拉大饭店的开业广告，可以说是通过不菲的投入，将通知性广告的作用发挥得淋漓尽致。在 1987 年 8 月 22 日开业大典之际，在《中国日报》发布了 8 个版面的广告，以一个整版发表了中外双方董事长的照片和贺词，用两大版突出介绍了饭店的豪华设施、商务环境和服务，图文并茂、表述清晰。又用一个版面逐个介绍了这个集团的成员饭店，其他版面是海外各大公司的祝贺词。这样的广告，无疑给人们留下即将开业的香格里拉财政殷实、自信心强的印象。

说服性广告在竞争阶段十分重要，目的是向一个特定的细分市场宣传饭店的优势或某一项产品，以中期效应为目标。这类广告既可以为饭店塑造形象或突出格调，也可以用来对整修过的饭店进行重新定位。它通过表现饭店的特色和优势，说明能比竞争对手提供更多的物有所值的产品与服务。对于现有客人来说，这类广告巩固了他们的信心，使他们相信继续选择该饭店是明智的选择，从而建立对某一特定品牌选择性的需求和偏好。例如，新加坡拉菲尔斯饭店的广告《鬼魂、贵族和偶尔出现的流浪汉》，拉菲尔斯饭店是以它的历史和“这位东方神秘贵妇人的传说”来定位的，喜欢浪漫、杜松子酒和与猎奇的读者能从广告中发现自己向往的生活。广告的创意方式、传统的文案布局和字形，集中体现在饭店的可持续竞争优势上。

提醒性广告在产品的成熟期十分重要，目的是保持客人对该产品的记忆。从而使客人在需要的时候，关于这个饭店的信息便能在脑海中出现；或者，即使在淡季，也能促使客人记住它，以保持最高的知名度。例如，上海华亭宾馆刊登于《Culture Recreation》的客房优惠促销广告：鲜明的主题——Summer、Super、Saver、Deluxe room：US＄78.00；明晰的优惠条款和两幅画面——商务活动与休闲活动的场景，都极好地起到了提醒的作用。

三、广告媒体的选择

（一）广告媒体的种类

广告只有在被客人看到、听到并对其心理发生影响，才能发挥作用。在选择媒体时最为关注的，就是广告如何尽可能地被人们所看见和听见。

饭店业中常用的媒体有：印刷媒体，广播、电视，互联网，户外、交通运输场所张贴画、灯箱，展览会等。下面对各个主要媒体的特性进行分析。

（1）印刷媒体包括报纸、杂志、传单、手册、各类名录和广告黄页等。报纸是廉价、普及面广的读物，适合于饭店发布通知性广告。但是由于报纸实时性的特点，使广告的有效性因得不到重复而减弱。

（2）杂志一般都有比较有针对性的读者群，比如商业期刊、度假旅行杂志、时尚杂志等。因为购买杂志的人有着明确的兴趣倾向，所以广告人员能够影响具有极高销售潜力的特定市场。杂志广告由于具有内容须提前交付（以保证一定的印刷周期）和信息维持时间长的特点，适于长期性定位的饭店广告。

（3）广播媒体包括电视和电台广播。电视具有可视、动态和色彩等所有的沟通优势。它是通过塑造形象进行定位的一种极佳手段。但是电视的弱点也比较明显。首先，重要公司、专业客户和社会层次较高、经济基础厚实的人一般不经常看电视。同时，在相当多的地区，电视观众正在被家庭录像、付费点播电视和各种新的娱乐方式抢走。况且电视广告往往代价不菲，所以选择电视广告一定要慎重；电台广播可以用作形象定位，同时，对优惠、价格折扣、开业通知等信息的效果一般会更好，并且电台广播的价格相对比较廉价，最好选择一些已经覆盖符合饭店沟通目标市场的电台。

小案例

Motel 6

Motel 6 是美国最大的平价汽车旅馆连锁店，成立于 1962 年，“6”代表每晚 6 美元，当发现 1986 年达到最低入住率只有 66.7%时，Motel 6 汽车旅馆开始进行了一系列的变革。包括发起了一项 60 秒的幽默广播广告活动，广告以美国的乡村音乐作家汤姆·博德特（Tom Bodett）为特色，以“我们为你把灯打开”为广告语。该广告提升了旅馆的入住率，复兴了 Motel 6 品牌直至今天。

Motel 6 借助音乐、声音和其他设备，更有力地激起了听众的想象力，使他们想象喜欢的图像，进而联想到 Motel 6 汽车旅馆。

（4）互联网的兴起为饭店的广告宣传打开了新的通道。饭店可以通过 Web 服务器和客户浏览，在互联网上发布各种信息。客人可以借助检索工具迅速找到所需要的饭店信息。常用的互联网广告形式有旗帜广告（Banner）、图标广告（Logo）、文字链接（Text）、电子邮件广告（Mailing List）、使用新闻组（Newsgroup）、网上问卷调查（Questionnaire）等印刷品广告。

事实上，没有哪一个媒体与某个饭店的目标细分市场丝丝入扣，因而使用多个媒体联合才能提供均衡的覆盖范围。

拓展·阅读

网络广告

网络广告本身是一种很有潜力的广告载体，它具有传统媒体广告所无法比拟的优势：

(1) 交互性：它可以使消费者随心所欲地选择自己感兴趣的广告信息，而且传播快速，发布和接收基本同步；

(2) 广泛性：互联网的全球性使互联网上发布的广告也是全球性的；

(3) 针对性：可以分析网站访问者的喜好，以精确定位投放广告；

(4) 易于统计性：互联网广告的发布次数和效果均可以由技术手段来精确统计。

但是由于我国的网络经济起步不久，网络广告还存在着许多不成熟的地方，例如网络广告的实际效果不易把握，酒店难以在投放广告之前有一个准确的收支估计；网络广告的供需很难平衡，CNNIC最新的调查数据显示，中国网民大多是18～30岁收入水平较低的人，这一人群占网民总数的52.9%，这些人对酒店产品缺乏需求和购买力；同时，相对于全国十三亿人口来说，互联网络的受众范围还太小，因此在相当长的一段时期内，互联网络广告还只能作为传统媒体广告的补充。

(二) 如何选择广告媒体

(1) 必须与饭店产品的性质相配合，如果饭店所提供的是纯休闲度假产品，就不适合在针对商务客人的杂志上做广告，而应当选择休闲度假类的旅行杂志。

(2) 必须考虑所选择的目标细分市场，将广告做在其目标市场经常接触的媒体上。例如，目标是欧美商务游客的国内饭店，可以选择在《中国日报》(China Daily) 上刊登广告。

(3) 必须考虑广告费用预算，例如，通常在电视上播放的饭店广告费用就比较昂贵，对于中小饭店来说，很难拿出这么多的广告费用在电视上做广告，可以选择在当地的报纸上做广告，广告预算费用就比较合理。

(4) 必须考虑广告媒体的知名度和影响力，良好的广告效果需要考虑广告媒体的知名度和影响力，通常当地日报和专业的饭店期刊就有较强的影响力。

四、广告效果评估

广告效果的评估就是指运用科学的方法来鉴定所做广告的效益。广告效益包括三方面：一是广告的经济效益，指广告促进产品或服务销售的程度和饭店的产值、利税等经济指标增长的程度；二是广告的心理效益，指客人对所做广告的心理认同程度和购买意向，购买频率；三是广告的社会效益，指广告是否符合社会公德，是否寓教于销。

广告效果的测定方法有很多种，可按不同的标准分类，如以广告发布时间为界分类。

(一) 预审法

它是指广告制作完成以后，在媒体上发布以前所进行的广告效果测定和相应分析。具体可通过以下手段进行。

(1) 模拟营销检验。就是通过人为的办法“选”一个营销环境，以此检验广告的促销功能。譬如“盲目销售检验”，就是把包装好的产品上的商标拿掉，摆在货柜上，每种产品后面有一张说明卡片，上面分别有一则不同的广告，最后看哪种产品销量大，就说明哪种卡片上的广告促销功能大。

(2) 客人试用。就是把一组同类产品放在客人面前，然后检验客人对广告的反应程度、对相应产品的购买意向和购买结果。这种办法的优点是速度快，检验的是真正的客人，价格费用不高，能利用完整的广告，其局限性在于不是客人主动地选购，而是被动地回答，购买行为不自然，而且由于客人表达能力的不同，对其意见想法的回答难以做到准确。

(3) 邮寄检验。邮寄检验可以通过各种各样的印刷品形式进行，如小册子、信件、说明书和明信片等。把不同的广告缩小地印在明信片上，每张明信片都有一些免费小赠品，所有明信片的赠品都一样，然后把这些明信片寄给大量的、有一定代表性的客人，根据回复信并已接受赠品者的比例，就可以检查出广告的有效程度。

(4) 仪器检验。把客人置于各种仪器前，检测其对广告的反应程度。视力像机的功能是在阅读广告时记录其视力运动情况。测量表明一个人在阅读时，眼睛并不是顺着字行稳定地移动的，不同的人其阅读习惯也不同。通过视力像机获得的资料可以用来确定广告标题的位置，确定某一广告长度是否合适以及其他广告文案设计问题。再如，印象测量器也是一种国外使用的广告效果检测仪，这种机械装置，把被检的广告在被检测人员眼前暴露3～5秒钟，然后检验人员可以衡量出每个被检人能够回忆起多少广告内容。

(二) 复审法

这是广告发布以后，为了分析广告效果、调整广告策略而进行的测量广告效果的方法。具体可通过以下手段进行。

(1) 售后检验。这是最直接、也是用处最多的一种方法，它对广告发布后饭店产品的新的销售量和广告发布前的销售额进行比较，从中得出广告的促销功能。其优点是简便易行，立竿见影，直接和饭店销售量挂勾；不足之处是无法把广告促销的效果和同时作用的其他促销办法（如人员推销、公共关系）的效果区分开来。

(2) 调查检验。调查客人，询问客人，做一些广告并向读者提供一些好处，鼓励他们对广告作出评论。可以把同一则广告发布在不同的媒体上（电视、报纸、广播等），询问客人哪一种方式效果好；也可以同时发布在报纸上，准备两则广告，今天刊登一则广告，明天刊登另一则广告，然后询问客人哪一种广告效果较好，再决定取舍。

(3) 回忆检验，是指不给对方任何提醒或暗示，只是在受试者记忆的汪洋大海中检查所做广告深入人心的程度。其优点在于，能提供有关广告深入人思想的程度方面的材料，而且还可以检测客人是否领会了广告制作人员企图表达的广告主题、广告设计意图和受众的接受认同程度是否一致；其缺点是费用大，受试者记忆兴趣和记忆程度有差别。

第四节　饭店营业推广

一、饭店营业推广的含义和特点

(一) 饭店营业推广的含义

饭店营业推广，又称销售促进，是指饭店运用各种短期诱因，鼓励客人和营销中介购买、经销或代理饭店产品或服务的促销活动。饭店营销推广活动的目的是在短期内迅速刺激和扩大需求，特别是在推出新产品、新服务或吸引新客人方面取得立竿见影的效果。由于推广活动营销的刺激性比较强，因而容易吸引客人的注意力，使客人在了解产品、服务的基础上采取购买行动，也可能使客人追求某些方面的优惠而使用产品。

（二）饭店营业推广的特点

概括起来，推广活动营销有以下三个特点。

1. 促销效果显著

在开展推广活动营销中，可选用的方法多种多样。一般说来，只要能选择合理的推广方式，就会迅速收到明显的促销效果。但有些活动，例如，广告和公共关系等活动是着眼于饭店形象建设的，需要一个较长的时期才能见效。因此，营业推广活动适合于在一定时期、一定任务的短期性促销活动中使用。

2. 辅助性促销方式

人员推销、广告和公关都是常规性的促销方式，而多数营业推广方式则是非正规性和非经常性的，只能是它们的补充方式。也就是说，使用营业推广方式开展促销活动，虽能在短期内取得明显的效果，但它一般不能单独使用，常常配合其他促销方式使用。营业推广方式的运用能使与其配合的促销方式更好地发挥作用。

3. 时间选择性很强

采用营业推广方式促销，似乎迫使客人产生“机会难得、时不再来”之感，进而能打破客人需求动机的衰变和购买行为的惰性。不过，营业推广的一些做法也常使客人认为卖者有急于抛售的意图。若频繁使用或使用不当，往往会引起客人对产品质量、价格产生怀疑。因此，饭店在开展营业推广活动时，要注意选择恰当的方式和时机。

二、饭店营业推广的方式

（一）针对客人的营业推广

1. 免费样品

免费样品，即提供免费尝试的产品，以建立客人对饭店产品的信任感。例如，饭店开张伊始，邀请旅行社及其他营销中介、社会知名人士前来住宿，品尝菜肴，试用康乐设施等。提供免费样品，是最有效也是成本最高的促销方法。

2. 折价赠券

折价赠券，即可以作为购买款项的证券。折价赠券可以邮寄，也可以当面奉送，不管形式如何，目的都是将折价赠券送到客人手中。

赠券上一般标明折价金额或折扣率。它是刺激客人尽早尽快购买的有效工具，尤其是对那些价格敏感型的客人更为有效。例如，饭店为了吸引回头客人，在客人离店结账时，送给客人一张折扣赠券。此客人下次再来饭店消费时，凭此券即可享有一定的折扣率或折扣金额。

3. 赠品

赠品，即用赠送廉价物品来鼓励购买其他产品或服务的促销方法。例如，饭店为了扩大宴会销售，给每位出席宴会的客人赠送一副印有饭店店名、店徽的筷子。

4. 幸运抽奖

幸运抽奖得以广泛地应用于多种行业，是因为它迎合了人们的好奇心理及尝试运气的心理，这种促销方法在饭店经营中也得到了运用。例如，饭店对那些在一年时间内，在饭店住宿达 3 次的客人给予抽奖的机会，中奖者下次来住宿时免收一天房费或当时就可免一天房费。

5. 招徕广告

招徕广告主要用于饭店内部餐饮营业点的促销。例如，饭店即将推出风味小吃，在营业点门前或其他客人必经的公共区域贴上招徕广告，以达到招徕促销的目的。

（二）针对营销中介的营业推广

1. 闭路电视和幻灯片

现在，有不少饭店都拥有介绍本饭店设施、设备和服务等内容的闭路电视和幻灯片，在客房内的闭路电视节目中放映，或在接待室里为来访的旅行社人员和其他营销中介放映。其目的在于宣传饭店，显示饭店的接待能力和服务水准，促使客人购买或反复购买。

2. 购买折扣

为刺激、鼓励营销中介购买并大批量地购买本饭店产品，对营销中介第一次购买和购买数量较多的营销中介给予一定的折扣优待，购买数量越大，折扣越多。折扣可以直接支付，也可以从付款金额中扣出，还可以赠送产品作为折扣。

（三）针对销售人员的营业推广

1. 推销竞赛

推销竞赛即在饭店的推销人员中展开竞赛，对推销人员中成绩优异者给予一定的物质和精神奖励。

2. 推销会议

推销会议即召集饭店所有的营销人员（团队销售、会议销售、商务销售、宴会销售等）开会，说明饭店即将推出的包价产品、食品节、新的服务项目等，鼓励大家再接再厉，争取创下更优异的促销成绩。

三、营业推广的实施过程

一个公司在运用营业推广时，必须确定目标，选择工具，制订方案，实施和控制方案，并评价结果。

（一）确定营业推广目标

就客人而言，目标包括鼓励客人更多地使用产品和促进大批量购买。争取未使用者试用，吸引竞争者品牌的使用者。就零售商而言，目标包括吸引零售商们经营新的产品品目和维持较高水平的存货，鼓励他们购买换季产品，储存相关品目，抵消各种竞争性的促销影响，建立零售商的品牌忠诚和获得进入新的零售网点的机会。就营销队伍而言，目标包括鼓励他们支持一种新产品或新型号，激励他们寻找更多的潜在客人和刺激他们推销换季产品。

（二）选择营业推广工具

可以在上述各种方式中，灵活有效地选择使用。

（三）制订营业推广方案

营业推广方案应该包括这样几个因素：

（1）费用：营销人员必须决定准备拿出多少费用进行刺激；

（2）参加者的条件：刺激可以提供给任何人，或选择出来的一部分人；

（3）营业推广措施的分配途径：营销人员必须确定怎样去促销和分发促销方案；

（4）营业推广时间：调查表示，最佳的频率是每季有三周的促销活动，最佳持续时间是产品平均购买周期的长度；

（5）营业推广的总预算。

（四）方案试验

面向客源市场的营业推广能轻易地进行预试，可邀请客户对几种不同的、可能的优惠办法作出评价和分析等，也可以在有限的地区进行试用性测试。

（五）实施和控制营业推广方案

实施的期限包括前置时间和营销延续时间。前置时间是指开始实施这种方案前所必需的准备时间。它包括最初的计划工作、设计工作，以及包装修改的批准或者材料的邮寄或分送到家；配合广告的准备工作和销售点材料；通知现场推销人员，为个别的分店建立地区的配额，购买或印刷特别赠品或包装材料，预期存货的生产，存放到分配中心准备在特定的日期发放。营销延续时间是指从开始实施到大约95%的采取此促销办法的产品已经在客人手里所经历的时间。

（六）评价营业推广结果

对营业推广方案的评价很少受到注意，以赢利率加以评价不多见。最常见的一种方法是对推广前、推广中和推广后的销售进行比较。

小案例

武汉麦圈先生时尚餐厅的营业推广

武汉麦圈先生时尚餐厅（中山大道店）位于武汉市中山大道繁华商业中心，是韩国

MR. DOUGHNUT（麦圈先生）美食品牌进入中国开设的第一家加盟连锁店，主打产品有各色麦圈、比萨、意大利面、韩式酸奶冰激凌、思慕希、LAVAZZA 咖啡等中西简餐 200 余种。

面对武汉餐饮市场激烈的竞争，该餐厅推出了“麦圈先生，诚信关爱——全球主流美食系列推广周”主题活动，获得了成功。

全球主流美食推广周特惠酬宾活动如下：第一周为麦圈推广周，第二周为酸奶冰激凌推广周，第三周为比萨推广周，第四周为 LAVAZZA 咖啡推广周。

本活动每月周而复始，循环推广（即个别月份为五周的，则第五周为麦圈推广周，以此类推），每个推广周活动仅限每周一至每周五全天。每个推广周均设全天打折日一天，保证每个月的星期一、星期二、星期三、星期四均有一天为全天打折日，其中：

麦圈推广周的周一全天全单 8.8 折（特价除外）；

酸奶冰激凌推广周的周二全天全单 8.8 折（特价除外）；

比萨推广周的周三全天全单 8.8 折（特价除外）；

LAVAZZA 咖啡推广周的周四全天全单 8.8 折（特价除外）。

推广周里全单打折日的当天，持“麦圈先生”VIP 卡更享受折扣升级至 8 折的特惠。推广周里全单打折日的当天，进店第一位（桌）客人可享受全单 8 折（特价除外）的特惠，进店第一位（桌）客人如持“麦圈先生”VIP 卡更可享受全单 7 折（特价除外）的折扣升级特惠。

1. 麦圈推广周活动方案

凡外卖点单客人单次消费满 20 元，送 1 元小麦圈 2 个。

凡活动期间下午茶时间段（14：00—16：00）到店消费客人，每位赠送 1 元小麦圈 1 个。

一次性购买麦圈结账金额满 20 元，除享受相应折扣外，另赠送 1 元小麦圈 2 个。

一次性购买麦圈结账金额满 58 元，除享受相应折扣外，另赠送 3 元麦圈 2 个。

一次性购买麦圈结账金额满 88 元，除享受相应折扣外，另赠送“麦圈先生”VIP 卡 1 张。

单桌单次消费满 150 元，除赠送本店 VIP 卡 1 张外，另赠送价值 10 元麦圈 1 个。

推广周期间麦圈推广折扣升级，特惠推广：

10：00—19：00 麦圈 9 折销售；

19：00—20：00 麦圈 8 折销售；

20：00—21：00 麦圈 7 折销售；

21：00—22：00 麦圈 6 折销售；

22：00—23：00 麦圈 5 折销售。

非麦圈推广周期间每晚 21：00—23：00 麦圈 7 折特惠销售。

持本店 VIP 卡客人在麦圈推广周期间可享受折扣升级待遇（如 10：00—19：00 麦圈 9 折销售，一般客人打 9 折时，持本店 VIP 卡客人可打 8 折；以此类推，最低 5 折）。

2. 酸奶冰激凌推广周活动方案

凡单桌单次消费满 150 元，除赠送本店 VIP 卡外，另赠送 12 元原味酸奶冰激凌 1 份；

凡点38、39元冰激凌者，除享受相应折扣外，另赠送5元麦圈1个；

凡点25元冰激凌者，除享受相应折扣外，另赠送4元麦圈1个；

凡点20元以下冰激凌者，除享受相应折扣外，另赠送3元麦圈1个。

推广周期间购买任意冰激凌8.8折优惠，持本店VIP卡客人享受折扣升级8折优惠。

3. 比萨推广周活动方案

凡单桌单次消费满150元，除赠送本店VIP卡外，另赠送价值12元8寸特价比萨一个。

凡单桌单次消费满300元，除赠送本店VIP卡外，另赠送价值19元12寸特价比萨一个。

推广周期间购买任意批萨8.8折优惠（特价除外），持本店VIP卡客人享受折扣升级8折优惠（特价除外）。

4. LAVAZZA咖啡推广周活动方案

凡单桌单次消费满150元，除赠送本店VIP卡外，另赠送价值12元LAVAZZA（大杯）1杯；

凡在LAVAZZA咖啡推广周下午茶时间段（14：00—16：00）消费结账金额达到88元，赠送LAVAZZA（大杯）1杯；

凡点LAVAZZA（大杯）1杯者，赠送3元麦圈1个；

凡点LAVAZZA（大杯）2杯者，赠送3元麦圈2个；

凡点LAVAZZA（大杯）3杯者，赠送3元麦圈3个。

以此类推，上不封顶。

简评：每个推广周里（注意：周六、日除外）除了延续“单桌单次消费满150元，赠送本店VIP卡”的既有政策外，还加赠当周推广周的主推产品1份，可以鼓励并吸引不同美食喜好的客人选择相应的推广周到店消费，有效地错开了进食高峰期，避免了高峰时段客人排队进餐、餐厅服务供给不足的局面。同时，实物奖励往往更能抓住客人的心理并不断刺激他们到店循环消费。实施推广活动后，武汉麦圈先生时尚餐厅日均消费客人达到了400～500人，节日时达到800～1000人。餐厅全员营销效果明显，员工精神面貌和服务意识大为改观，员工促销提成等额外收入增多，实现了“客人、餐厅、员工”三赢的目标。

第五节　饭店公共关系

小案例

锦江酒店的公关

我国上海的锦江酒店，长期由政府直接经营，服务对象级别高。在一般公众心目中，锦江的形象是庄严有余，亲切不足。在新的形势下，这家酒店认识到，原有的形象对扩大业务、提高经济效益不利，要根据公众心理及其消费结构的变化，在保持锦江原有高贵豪华形象的同时，再赋予亲切平和的情调色彩。在公共关系部的提议下，这家酒店打破森严的壁垒，开门迎客，锦江园内许多昔日令普通市民望而却步的地方，如今成了人们喜欢去的场所，并通过广告，使“锦江是属于公众的”这一信息广为传播。进而联络与社会公众的感情，增进了解和友谊。

一、饭店公共关系的含义与特征

（一）饭店公共关系的含义

公共关系是指饭店为改善与社会公众的关系，促进公众对饭店的认识、理解及支持，最终达到树立良好饭店形象、促进饭店产品和服务营销目的的活动。饭店必须与其周围的各种内部、外部公众建立良好的关系。它是一种状态，任何一个饭店都处于某种公共关系状态之中；它又是一种活动，当一个饭店有意识地、自觉地采取措施去改善自己的公共关系状态时，就是在从事公共关系活动。

（二）饭店公共关系的基本特征

(1) 公共关系是饭店与其相关的社会公众之间的相互关系

这里包括三层含义：其一，公关活动的主体是饭店。其二，公关活动的对象，既包括饭店外部的客人、竞争者、新闻界、金融界、政府各有关部门及其他社会公众，又包括饭店内部职工、股东。这些公关对象构成了饭店公关活动的客体。饭店与公关对象关系的好坏直接或间接地影响饭店的发展。其三，公关活动的媒介是各种信息沟通工具和大众传播渠道。作为公关主体的饭店，借此与客体进行联系、沟通、交往。

(2) 公共关系的目标是为饭店广结良缘，在社会公众中创造良好的饭店形象和社会声誉

一个饭店的形象和声誉是其无形的财富。良好的形象和声誉是饭店富有生命力的表现，也是公关的真正目的之所在。饭店以公共关系为促销手段，是利用一切可以利用的方式和途径，让社会公众熟悉饭店的经营宗旨，了解饭店的产品种类、规格以及服务方式和内容等有关情况，使饭店在社会上享有较高的声誉和较好的形象，促进产品营销的顺利进行。

(3) 公共关系的活动以真诚合作、平等互利、共同发展为基本原则

公共关系以一定的利益关系为基础，这就决定了主客双方必须均有诚意，平等互利，并且要协调、兼顾饭店利益和公众利益。这样，才能满足双方的需求，以维护和发展良好的关系。否则，只顾饭店利益而忽视公众利益，在交往中损人利己，不考虑饭店信誉和形象，就不能构成良好的关系，也就毫无公共关系可言。

(4) 公共关系是一种信息沟通，是创造“人和”的艺术

公共关系是饭店与其相关的社会公众之间的一种信息交流活动。饭店从事公关活动，能沟通饭店上下、内外的信息，建立相互间的理解、信任与支持，协调和改善饭店的社会关系环境。公共关系追求的是饭店内部和饭店外部人际关系的和谐统一。

（5）公共关系是一种长期活动

公共关系着手于平时努力，着眼于长远打算。公共关系的效果不是急功近利的短期行为所能达到的，需要连续的、有计划的努力。饭店要树立良好的社会形象和信誉，不能拘泥于一时一地的得失，而要追求长期稳定的战略性关系。

二、公共关系的职能

公共关系的对象很广，包括客户、新闻媒体、政府、业务伙伴等，公共关系被用来促进品牌、产品人员、地点、构思、活动、各种组织机构甚至国家关系。组织机构利用公共关系去吸引公众的注意力或者去抵消留在公众头脑里的不良印象。国家使用公共宣传去吸引更多的观光者、外国投资者和取得国际支持。公共关系作为一门经营管理的艺术，其功用、职能主要表现在以下六个方面。

（一）扩大影响，提高饭店知名度

饭店的知名度是指饭店在公众心目中名气的大小。提高饭店的知名度，让公众了解饭店、知道饭店，扩大饭店的影响，一个很重要的因素就是要充分发挥公共关系的作用。所谓“酒香也怕巷子深”，一个饭店无论它的设施多么豪华，服务多么热情周到，若无人知道、无人光顾，饭店的生存和发展也会受到影响。

公共关系的机遇很多，关键是要抓住时机和采用有效的方法。例如，饭店的开业庆典就是开展公共关系的一个最好的机会，因为饭店新开业还没有与社会各界建立广泛的联系，它的知名度几乎等于零，这就需要通过公共关系工作的开展，扩大饭店的影响，提高饭店的知名度，因此，许多饭店对饭店的开业典礼都非常重视，精心策划，出奇制胜，以求开业大吉。而一些已经开业或正在经营中的饭店，由于知名度较低，饭店的产品和服务还未被公众广泛认识，就更应该在公共关系上下工夫，抓住有利时机，灵活运用传播媒介，向公众进行宣传和介绍，提高和强化饭店的知名度。营业中的饭店如果能在公众心目中产生良好的声誉，必然会对饭店的经营产生较大的影响。

（二）树立和发展饭店良好形象

饭店的形象是指社会公众包括饭店员工心目中对饭店整体的评价。它是公众对饭店的发展史、管理人员、团体气氛、行为准则、物质条件、产品、服务、饭店名称、店徽等的总体认知，反映了公众对饭店的整体特点、总的精神的了解和情感倾向。

公共关系的根本目的就是通过深入细致、持之以恒的具体工作，树立与发展饭店的良好形象，建立良好的信誉，以取得社会公众的理解和接受，进而赢得信任和支持，而良好形象和信誉的建立，又会促进饭店目标的实现，所以人们常把良好的形象和信誉称为饭店“无形的财富”。但是，饭店形象的树立并不是一朝一夕的事，饭店本身处在一个不断发展的过程之中，因此，饭店公共关系工作要为饭店的发展不断创造良好的社会环境和舆论环境，不能只依靠专职的公关部门和公关人员的不懈努力，而且还要依赖于饭店的各个部门和全体员工的整体配合，需要对饭店上到最高领导，下到每一个员工的精诚合作，实施全员公关管理，即“全员 PR 管理”。让饭店良好的形象在公众的心目中经久不衰。

小知识

全员 PR 管理

"全员 PR 管理"，即通过全员的公关教育与培训，增强全员的公关意识，提高全员公关行为的自觉性，加强整体的公关配合与协调，全面发动全员的公关努力，形成浓厚的组织公关氛围与公关文化。

（三）提供信息，发挥决策参谋作用

在饭店经营管理中，决策是一项战略问题，饭店所处的生存环境和面临的市场竞争极为复杂，经验型管理方式，已很难适应饭店发展的需要，因此，饭店各职能部门，尤其是公关部，应当充分利用公关优势，发挥其智囊作用，为饭店决策层提供切实可靠的信息，当好饭店决策层的参谋。

公共关系所需收集的信息主要有两大类，即产品形象信息与饭店形象信息。产品形象信息包括公众特别是用户对于产品价格、质量、性能、用途等方面的反应，对于该产品优点、缺点的评价以及如何改进等方面的建议；饭店形象信息则包括公众对本饭店组织机构的评价，如机构是否健全、设置是否合理、人员是否精简、运转是否灵活、办事效率如何等；公众对饭店管理水平的评价，如经营决策评价、生产管理的评价、营销管理的评价、人事管理的评价等；公众对于饭店人员素质的评价，如对决策者的战略眼光、决策能力、创新精神等方面的评价；公众对于饭店服务质量的评价，包括服务态度、对客人的责任感。因此，饭店公共关系活动是饭店有效实施决策的关键因素。

（四）协调饭店内外关系

饭店是一个开放型的组织，它既有一定的内在联系，同时又受到外部环境的影响，因此，饭店内各部门之间以及饭店与外部环境之间的协调是非常重要的，这种协调能使饭店内所有部门的活动同步化、和谐化，并使饭店与环境相适应。协调影响到饭店中的所有部门和人群，也影响到饭店的外部环境，缺乏协调就会使饭店在时间、人力、金钱等方面造成浪费，使饭店形象受到损害。

公共关系在饭店管理中的协调作用主要表现在与公众沟通信息、建立感情，取得理解和支持等方面。与公众的信息沟通是饭店公共关系的基本职能，对内包括管理者与员工之间的沟通、各职能部门之间的沟通、饭店与股东之间的沟通；对外包括饭店与客人之间、与社区之间、与新闻界之间、与政府之间的沟通等。

公共关系在饭店内部的信息沟通方面起着十分重要的作用，它可以及时向员工传达和解释饭店的政策、决策、指令和意向，向各级部门反映员工的建议和要求，提高员工的认同感和归属感。

饭店公共关系的协调作用对外部公众而言，首先是与客人沟通，这种沟通工作既是大量的，也是极为重要的，必须始终树立"客人第一""客人总是对的"这样一种经营思想，

尽力根据客人的要求建立和完善服务项目和服务设施，真正与客人做到相互沟通、彼此信任、互促互进。此外，还要注意发挥与政府、社区和新闻界之间的信息沟通作用，取得它们的理解和支持，为饭店的发展创造一个良好的外部环境。

（五）促进饭店效益的提高

饭店经营的最终目标是获得理想的经济效益和社会效益，在饭店经营过程中，无论是消费决策还是投资决策，无论是生产还是营销，都离不开信息服务，信息服务越充分、越及时、越全面，就越能强化饭店的生存与竞争的地位，而信息服务工作又与公共关系工作紧密相联，公共关系工作通过采集、分析和处理信息，能促进饭店经济效益的提高，它虽然不像餐饮、客房那样能产生直接经济效益，但是，它对饭店经济效益的影响却非常之大。第一，公共关系可以增强饭店的竞争能力，使饭店在竞争中立于不败之地；第二，公共关系能改善饭店的市场环境，开拓产品销路，理顺营销渠道；第三，公共关系可以加强饭店与外部环境的联系，形成正确的经营决策，抓住经营的最佳时机，从而获得最佳的经济效益。

（六）处理危机事件，维护饭店信誉

危机事件是饭店经营管理过程中由于工作的疏忽或其他原因而产生的一些特殊情况，主要包括火灾、食物中毒、停电停水、自然灾害以及大的劳资纠纷等，所有这些都会给饭店的信誉带来极为不良的影响，因此，正确处理各种危机事件，维护饭店的形象和信誉具有十分重要的意义。

公共关系在处理饭店危机事件中起着举足轻重的作用，一方面，要通过公共关系活动，建立一套完整的检查制度，通过科学的调研与预测，防患于未然，避免各种危机事件的发生；另一方面，当事件发生以后，必须充分听取公众的意见，设法查清事实真相，与公众进行必要的沟通，相互之间达成谅解，从而妥善解决矛盾，维护饭店的信誉和形象。当饭店出现危机时，必须及时采取有效行为，与公众加强信息沟通，消除误会，取得公众的谅解，把不利因素转变为饭店发展的动力，从而确保饭店信誉和形象不受损害。

三、公共关系的活动方式

要实现树立良好饭店形象、促进饭店产品和服务营销的目标，饭店主要可以采用以下几种公关活动方式。

（1）新闻发布会。饭店可以争取一切机会举行新闻发布会，邀请各种新闻媒体参加，及时向社会各界传播饭店有关信息，以形成有利的社会舆论，创造良好气氛的活动。这种方式形式较正规，传播面广，推广饭店形象效果较好。

（2）赞助或者公益活动。赞助或公益活动是饭店对社会事业或社会活动慷慨捐助资金或者物资的公共关系活动。一般来说，赞助或者公益活动是一种社会性服务工作，可以体现组织的社会义务和社会责任感，通过为社会贡献一份力量，饭店往往能迅速获得公众的认可，从而获得生存和发展的可靠保障。

（3）专题公关活动。饭店可以通过组织或者举办展览会、联谊会、庆典、美食节、开

放参观等专题公关活动，介绍饭店的情况，沟通感情，增进了解，扩大宣传，强化形象。

（4）建立饭店内部公关制度。饭店应该建立完善的内部公共关系制度，用来协调饭店内部管理层与操作层、各部门之间以及员工之间的关系，创造良好的饭店内部环境。

四、公共关系的实施程序

公共关系活动的基本程序，包括调查、计划、实施、评估四个步骤。

（一）公共关系调查

它是公共关系工作的一项重要内容，是开展公共关系工作的基础和起点。通过调查，能了解和掌握社会公众对饭店决策与行为的意见。据此，可以基本确定饭店的形象和地位，可以为饭店监测环境提供判断条件，为饭店制定合理决策提供科学依据等。公关调查内容广泛，主要包括饭店基本状况、公众意见及社会环境三方面内容。

（二）公共关系计划

公共关系是一项长期性工作、合理的计划是公关工作持续高效的重要保证。制订公关计划，要以公关调查为前提，依据一定的原则，来确定公关工作的目标，并制订科学、合理而可行的工作方案，如具体的公关项目、公关策略等。

（三）公共关系的实施

公关计划的实施是整个公关活动的“高潮”。为确保公共关系实施的效果最佳，正确地选择公共关系媒介和确定公共关系的活动方式是十分有必要的。公关媒介应依据公共关系工作的目标、要求、对象和传播内容以及经济条件来选择；宜根据饭店的自身特点、不同发展阶段、不同的公众对象和不同的公关任务来选择最适合、最有效的公关活动方式。

（四）公共关系的评估

公关计划实施效果的评估，主要依据社会公众的评价来进行。通过评估，能了解和衡量公关活动的效果，在肯定成绩的同时，发现新问题，为制定和不断调整饭店的公关目标、公关策略提供重要依据，也为使饭店的公共关系成为有计划的持续性工作提供必要的保证。

拓展·阅读

酒店形象设计

酒店形象设计 CIS 或 CI 是 Corporation Identification System 的英文缩写，原意是酒店识别系统，意为一个酒店用以区别于其竞争对手的各种形象、文字、风格等的综合体，其目的是展露产品特色、突出酒店风格、宣传酒店文化。它不仅仅是短期的促销工具，而且是酒店营销发展战略的长远工具。

CIS具体内容包括三个方面，或者更确切地说，是由低向高三个层次的综合。

第一是视觉识别（Visual Identification，VI）。其目的在于从视觉上使本酒店的产品、服务、形象区别于其他竞争者。其方法很多，包括设计独特的产品商标、颜色、款式、包装、酒店的厂牌、厂名、员工的着装及配戴的厂徽等。例如，提到柯达胶卷，就联想到明艳的金黄颜色；由可口可乐联想到活力奔放的大红色；娃哈哈的品牌标志是一个既像小孩又像老头的吉祥物；健康奋进的李宁则是健力宝的形象代表。

第二是行为识别（Behavior Identification，BI）。其目的在于从行为举止、行为方式上使本酒店员工、服务方式区别于其他竞争者。其方式如饮食业从点菜到上菜时间的规定，迎宾员鞠躬度数的规定等。海尔集团规定：凡购海尔空调者，购后 24 小时内由公司派员上门安装，安装 1 个月内电话询问使用情况，这种独特的时间规定就是海尔 BI 设计的一部分。

第三是理念识别（Mind Identification，MI）。其目的在于从理想信念、酒店文化、价值观念等思想上、精神上使本酒店区别于其他竞争者。相对而言，视觉识别设计轻而易举，行为识别设计也可以模仿，理念识别设计最为困难，它包括建立独特酒店文化、酒店价值观、酒店信仰理想，其外在表现形式可以包括广告词：如四川长虹的“以产业报国，民族昌盛为己任”就反映了民族产业的企业文化；广东健力宝的“运动饮料健力宝”就反映了体育产品的企业文化。还可以包括酒店的店训、店歌、特定仪式，如亚细亚集团的升旗仪式等。

1952 年，在美国，年逾 60 的哈兰·山德士用仅仅 105 美元的社会救济金开始全心地专营炸鸡生意。这种“好到吮手指”的家乡鸡已成为全世界规模最大的零售食品之一，其形成的全球认同的 CIS 包括：第一，产品标准化，用重量相等的美国标准的 A 级肉鸡，均匀分割成 9 块，用含有 11 种香草和调料配制的秘方加工，再用特制的气压炸锅烹制。第二，神秘消费者检查制度，即肯德基控制主管人员从社会上招募一些整体素质较高但与肯德基无任何关系的人员，对他们进行专业培训，使他们了解肯德基食品的温度、重量、色泽及口感标准，他们以一般消费者的身份不定期地到各地餐厅就餐，进行打分，由于从餐厅经理、一般员工到公司总经理都不认识这些检查人员，所以这些检查人员就被称为“神秘消费者”。第三，“四步清洗法”，即（A）刮，冲，擦；（B）用洗涤剂清洗；（C）用清水冲洗；（D）消毒。第四，柜台服务必须履行“服务五步曲”，即（A）热情问候，甜蜜微笑；（B）双目注视，仔细聆听，重复订餐；（C）建议销售，因人而异；（D）迅速包装，准确无误；（E）感谢消费者，欢迎光临。这“五步曲”必须在 1 分钟之内完成。

第六节　饭店其他促销策略

一、饭店内部促销

内部销售最基本的内容就是积极、主动地告诉店客人饭店所有的产品和服务，如客户、餐饮网点、饮料、游乐场、宴会、会议厅、俱乐部、饼房、特殊菜肴、健身中心和产品部等。然而，在许多饭店的客房里，很难找到有关饭店服务项目的说明书，造成饭店生意外流，客人找不到应有的服务。

（一）内部促销的优点

第一，内部促销是面向已有的顾客或客人进行的促销，对内总比对外容易和方便。第二，内部促销不需要专职人员，从总经理到清洁工、前台到后台，人人都可参与。饭店全员都是产品义务推销员，只要把积极性、主动性调动起来了，再适当地掌握一些方法和技巧，就会形成强大的推销实力。第三，内部促销不需要专门的经费投入，它不像广告、公关等要有专项的预算，经费开支大。内部促销是在完成本职工作的同时，不失时机地、恰到好处地推销，只需多一些灵活多变的方法、语言和形式而已。因而是成本最低、见效最快的促销手段，何乐而不为呢？第四，内部促销没有时限性，一年 365 天，每天 24 小时，随时都可进行。所以，内部促销做好了，它是外部促销的继续和深入，也是外部促销的基础和保证。内部促销取得成效的关键是优质服务，只有优质服务才会令客人满意，才能让客人乐于消费、多消费、再次消费。内部促销还取决于饭店内部竞争、激励机制的建立健全，从上到下要树立全员营销意识，对在内部促销方面成绩显著的个人或部门实行奖励，只有管理制度过硬了、兑现了，才能使内部促销工作落到实处。

（二）内部推销的主要方式

客房里的告示；醒目的路标、路牌——放在公共区域或饭店外面；餐桌上的卡片；精制的菜单；张贴在居民区广告；所有直接与客人打交道的员工；跨部门的预订卡；客房（客人）调查表；客房里的闭路电视节目；摆放在客房合适位置的服务指南；跨部门的横向推销；员工的微笑服务。

小知识

数据库营销

所谓数据库营销，就是企业通过收集和积累消费者的大量信息，经过处理后预测消费者有多大的可能去购买某种产品，以及利用这些信息对产品进行精确定位，有针对性地制作营销信息，以达到说服消费者去购买产品的目的。

二、饭店整合促销

传统的促销也有一个促销组合，即综合性地运用广告、人员推销、营业推广和公共关系等沟通手段，来影响客户。但在实际的促销操作中，却很少有人能做到这一点。所谓的促销，还仅仅是广告或者是人员推销或者是营业推广等。现代促销，在丰富对每一种促销手段的认识的同时，更强调整合促销或整合沟通。简单来讲，整合传播有以下要点。

（1）在传播中，居于核心的是客户的心理，因此，必须要对客户的动机、认知、记忆、联想和态度有更充分的认识。

（2）整合传播强调真正意义的综合，就像打篮球，各种沟通传播工具如同球场上的后卫、前锋、中锋，各司其职，且讲究战法，通过纯熟默契的配合与教练的调度，发挥大兵团的作战能力。

(3) 整合传播的目的不是一次性交易，而是希望与客人维系长期的关系，即实现关系营销。这就要求饭店在沟通中，有条不紊地与客人进行适时适地的双向交流沟通，同时要建立起全面的客户数据库，实现数据库营销。泰国东方饭店就规定，饭店的计算机要储存所有客人的相关资料，服务人员晚上要背熟所有客人的姓名，以便更有效地服务于客户。东方饭店对老客户的关怀更是无微不至："王先生还要老位子吗？您去年 6 月 8 日在靠近第二个窗口的位子上用过早餐。""老位子！老位子！""还是一个三明治，一杯咖啡，一个鸡蛋？""老菜单，就要老菜单！"王先生生日的时候收到东方饭店发来的生日贺卡，并附了一封信，说东方饭店的员工想念他，希望能再次见到他。王老板发誓再到泰国去，一定要住在东方饭店，并且要说服所有的朋友像他一样选择。像美国著名的丽兹·卡尔登饭店，在其全球联网的计算机档案中，详细记载了超过 24 万个客户的个人资料。

拓展·阅读

旅游饭店促销的十种手段

对饭店企业而言，可以借鉴参考的促销方式主要有以下十种，每一种方式都不可能是孤立的、无所依托的，方式的运用常常呈交叉状、组合状。对不同的方式，企业需要研究选择更有力、更有效的方式。

(1) 依靠政府，借势造势。所谓依靠政府是因为政府承担着整体走向市场的责任，具有强大的组织力、影响力，所以，借助政府这条大船出海是走向市场的捷径。

(2) 借助媒体，广示天下。现代社会是一个信息社会，信息的载体是传播媒体，包括电视、电影、报纸、杂志、广告等，这些媒体已经成为大众时刻关注的焦点，成为信息来源的渠道。借助媒体，可以广示天下，迅速扩大自己的知名度。

(3) 口号开路，形象导入。形象宣传已经成为现代营销的重要策略。树立形象、传播形象是每一个企业乃至一个地区、一个城市需要十分注重的促销方式。用简洁、明快的语言或图形，浓缩自己的形象，更容易最快进入市场对象的脑海，成为市场对象的选择。

(4) 区域联合，携手促销。有时候，一个地区或某一个企业，孤军奋战会显得势单力薄，也缺少某种信任度，区域联合对市场的吸引力无形中会加大，而一个地区或一个企业在区域联合中会得到整体优势所带来的巨大利益。

(5) 科技领先，网络推广。现代科技极大地影响着我们的生活，科技进步也给旅游业的发展注入了新的活力。网络促销已经成为世界范围内的最热的或者说上升速度最快的促销手段。借助科技，实行网络促销，各个企业、各个地区都应该认真研究，迅速跟上时代的步伐。

(6) 举办活动，集中宣传。现在各地或者各个企业都在研究举办各种活动，包括文体活动、美食活动、康体活动、展示活动等。这些活动有些是大型活动，也有些是企业自己组织的小型活动，无论哪种活动都是集中宣传自己的好机会。当然，活动要准备充分，内容要新颖独特，形式要健康活泼，这样才能在社会上产生轰动效应。如果能够把活动办成定期的，其影响会更大。

（7）关注名人，借名扬名。名人一般是指那些社会上的成功者，他们的影响比普通人要大得多。

名人也会产生一些特殊的吸引力，借助名人、吸引名人，是某企业、某地区宣传自己极好的机遇。

（8）行业联手，组合产品。旅游是多行业组成的产业，一个企业不可能完完全全囊括全部的旅游要素，不可能满足旅游者的全部需求。因此，必须把分散的要素组合成产品，使产品具有较强的市场竞争力。在市场上，产品的作用远远大于某个企业的作用，旅游者在选择企业时，有可能更多地从产品的角度出发，使自己的需求得到最充分的满足。

（9）全员促销，突出能力。科技进步不可能完全抹杀人的作用，科技也需要人来掌握，更何况旅游促销常常有情感的因素，而情感是通过人与人之间的交流才得以巩固发展的。所以在旅游促销中，现在仍然要强调个人的能力，有一支好的促销队伍，甚至达到全员促销的良好状态，对企业发展，对企业走向市场至关重要。

（10）提高质量，重视口碑。任何促销都是在服务质量，包括软件质量和硬件质量得到基本保证这一前提下的对外活动。促销既不是骗人上当，也不是一锤子买卖，所以，必须有一个服务质量的基本保障。这种保障是促销强有力的支撑点，是形成良好口碑的支撑点。有良好的口碑，就会有回头客，就会有越走越亲的熟客。

本章小结

饭店促销是指饭店营销者将有关饭店、饭店地址、饭店产品及服务的信息，通过各种宣传、吸引和说服的方式，传递给饭店产品和服务的潜在客人，促使其了解、信赖并购买自己的饭店产品或服务，以达到扩大销售的目的。要理解饭店促销的作用。

所谓促销组合，是一种促销活动的策略思路，主张饭店运用广告、人员推销、公关宣传、营业推广这四种基本促销方式组合成一个策略系统，使饭店的全部促销活动互相配合、协调一致，最大限度地发挥整体效果，从而顺利实现饭店的目标。

人员推销是指饭店直接与客人或潜在客人接触、洽谈，以达到促进营销目的的活动。我们应掌握饭店人员推销的特点、饭店人员推销的任务及程序、饭店推销人员的选择与培训。

饭店广告是指由饭店通过付费的方式利用媒体所进行的信息传递活动，以刺激客人产生需求，扩大销售的促销活动。要掌握饭店广告的目的，广告媒体的选择，广告效果的评估。

饭店营业推广，又称销售促进，是指饭店运用各种短期诱因，鼓励客人和营销中介购买、经销或代理饭店产品或服务的促销活动。要掌握营业推广的特点、方式以及实施过程。

公共关系是指饭店为改善与社会公众的关系，促进公众对饭店的认识、理解及支持，最终达到树立良好饭店形象、促进饭店产品和服务营销目的的活动。要求了解公共关系的职能、活动方式以及实施过程。饭店内部促销最基本的内容就是积极、主动地告诉客人饭店所有的产品和服务，饭店内部促销的优点和方式。应当了解饭店整合促销的特点。

经典案例

无锡国际酒店保本促销——薄利多销也赚钱

酒店业存在的一个怪现象是：一方面，许多酒店为占据行业领先地位而挖空心思，使出浑身解数，抢占市场；另一方面，一旦酒店的优势地位确立，就开始脱离大众消费层，这反过来限制了酒店的市场占有量。放弃最大的消费群——普通老百姓，既给酒店带来了困扰，也暴露出其经营意识的不足。其实，薄利多销并不是酒店业摆脱困境的权宜之计，而应是一个合乎市场规律的战略选择。“上有天堂，下有苏杭”，让临近的无锡人失掉了许多机会，纵有美丽多情的太湖水，也还是常被行色匆匆的游客忽略。在客源不太多的情况下，无锡的高档酒店已由过去的4家发展到现在的近30家，竞争之激烈可想而知。而此间一家不久前刚刚试营业的酒店，竟然生意兴隆，第一个月收支基本持平，第二个月已经有了30万元的利润，着实让人惊讶，这就是无锡国际酒店。无锡国际酒店的宴会厅让人真正感受到了什么是门庭若市。每逢节假日，有41张餐桌的大厅必定爆满，一小时内至少有五六张桌子要翻两次台。亲朋相聚、婚庆喜宴、酒店宴请，气氛异常热烈。而要在此住宿，如遇有会议，就得提前预订了。

案例分析

为什么“国际”这样火？无锡国际酒店董事长谢菊宝先生分析了其中的原因。无锡国际酒店营业之初，决策层分析了无锡酒店业的形势。“国际”客源有限，老牌的大酒店尚且吃不饱，更何况刚开业的新手。但如果务实一点，国内市场也是大有可为的，但靠什么来抢占市场呢？优越的交通、地理位置固然是“国际”可以倚仗的优势，但最根本的要靠什么呢？曾在西藏工作多年后从事房地产业的谢董事长非常务实，他深谙“薄利多销”的经营之道。拿餐饮来说，同等档次的酒店毛利率一般在60%，而“国际”只有40%，但这部分损失被滚雪球似地到来的客人弥补了。“薄利”给“国际”的餐饮带来了良性循环。价位不高（普通市民每月花上薪水的1/7左右到高档酒店享受一次也还承受得起），客人就多了，资金和原材料的周转就快了；原料新鲜、菜品质量有保证，环境、服务较好，“回头客”就多了。这样一来，靠规模效益，“国际”的餐饮立稳了脚跟。客户等方面亦采取了相同的策略。无锡有名的小天鹅集团，在此举办洽谈会的费用比在其他酒店节约了近一半。从经营上看，第二个月“国际”的营业收入250万元，餐饮达到150万元。对于自己的优势，无锡国际酒店充满了自信。那么“薄利多销”会不会引起行业内不良的“削价竞争”呢？谢先生认为：近年来，盲目竞争造成了一些价格畸形。市场经济中的经营需要实事求是，“薄利”不是“无利”，而是价格的回归。“薄利多销”实际上是让利于民，是对“暴利”的一种抵制，对客人来说是极大的好事。而对整个行业来说，应该起到这样一种作用：让一些经营不好，而又不肯放下架子的酒店看到还有另一种赚钱的方法，而对那些有实力的同行而言，我们只不过也是通过实力用自己的方法经营而已，没必要在经营方式和风格上攀比。我们是用房地产的收益来投资，不欠外债，比较轻松。另外，我们的酒店和员工有踏实勤奋、不怕吃苦的精神。这也许就是无锡国际酒店的特色。

考考营销小专家

一、填空题

1. 推销人员培训的方法主要有________、________、________。

2. 非人员推销策略一般包括________、________、________。

3. 饭店产品一般在开拓阶段主要采用________广告。

4. 赠品主要针对________的饭店营业推广。

5. 公共关系的活动方式主要有________、________、________、________。

6. 人员推销最根本的特点是，推销员________是促进销售的主要原因。

二、选择题

1. 在不同广告媒体中，最昂贵的广告媒体一般是________。

A. 报纸　　B. 电视　　C. 广播　　D. 杂志

2. 饭店要在近两天内宣传饭店的一项活动，应该采用________做广告。

A. 电视　　B. 广播　　C. 报纸　　D. 期刊

3. 饭店产品一般在竞争阶段主要采用________广告。

A. 通知性　　B. 说服性　　C. 提醒性　　D. 陈述性

4. 公共关系的主要对象是________。

A. 群众　　B. 社会组织　　C. 公众　　D. 企业

5. ________是为了刺激需求而采取的能够迅速产生鼓励作用的一种促销活动。

A. 广告　　B. 人员推销　　C. 营业推广　　D. 公共关系

三、简答题

1. 什么是促销组合？它主要由哪些要素组成？

2. 广告的主要作用是什么？

3. 饭店营业推广的主要形式有哪些？

4. 饭店公共关系的主要职能有哪些？

走近市场

【实训名称】

饭店节日促销组合。

【实训内容】

根据一年中的重要节日（春节、劳动节、中秋节、国庆节等）给一家新建的国际大饭店做一个促销组合方案。

【实训要求】

综合运用本章所学习的几种促销手段，分小组进行方案设计。

第九章 饭店营销管理

学习目标

1. 熟悉饭店营销管理的过程；
2. 了解饭店营销战略的基本内容和制定程序；
3. 掌握营销计划的内容及制订方法。

动脑筋

刺激团队——与诸旅行社建立“长远邦交”

拥有大量旅游团队业务的旅行社与众饭店的关系一直非常微妙，确切说来，有点像恋爱中的男女，爱恨交加，形同“冤家”。

天旺大酒店在当地只能算是一家中上档次的酒店，酒店一开始就决定走自己独特的营销路子，即盯准旅游团队，与各旅行社建立“长远邦交”，而不是过去那种“朝三暮四”的传统做法。

为实现这样的思路，酒店采取了很多措施：

(1)“奖励积分制度”——旅行社每在酒店预订一个会议或一间客房，都将获得相应的奖励积分，积分达到一定的标准后，酒店就会按事先的承诺予以正常折扣以外的返利或其他形式的奖励。

(2)“优先安排制度”——为了获得旅行社的长期合作，酒店部分地牺牲了在商务散客市场上的利益。每当酒店业和旅游业的旺季同时到来时，其他酒店纷纷拒绝接待利润偏低的团队，而天旺酒店却放弃了唾手可得的利润，成为了众旅行社最后的“靠山”，而且淡季的价格、返利等优惠政策照样有效，这种“肝胆相照”的义举在无形中交下了许多旅游界的朋友。

(3)“非正式走访制度”——每年从年初到年尾，酒店销售人员都始终坚持不懈地带些松饼、饼干之类的小礼物走访各旅行社的计划部门，这些非正式的频繁访问使得销售人员与旅行社之间建立了一种真正亲密无间的朋友式关系，增加了彼此之间的信任度。

成为专业的旅游接待酒店，天旺的利润率虽然有所下降，但业务总量却直线上升，尤其是当全行业的淡季来临时，天旺门前的热闹场景又令所有酒店羡慕不已。

天旺大酒店的营销战略如何？如果你是天旺大酒店的营销总监，除了采取上述策略之外，你还会采取哪些营销战略？也许你一时还不能回答这些问题。没关系，下面就让我们带着这些问题开始这一章的学习。通过本章的学习，相信你一定会掌握这些知识与技能。

第一节 了解饭店营销管理

饭店营销活动是一个整体，涉及纷繁复杂的影响因素。为了实现饭店既定的经营目标和任务，我们既要了解和掌握营销活动的全过程，也要加强对饭店营销活动的有效管理。可见，饭店营销管理是饭店经营活动中非常重要的一个环节，其工作质量的好坏直接关系到饭店的经营业绩。如何有效地对营销活动进行管理，创造出良好的经济效益，就成了我们亟需了解的重要内容。

一、饭店营销管理概念及内涵

饭店营销管理（Hotel Marketing Management）是指饭店为了满足客人的要求并实现饭店计划的各种目标，创造、建立和保持与目标市场之间的利益交换和联系，而对营销业务进行计划、决策、组织、执行和控制的一系列有组织的活动。也就是说，在饭店经营目标、经营计划的总体战略之下，根据对经营环境的分析结果，对市场进行细分，选定目标市场，然后据此制订营销计划，并且推动计划的落实、执行和对执行计划过程进行监督控制、评估、检讨和修订。

饭店营销管理涉及五项基本的管理职能，即计划、决策、组织、执行和控制。计划包括提出一系列准备要实施的营销行动方案。决策包括对所提出的营销方案进行分析、评价、选择和实施。组织涉及建立正式的组织结构，将营销活动按类别形成营销部门（如营销调研部门、产品和服务设计开发部门、促销和推销部门等），规定营销部门与各经营单位（如客房、餐厅）之间的关系。营销的组织职能在营销力量的管理和饭店的整个结构（职能、生产和销售）中尤为重要。执行职能涉及如何将个人的需要与饭店的需要结合起来。控制职能主要通过制订营销绩效标准、评价实际营销绩效、比较实际绩效和所建立的绩效标准、采取纠正行动等几个步骤来实现。

饭店营销管理到底管什么？这就要回到营销的本质上来。每个组织或个人，在社会上生存和发展，都有需要，并愿意付出一定的报酬来满足这部分需要，于是这部分需要就形成了需求。营销的出发点就是通过交换来满足这种需求。也就是说，营销是通过交换，满足市场需求的过程。饭店存在的价值，在于饭店提供的产品和服务能够满足客人的需求，而且双方愿意交换。可见，饭店营销管理的实质，就是需求管理，即对需求的水平、时机和性质进行有效地协调。

客人的需求是饭店营销的基础，产品和服务交换是满足客人需求的手段，两者缺一不可。在营销管理实践中，饭店通常要设定一个预期的市场需求水平，然而，实际的市场需求水平可能与预期的市场需求水平并不一致。这就需要饭店营销管理者针对不同的需求情况，采取不同的营销管理对策，进而有效地满足市场需求，确保饭店目标的实现。

二、饭店营销管理的四种需求

饭店制订营销战略，要充分考虑实施时所涉及的方方面面，其中主要是饭店、客人、营销中介、营销团队四个方面。饭店营销管理要满足饭店的需求，满足客人的需求，满足营销中介的需求，满足营销团队的需求，在不断满足需求的过程中饭店也就得到了发展。

（一）满足饭店的需求

饭店的需求有哪些呢？饭店是一个营利性的经济组织，赚钱是它主要的责任与义务。饭店可以短期不赢利，去扩张，去追求发展，但最终目的必须赢利，否则就会被市场淘汰。按照营销理论，饭店要坚持4C原则，以客人为中心。以客人为中心是饭店营销管理的基本理念，但饭店要想把命运掌握在自己手上，就必须要按照自己的利益来行动，以掌握市场的主动权。在市场和饭店发展的不同阶段，饭店有不同的需求，但满足饭店需求是第一位的。

小知识

4C 原则

Customer（顾客）：忘记产品，牢记客人的需求。要求企业必须首先了解和研究客人，根据客人的需求来提供产品和服务。

Cost（成本）：忘记生产成本，记住客人的购买成本。也就是说产品的理想定价应该是既低于客人的心理价格，又能使企业赢利。

Convenience（便利）：忘记渠道，为客人提供最大的购物和使用便利。企业在制定营销策略时，要更多地考虑客人的方便，而不仅仅是企业自己的方便。

Communication（沟通）：用与客人的双向沟通取代单向的促销。企业通过同客人进行积极有效的双向沟通，建立基于共同利益的企业与客人之间的新型关系。

（二）满足客人的需求

片面强调饭店的需求是危险的。对饭店来说，满足客人的需求是饭店存在的价值，是饭店最长久的保障。客人的需求是什么？客人对好的产品质量有需求，客人对合理的价格有需求，客人对良好的售后服务有需求。客人的需求对饭店来说是最重要、最长久的。在满足需求的基础上，饭店还要发掘需求，引导消费的潮流。营销的核心是围绕满足客人的合理需求，以客人的利益为核心，通过满足客人的需求来获取利润。

（三）满足营销中介的需求

饭店在制定营销策略时要知道营销中介的需求是什么。营销中介是要长远发展，还是要短期赢利。饭店制定策略要考虑营销中介的发展，而不只是从饭店自身出发，也不只是从客人的角度出发。毕竟在目前阶段，营销中介还是饭店行业不可或缺的。营销中介也有发展阶段，它在创业阶段需要你给予指点，需要你给予支持。当他的网络已经形成，管理基本规范时，它最需要的就是利润。不同发展阶段，它的需求是不同的。因此，饭店要针对营销中介的实际需要不断制定出符合营销中介的销售政策、产品政策、促销政策。

（四）满足营销团队的需求

营销团队是最容易被忽略的，因为他们是自己人，但一个营销代表的背叛可能导致一个地区业务的失控。任何营销策略，最终都要靠营销团队来贯彻执行，营销代表执行力度的大小，可能比策略本身的好坏更重要。那么他们的需求有那些呢？无外乎生存和发展，营销团队对合理的待遇有需求，对培训机会有需求，对发展空间有需求。因此，企业要在不同阶段，发掘营销团队的需求，尽量来满足他们。

三、饭店营销管理过程

饭店营销管理过程就是指饭店为实现饭店的各项任务和目标而发现、分析、选择和利用市场机会的管理过程。具体来说，饭店营销管理过程包括如下步骤。

（一）发现和把握市场机会

发现和把握市场机会是饭店营销管理的首要任务。成功的饭店往往是由于其善于发现和捕捉各种市场机会，从而不断创造新的产品和服务。要准确地把握市场机会，关键是对市场机会要有正确的认识和分析。市场机会应当是一种客人尚未得到满足的潜在需要。有些饭店总是把暂时供不应求的产品作为一种市场机会，而等到它把产品生产出来以后，该产品却已经从供不应求变为供大于求。所以，饭店更应当关注的是市场中尚未有适当产品予以满足的那些需要，这样才能使饭店在市场上居于领先地位并获得较大的收益。

（二）选择饭店目标市场

饭店要实现其经营目标，关键是要选择和确定目标市场，了解客人的需要和愿望，并使饭店产品适应和满足客人的需要。为了集中有限的资源更好地满足特定市场的需求，就必须对市场进行细分。客源市场细分的依据通常有地理因素（国家、地区、城市、农村、城镇、地形、地势等）、人口统计因素（年龄、性别、收入、职业、教育水平、家庭人数、家庭生命周期、宗教、种族、国籍、社会阶层等）、心理因素（生活方式、价值观、个性、兴趣、爱好等）和行为因素（时机、利益、使用者地位、使用率、忠诚状况、客人准备阶段、态度）等。这些因素可以单独使用，也可以结合起来应用。

一旦饭店确定了市场细分机会，它们就必须评价各种细分市场和决定为多少细分市场服务。在评价细分市场时，它必须研究细分市场的吸引力是否与饭店的目标和资源相一致。在选择一些市场作为目标后，饭店要决定集中力量是在单一细分市场、几个细分市场、产品专门化、市场专门化，还是完全市场覆盖。如果决定为整个市场服务，就必须在无差异与差异性营销两者中作出决策。差异性营销一般可增加总销售额，但比无差异营销增加了经营成本。

（三）营销组合和营销预算

营销组合是指饭店可以控制的各种营销手段的综合运用。饭店必须针对不同的环境因素有效地开展营销活动，对饭店可以控制的各种营销手段，即产品、定价、营销渠道和促销进行最佳组合，使它们互相配合起来，综合地发挥作用。饭店不能忽视营销组合的作用，因为它既是制定营销战略的重要基础，也是一个有力的对付竞争的手段。对饭店而言，营销组合策略就是产品策略、价格策略、营销渠道策略和促销策略的有机组合与搭配。

营销预算是为实现计划的营销目标而分配资源并监控实际目标达成及费用支出情况的赢利性的营销财务计划。营销预算由广告预算、营销预算、客户服务预算、办事处预算、市场开发预算等组成。一般由营销总监依据市场动态、市场年度调研报告、饭店产品体系规划、上年度营销统计、上年度的公关费用情况、营销人员和技术服务部人员有价值的信息反馈等情况负责制定。预算管理可以提高营销人员的利润意识，有利于饭店营销目标的实现。

（四）编制饭店营销计划

饭店营销计划通常包括如下几个部分：①计划概要；②营销现状；③营销机会与问题分析及结论；④计划在销售量、市场占有率和利润率等方面应完成的目标；⑤营销策略；⑥营销策略的执行方案；⑦费用预算和预计盈亏报表；⑧营销控制。

（五）饭店营销计划执行和控制

饭店营销管理程序的最后一个步骤就是执行和控制饭店营销计划。执行饭店营销计划一般分为几个步骤：制订行动方案、建立组织结构、设计科学的管理制度、开发人力资源、建立饭店企业文化和良好的企业形象、协调各种关系。由于营销计划在执行过程中有很多不确定因素，因此，饭店就有必要对营销计划及时进行调控，进行必要的调整，以保证饭店营销目标的实现。

第二节　掌握饭店营销战略管理

小知识

关于战略

“战略”（strategy）一词的希腊语是strategos，由“军队”和“领导”两个词组合而得，其意思是“将军指挥军队的艺术”。可见，战略原是一个军事术语，是指配置资源以占据有利位置的整体计划，与赢得整个战争有关。在20世纪60年代，战略思想开始运用于商业领域，并与达尔文“物竞天择”的生物进化思想共同成为战略管理学科的两大思想源流。

一、认识饭店营销战略

饭店营销战略，是饭店根据经营目标，通过对营销环境及自身经营能力（包括硬件设施、经营理念、员工素质、企业文化等）的分析评价，对饭店未来经营发展方向所作出的一系列动态规划。饭店营销战略是饭店为了使自身的资源和能力与市场环境相适应，以加强自己的应变能力和竞争能力而制定的规划，是随着饭店宏观营销环境和微观营销环境的变化而不断调整的一种管理过程。它规定了饭店营销活动的方向、中心和重点。正确选择和制订营销战略，是饭店求得生存和发展的先决条件。

饭店营销战略的基本内容通常包含以下方面。

（一）饭店营销战略任务

战略任务是指在一定时期内，饭店营销工作服务的对象、项目和预期要达到的目的。饭店战略任务通过规定业务活动领域和经营范围表现出来：①服务方面；②产品结构；③服务项目。

（二）饭店营销战略目标

战略目标具体包括四方面的内容：①市场目标；②发展目标；③利益目标；④贡献目标。

（三）饭店营销战略重点

战略重点是对饭店实现战略目标具有决定意义的工作、措施和环节，是饭店营销的重点。

（四）饭店营销战略措施

战略措施是指饭店为实现战略目标而采取的长期的、重大的对策和措施。饭店在实现战略目标的过程中，会遇到各种机会、威胁和风险，为了充分利用市场机会，避免市场威胁和减少市场风险，必须制定相应的办法和措施。

（五）饭店营销战略步骤

战略步骤是实现战略目标的时间安排，它是根据饭店营销发展的客观进程制定的。首先按照预定的总目标提出分阶段的目标要求，然后根据这些阶段目标确定战略步骤。

二、饭店营销战略管理的特点

饭店营销战略管理是指饭店确定其使命，根据企业外部环境和内部条件设定战略目标，为保证目标的正确落实和实现进行谋划，并依靠饭店内部力量将这种谋划和决策付诸实施，以及在实施过程中进行控制的一个动态管理过程。它的任务主要在于通过战略制定、战略实施和战略控制，在保持这种动态平衡的条件下，实现企业的饭店营销战略目标。其特点如下。

（一）饭店营销战略管理具有全局性

饭店营销战略对饭店总体目标的实现以及饭店的生存与发展起着决定性的作用。因此，制定饭店营销战略必须从大局出发，考虑饭店的整体利益。饭店营销战略管理不是强调某一事业部或某一职能部门的重要性，而是通过制定企业的使命、目标和战略来协调各部门的活动。饭店内部各部门的工作都以该营销战略为指导而开展进行，各部门之间要通力合作、相互理解和支持，保证局部的利益服从整体的利益。

（二）饭店营销战略管理具有方向性

饭店的奋斗目标如何？饭店经营该往哪个方向发展？将要开拓什么业务？饭店营销战略是为饭店指明该向哪个方向发展，如何发展的系统性的计划。它研究的是营销发展的本质而非表象，解决的是营销过程中的主要矛盾，确定基本开拓途径，决定着饭店的发展方向。各部门各项工作的开展都要与战略相适应。

（三）饭店营销战略管理具有竞争性

饭店战略管理的关键是增强饭店的竞争能力，竞争能力的关键是饭店的核心竞争能力。核心竞争能力是饭店自身所独有的、其他饭店不能直接模仿或不易学到的、对饭店的发展具有决定性影响的能力。核心竞争力能与竞争对手相抗衡，获得更大的市场份额。每一家饭店都应该主动参与竞争，制定科学、合理的竞争战略，并在此基础上大胆创新。任何简单的模仿与跟随最终都会被市场淘汰。

（四）饭店营销战略管理具有长远性

饭店营销战略决策是对饭店未来较长时期（5 年以上）进行统筹规划。饭店为了谋求长期的生存与发展，必须在掌握市场动态和发展趋势的基础上，对未来市场进行科学的预测，发展未来新的市场机会的长远性计划。战略管理是面向未来的管理。战略决策要以饭店当前的现实情况为依据，以所期望或预测将要发生的情况为基础，着眼于饭店未来的长远利益。

（五）饭店营销战略管理具有灵活性

饭店营销战略管理不是静态的、一次性的管理，而是一种开放的、往复性的动态管理过程。营销活动必然会受到各种宏观环境和微观环境的影响和制约，如市场需求、政府政策、客源结构的变化等。这些处于不断变化之中的因素是饭店所不能控制的，随时都有可能使饭店的营销战略受阻或无法完全按计划进行。因此，饭店在制定营销战略时就需要有一定的灵活性，在不违背饭店整体营销战略的原则下，根据外部环境的变化和战略执行结果的反馈信息，调整与竞争者、营销中介、客人、银行、政府等的关系，重新配置内部资源，以进行新一轮战略管理。

三、饭店营销战略管理的过程

饭店营销战略管理活动的重点是制定战略、实施战略和控制战略。而这里的关键在于对饭店外部环境的变化进行分析，对饭店的内部条件和素质进行审核，并以此为前提确定饭店的战略目标，使三者之间达成动态平衡。

（一）饭店营销战略制订

饭店营销战略的制定一般需要经历以下几个步骤。

1. 确定饭店的任务和目标

明确的任务和目标是制定其他决策的基础，任何饭店要制定营销战略，都必须先确定饭店的任务并明确饭店的目标。没有明确的任务和目标，各种方案的分析和评价也就失去了意义和依据。

2. 分析饭店的营销环境

环境因素影响饭店的生存与发展，饭店营销环境的分析是制定饭店营销战略的客观依据。饭店环境的分析必须建立在深入的市场调研和准确、充分的信息的基础之上。饭店营销环境分析的目的是寻找和发现战略机会及避免风险，为战略决策内容寻找依据。

3. 拟订备选方案

在明确的任务和目标的指导下，在对饭店的营销环境进行全面分析的基础上，要拟订几个不同的战略方案作为备选方案。各个备选方案包括不同的营销策略组合内容。在拟订备选方案时，要集思广益，听取多方的意见。

4. 评估选择方案

这是制订营销战略的关键步骤。在对备选方案进行评估的过程中，要对各个方案进行可行性分析，其中对各个可行方案进行财务可行性研究是十分重要的。必须通过对营销情况的再预测，并从财务角度分析预算可能实现的效益，衡量是否可以达到预期的利润目标。如果能达到目标，则这个方案是可行的，可以采用；反之，就是不可行的，不能采用。

（二）饭店营销战略实施

饭店制定好营销战略后，需要将战略方案转化为实际行动并取得成果。一般来说，饭店营销战略的实施是通过中层管理者、基层管理者及其员工来共同完成的，高层管理者主要对战略实施过程和结果进行评价与控制。在营销战略实施过程中，关键的一个问题是组织上下如何就战略方向及其实施达成共识，把组织整体战略目标、职能部门目标与个人目标有效地统一起来，并通过行政组织机构的科学整合，将饭店的总体战略分解成各个层次和各个方面的具体战略，分阶段、分步骤地来贯彻执行。

饭店营销战略只有真正落实到实处，才能取得战略规划预期的效果。相比较而言，营销战略的制定主要取决于高层决策者的洞察力与判断力，战略实施主要依赖于管理者的经营管理艺术和有关员工的一线运作能力。再完美的营销战略方案，若日常经营管理不到位或存在失误，都是很难达到预期的营销效果的。

（三）饭店营销战略控制

饭店营销战略控制是对战略制定、实施的过程及其结果进行适当的监控，保证营销战略方案达到预期目标而实施的一套工作程序或工作制度。营销战略控制的基础是能获得及时、准确、全面的营销信息。一般而言，可分为如下步骤。

1. 建立控制标准

饭店目标是营销战略评价的关键点。根据饭店所确定的控制对象设置相应的目标，通常这些控制目标就是饭店的营销战略目标。控制标准可由饭店管理者参考其他饭店的标准，并结合自身情况来制定。常用的控制标准有销售增长率、投资报酬率、销售额、净利润、市场占有率、产品或服务质量、客人满意度等。

2. 衡量实际业绩

控制标准设定后，接下来就要根据标准对经营的实际业绩进行测量和评价。如果实际执行结果与控制标准一致，则战略管理过程按原计划进行；如果不一致，则进行下一步。

3. 进行偏差分析

实际业绩与预定的控制标准存在偏差的，则需要分析偏差出现的原因，并要了解偏差是否在控制标准容许的范围之内。产生偏差的原因一般有两种：一是实施过程中产生的问题，这种偏差较易分析；二是战略本身的问题，确认这种偏差比较困难。

4. 采取改进行动

针对造成实际工作绩效与控制标准之间产生偏差的原因，饭店必须采取相应的改进措施加以补救或者调整目标。

第三节　饭店营销计划

饭店营销计划是饭店营销战略的延伸和具体化，是实施饭店营销战略的重要一环。有效的饭店营销计划能达到饭店内部资源与外部环境的平衡，指明饭店的营销目标步骤，因而是饭店营销活动的依据。

一、饭店营销计划的概念和作用

饭店营销计划是指根据饭店总体战略目标制订的、指导饭店营销部门在计划期内开展各种营销活动的纲领性文件。营销计划是整个营销工作准备阶段的产品，它概述了饭店营销活动的目标、内容、要求与人员、资源配置等。具体地说，就是以书面的形式说明要做什么工作、何时去完成以及应遵守的程序等问题。它集中体现所制定的营销战略的思想精华。由于饭店所有营销活动是在一个不断变化的营销环境中展开的，因此如果没有营销计划作为指导，那么，饭店的营销活动往往会陷于混乱，经营目标也因此而不能完成。

因此，饭店营销计划是饭店营销管理的重要工具之一，它在饭店营销管理中发挥的重大作用，具体表现在以下方面。

（一）有利于使饭店的营销活动更加适应各目标市场

饭店营销活动是针对性极强的活动，它针对的就是饭店的目标市场。一个饭店可能同时面对几个目标市场，但想在每一个目标市场里都取得成功却不是每个饭店都能做到的。这决定于饭店在进入其目标市场前有没有进行周密的市场调查，以了解目标市场的需求，并制订详尽的营销计划来指导饭店的营销活动。

（二）有利于饭店营销活动有条不紊地开展

由于饭店营销计划详尽而严格地规范了饭店营销工作的执行步骤，因此饭店的各个部门都能明确自己的工作任务和具体安排，避免了部门之间的误解和冲突，减少了工作的盲目性。饭店营销人员能够在营销计划框定的大范围内合理、有序地安排各自的日常工作，使得饭店这部复杂的“机器”能够顺畅地运行，并最终达到其设定的目标。

（三）饭店营销计划有利于饭店长远规划的实施

饭店的长远规划是通过阶段性的营销活动分步骤实现的。饭店将实现长远目标所需进行的工作按先后次序分解到各个经营阶段，由营销计划逐一进行详细的工作安排。随着营销计划的顺利实施，阶段性目标的逐一实现，饭店也将一步步逼近其长远目标。

一份完善的饭店营销计划就像一幅地图，清晰地向饭店管理者显示出其曾经在何处、现在在何处、将要去何处，以及较为理想的前进道路。

二、制订饭店营销计划的方法

（一）自上而下计划法

自上而下计划法（Top-down Planning）是指由饭店高层管理人员根据饭店的目标制订营销计划，再通过营销水平细分下来，由饭店的下级部门员工负责具体实施。这种方法的理论基础是，管理者在饭店组织中的层级越高，其对饭店经营过程中所面临问题的前后关系的看法就越透彻，即所谓的“站得高看得远”。由这些饭店高层管理人员制订的营销计划战略性较强，计划覆盖面也较广，比较强调计划的协调性。但这种方法也有不足之处，如不能调动下级管理人员的积极性，而且饭店高层管理人员有可能缺乏对市场的真实了解，从而出现决策上的偏差。

（二）自下而上计划法

自下而上计划法（Bottom-up Planning）是指饭店基层管理者和营销人员收集信息，进行预测和制订计划，然后由高层管理者来进行检验与平衡，并确认完成。由于强调饭店的基层员工在市场预测、竞争对手调查、客人信息收集等方面积极参与到营销计划的制订中去，因此，这样的制订过程和所利用的信息虽然还要受到饭店高层管理者的检查和控制，但是在这样的计划体系中，饭店基层员工扮演着重要的角色。由此制订的营销计划在实施环节上可能会比较顺利，因为饭店基层员工从一开始就参与计划的制订并负责计划的具体实施。但是，这些人由于受到饭店层级中所处位置的限制，他们倾向于将竞争的舞台看做是他们自己的业务区域而非整个饭店所处的市场，由此制订的营销计划会有很大的局限性。

（三）综合法

它是指综合以上两种方法的优点，饭店高层管理者对饭店的重要决策问题，如饭店形象、饭店发展目标和战略等作出决定，然后向下级部门下达计划指导纲要下级部门根据指导纲要，制订具体的部门计划草案，报上级管理部门批准。这种方法强调计划制订过程中高层管理者与基层管理者的共同参与，一方面保证了营销计划的战略指导性要求，另一方面又确保了计划能紧贴市场，更具创造性。

三、饭店营销计划的内容

为了完成饭店战略所确定的任务和目标，必须制订营销计划。好的营销计划可以规范饭店营销部员工联系现有客户和吸引新客户的方法，还可以帮助饭店确定目标客户类型，如何联系客户，以及如何跟踪结果以便了解什么工作可以提高业务。成功的营销计划无须非常复杂或冗长，但应包含足够的信息来帮助建立、指导和协调饭店的营销工作。饭店营销计划应该简明扼要，基本内容如下。

（一）营销计划的简略概要

这一部分是营销计划的开头部分，是对主要营销目标和措施的简要概括说明。通过简明扼要的文字，集中对目标、策略和预期达到的财务指标作一个总结性的描述，要求开门见山、数字明确、逻辑清晰，以便决策层迅速了解营销活动的主旨。比如，本年度营销计划的目标是使本饭店的产品打入欧美市场，从而使总体销售收入与利润总额比去年大幅提高。经估算，销售目标定为2000万元，比去年提高40%；可实现利润总额400万元，与去年相比增长25%。这个目标主要通过价格调整以及使用促销手段等，同时也推出一些新的服务项目来迎合目标市场的客人需求。本计划实施所需营销预算为100万元，与去年相比增加了35%。

（二）当前营销状况

这部分主要是对当前饭店面临的营销状况的简要明确分析，包括以下内容。

(1) 宏观环境形势：对饭店所处的宏观环境，包括政治、经济、人口、技术与资源等环境因素当前状况、未来变化发展趋势以及可能对饭店造成的影响的分析。

(2) 目标市场情况：对饭店目标市场规模与发展的预测、客人需求发展的趋势及对客人购买行为的分析。

(3) 竞争状况：对市场中主要竞争对手的经营规模、市场份额、产品特点、产品价格、营销渠道、营销机会以及促销方式等方面分析的描述。

(4) 饭店自身经营状况：本饭店产品在所处市场中的地位，如产品市场占有率、产品价格和毛利率等，以及饭店产品的营销渠道、促销方式等。

（三）主要的机会和威胁，优势和劣势，以及将要面对的问题

这部分主要内容是对饭店营销中所面临的主要威胁和机会等进行分析。营销威胁指营销环境中存在着的对饭店营销不利的因素；机会指营销环境中对饭店营销有利的因素。饭店经营除了要了解饭店所面临的营销机会和威胁外，还必须对它们进行评估，对营销威胁可以从两个方面进行评估：一是潜在的严重性，即威胁成为事实时饭店蒙受损失的多少；二是是否可能发生，即它成为事实的可能性。对于营销机会也可从两方面评估：一是潜在吸引力，即这个机会能否给饭店带来利润；二是成功的可能性。营销机会能否成为饭店真正的获利机会，应看它是否符合饭店的目标和资源状况。

（四）想要达到的销售量、市场份额和利润等领域的目标

营销计划的核心内容是营销目标，它是在分析饭店营销活动现状和预测未来的机会与威胁的基础上制订出来的。营销目标能让饭店经营者了解饭店奋斗的总方向，并且便于组织内的分工，便于营销计划执行结果的衡量。因此，如果没有营销目标，计划制订过程中的后续工作都无从谈起。确定饭店营销目标是要注意以下几方面。

1. 确定营销目标的原则

饭店营销目标既是饭店营销人员开展营销活动的依据，又是衡量营销人员工作绩效和营销活动控制的标准。因此，它的制定要遵循以下几个重要原则。

（1）一致性。营销目标应与饭店的经营宗旨、经营条件和总体目标相一致。

（2）具体简明。要对达到的成果进行量化，只需说明做什么、做多少和在何时完成即可，避免复杂和烦琐。

（3）同时具备可行性和挑战性。饭店的营销目标要符合饭店的实际，可以实现；但同时又要具备一定的挑战性，即必须经过努力才能实现。

2. 营销目标的基本内容

饭店营销目标指饭店在一定时期内所要达成的一种理想境界。它的基本内容应包含三个方面：营销活动所要达到的成绩，即成果；检验所取得的营销成果的量化指标，即衡量标准；达到营销成果的时间，即时间限制。把这三者结合起来，就形成了一个具体简明的饭店营销目标。在表达方式上，饭店营销目标经常可分成定性目标和定量目标两大类。定性目标通常有市场形象、服务质量、市场竞争地位等目标；而定量目标通常有饭店市场占有率、利润、营业收入、投资回报率、客房出租率、销售量、平均房价等多种。例如，某五星级饭店曾于1992年为自己定了这样几个目标："一年内成为上海第一，三年内成为全国第一，五年内进入国际饭店业最佳饭店行列"；"今年饭店年平均出租率达到60%，客房出租间数达到10000间，年平均房价达到120美元"。显然，这个营销目标描述了营销成果是饭店年平均出租率等，用60%等数据进行衡量，对时间也有明确的规定，同时，在表现方式上，该饭店的营销目标既包括了定性目标（如市场形象），又包括了定量目标（如销售量等）。

3. 营销目标的表现指标

营销目标主要用经济指标加以规定，经济指标有相对指标和绝对指标两类，饭店营销

目标最常见的表现指标有客房出租率、销售额及销售增长率、利润及利润增长率、市场占有率及市场份额扩大百分比、广告费、营业推广费、人员推销费等。

（五）营销策略的筛选评定

为实现计划目标，必须采取一定的途径或手段。这些途径或手段就是营销策略，包括目标市场的选择和市场定位策略、营销组合策略、营销费用策略，是饭店对付竞争者的强有力的武器。对各种可能的营销策略的评估是为了选出最佳的策略，以便于将其列入营销计划，这样做也有利于确保饭店营销目标的如期实现。营销计划制订人员应该事先列出几个较为客观的策略衡量标准，如策略所需投入的资金、时间、精力或策略实施的难易程度等标准，然后对各种可能的策略逐一进行评估衡量。

（六）营销行动方案

把营销策略转化为具体的营销活动程序的过程就是这一步工作的主要任务，内容包括做什么、谁来做、何时做、何时完成以及成本等。对于行动方案的每项具体内容都列出详细的程序表，以便于执行和检查。

（七）营销预算

营销预算主要是指对为实现营销计划中所规定的目标所必需的费用总额以及营销活动所能带来的收益进行分析。在收入一方要说明预计销售量（如房间出租年均天数）及平均价格（如房间平均房价或餐厅人均消费等）。在预算支出一方要说明开展各项营销活动应投入的成本费用，包括广告与促销预算、产品开发预算、市场研究预算、销售额、利润等。收支的差额为预计的利润或亏损。营销预算要由饭店决策者审批，预算一经批准，便成为饭店营销活动的重要依据。

（八）营销控制

这是营销计划的最后一部分，是对营销计划执行中的调查与信息反馈。计划重在落实，如果饭店的执行力不强，那么计划再好也没有任何意义。因此，在编制饭店营销计划时，还要对计划的执行标准及执行过程中的一些风险控制进行具体的安排。最为常见的情况是饭店各部门将营销计划规定的目标和预算按月份或季度分解，以便于饭店上层管理进行有效的监督检查，并督促未完成任务的部门改进工作，饭店营销计划的顺利完成才能得以保证。

四、饭店营销计划制订过程

饭店营销计划的制订是一个完整的、系统的过程，它需要饭店决策者及各部门投入大量的时间、人力及费用去对饭店的过去、现在及将来的情况作深思熟虑的分析与推敲，只有这样，制订的营销计划才有真正的指导意义。一般而言，饭店营销计划的制订要遵循如下四个步骤。

首先，定位饭店的产品或服务。

饭店营销计划的目标是以合适的价格、在合适的时间和地点将合适的产品和服务呈现在合适的客户面前。因此，我们需要明晰一些基本问题，并在此基础上制订营销计划。

- 饭店的销售对象是谁？
- 那些客户需要什么服务？
- 与竞争对手相比，我们的产品或服务的与众不同之处是什么？
- 有最适合饭店的营销策略吗？
- 应何时执行并每隔多久执行一次营销工作？

获取这些方面的反馈可以帮助你制定营销策略和制作目标明确的资料。

其次，听取客户和潜在客户的建议。

为了成功地向客户促销，饭店需要了解他们对饭店产品、定价、品牌或服务以及与饭店相关的所有事情有何反应。询问几个现有客户和潜在客户，请他们谈谈对饭店的产品和服务、销售给他们带来益处的可能性以及竞争对手的看法。饭店还可通过电子邮件、电话或营销明信片询问他们。当然，还要附加刺激信息（如折扣或示例）以促进反馈。

再次，起草计划。

有了反馈和提纲之后，就可以起草饭店营销计划。制订营销计划之后，就有了可以帮助饭店步入正轨的架构。

最后，跟踪结果，更新计划。

定期复查饭店的营销计划可以确定它是否会产生预期的效果，还可以通过计算营销费用，将它们与销售和其他指标进行比较。定期更新营销计划有助于饭店适应市场环境的变化。

拓展·阅读

麦当劳：汉堡包的流水线
——像管理产品质量一样管理服务营销

很多企业常以优质的售后服务标榜自己的产品，殊不知无意间会引起消费者对产品质量的隐约怀疑。产品本身的优良品质才是顾客需求的根本因素。当顾客享受着麦当劳“巨无霸”的好味道时，其实背后隐藏着从播种、加工到制作，最后递送至顾客手中的流水线般的全面控制服务。

以薯条为例，当竞争对手已经长驱直入，麦当劳却还在为选择哪里作为中国的土豆产地而孜孜不倦地做着试验。美国土豆在中国的水土不服，使得麦当劳耗费了几年的时间选择在中国的土豆种植地。培育出符合麦当劳标准的大小合适、糖分、淀粉含量适中的土豆并不是一个简单的任务，必须保证适宜的气候和土壤条件。

有了合乎标准的土豆，只是第一步，符合标准的土豆还要经过精细的加工过程，每一步都有严格的标准。筛选土豆大小、蒸汽去皮、切割、冷冻装箱、最后炸制。而七分钟的保质时间标准意味着：在此期间没有卖出去就要被扔掉。

夹在汉堡中的牛肉饼从选料到烹制经历了标准的过程：阿訇念经（穆斯林的传统，宰牛前的一种仪式)、电击、脱皮、切割去骨、煎制。于是我们看到了在电视广告中，大小始终如一、色泽相同的四块牛肉饼。但很少有人知道，每块牛肉饼的脂肪含量也是相似的，都控制在18%～20%。

最近一直在忙碌“世界杯巨无霸”促销活动的上海麦当劳餐厅督导姚丽在管理的几家门店来回奔波。麦当劳对食品的质量要求很严，只要某家店的某一批次原料有任何问题，总部都会将所有店的原料回收销毁。对于有问题的设备也是如此。

既然名为快餐，就要客人快速地得到食品，同时快速地享受食品。高效的服务便是其生存之本。在这一点上，无论是规则、流程还是设计的设备及工具，无不体现着麦当劳的良苦用心。

当你踏入任何一家麦当劳餐厅店，就立即进入了麦当劳高效率的服务体系中。在餐厅里，麦当劳给服务员的反应时间是60秒。接待的服务员负责为你记录点膳、收银和提供食品，三种任务由一人完成，消除了中间信息传递环节，极大地提高了服务效率。

在就餐高峰，顾客排队等候人数较多时，我们常常会听到某个空闲柜台服务生会向在其他收银台前排队的顾客大声说：“先生/女士，请到这边来”，如果排队人数更多时，便会看到有服务人员来到身边给顾客预点食品。当该顾客到达收银台前时，直接将点菜单提供给收银员即可，这一方式的运用目标无疑还是一个字：快。

不仅节省自己的时间，麦当劳还巧妙地降低顾客点餐的时间。麦当劳的菜谱通常都设计得很简单，一般只有几类食品，每类食品按数量品种大概分成2～3种规格，节约了顾客选择的时间。同时，服务生还会推荐“套餐”，或推荐其他一些食品以协助顾客尽快决策，缩短点餐的时间。同时，麦当劳有严格的规定，对一个顾客只推荐一次，从而也相应降低了推销的色彩。

“谢谢，收您××元，找您××元。”当我们在麦当劳点餐时，你是否注意到服务生的这种“唱收”方式，唱得清楚明白可以有效地能消除、减少收银过程中出现的纠纷。避免因此引发的对正常服务流程的干扰。在这个过程中，麦当劳的收银机也功不可没，不仅结算速度快，以所点食品为按键不但缩短了服务生的心算时间，还将所点食品快速地反映给了服务生和顾客，一目了然。

比起其他快餐店，麦当劳的取食速度是相当快的。这是因为麦当劳还会根据餐馆位置及当天的日期，参考以往餐厅不同时段的供应量，制定当天不同时段的顾客购买量和购买品种。进而将每小时细分为几个时间段，针对不同时间段的需求情况，提前准备好下一个时间段所需要的数量。同时，规定员工在拿取食品时都应该带小跑。服务高效率甚至在设备上也有所体现，例如饮料设备提供多个饮料出口，只需按一下按钮，就能保证定量的饮料流入杯中，服务生不需要特别看管，可以在“这段时间”拿取别的食品。从内到外、从软到硬，麦当劳的一系列举措确保了顾客点餐后30秒左右就能拿到所点的食品。

本章小结

饭店营销管理是为了实现饭店规定的各种目标，创造、建立和保持与目标市场之间的有益交换和联系，从而对营销业务进行分析、计划、执行和控制的一系列有组织的活动。

它常常由发现和把握市场机会，细分市场和选择目标市场，营销组合和营销预算，编制饭店营销计划、组织、执行和控制饭店营销计划五个步骤组成。

饭店营销战略是对饭店未来经营发展方向所作出的一系列动态规划。饭店营销战略的基本内容包括饭店营销战略任务、饭店营销战略目标、饭店营销战略重点、饭店营销战略措施、饭店营销战略步骤等。

饭店营销计划是根据饭店总体战略目标制订的、指导饭店营销部门在计划期内开展各种营销活动的纲领性书面文件。营销计划的编制有三种方法：自上而下法、自下而上法以及综合法。计划的内容包括：营销计划的简略概要；当前营销状况；主要的机会和威胁，优势和劣势，以及将要面对的问题；想要达到的销售量、市场份额和利润等领域的目标；为实现计划目标而确定的营销策略；营销行动方案；营销预算：预算收入，支出，利润；营销控制等。

经典案例

削价竞争 VS 服务竞争

我国南方某省一城市，近年来旅游业发展迅速。1990 年，这里规划重点发展旅游产业时，只有几家普通旅馆和招待所，两家宾馆也够不上星级。1999 年情况就大不一样了，由于航线畅通，景点建设有吸引力，国内外游客每年超过 1 万，床位数超过 2.5 万，三星以下的星级宾馆、酒店也达到 9 家。在开房率下降、竞争激烈的情况下，刚投入运营的三星级南翔大酒店面临着严峻的选择：是卷入新一轮的价格战，还是办出特色，在这个小城市以接待国外和国内较高层次的旅客为主。

南翔大酒店的张经理曾经在省城管理过两家星级酒店，有丰富的实战经验。他的主张是：削价竞争决非良策，要良性发展，就必须突出自身的特色，以整洁的环境、周到的服务，让中外游客都承认这家三星级酒店是名副其实的。

张经理在办公会议上强调，当地酒店业不景气，平均开房率不到 40%，靠削价竞争是难以消除这种环境威胁的。他分析，在全部客源中，国外游客约占 15%，每年达 30 万人次；国内游客要求住三星级饭店者（包括会议）也不低于此数。这样，星级饭店经营得好，客源不向低档店分流，开房率可达 50%左右。而且三星级酒店全城仅有三家，威胁与机会并存，关键在于如何把握机会。

在张经理的主持下，下一次办公会议批准了营销部的计划书，要点如下：

(1) 优化客源结构。重点发展团队市场，争取新签一批订房协议。

(2) 加强横向联合。主要是密切与省内外声誉好的旅行社和省内两个客源量大的城市中主要宾馆、饭店的协作。

(3) 加强内部管理。在激励员工、提高士气的基础上，彻底搞好所有服务场所和客房的清洁卫生，并建立、健全各项规章制度，如提供每天 24 小时通信服务、优惠价的娱乐服务等。

(4) 严控价格折扣。在批准的客房定价基础上，除每年有 4 个月的淡季折扣和大型会议适当折扣外，严格控制任意降价的做法。

计划书拟订的营销目标包括全年平均开房率达73%，本年营业收入比上年增加18%。

案例分析

南翔大酒店的张经理在分析饭店业营销环境的基础上，批准了营销部的计划书。该计划书提出了明确的营销目的，为实现营销目标，采取优化客源结构，加强横向联合，强化内部管理，严控价格折扣。这些措施充分体现了服务营销的特点，强调了服务营销必须采取差异化竞争策略和通过加强内部管理质量来提高客人服务质量。显然，该计划书所推出的竞争策略和措施都是正确的。

考考营销小专家

一、填空题

1. 饭店营销计划，具体地说，就是以书面的形式说明________、________以及________等问题。

2. 饭店营销环境分析的目的是________，为战略决策内容寻找依据。

3. 饭店营销管理要满足________、________、________、________，在不断满足需求的过程中饭店也就得到了发展。

4. 执行饭店营销计划一般有几个步骤：________、________、设计科学的管理制度、开发人力资源、________、协调各种关系。

5. 制订饭店营销计划的主要方法有________、________、________。

6. 饭店营销战略控制的步骤分别是________、________、________、采取改进行动。

二、选择题

1. 饭店营销管理的实质就是________。

A. 人力资源管理　　B. 需求管理

C. 计划管理　　D. 目标管理

2. ________是饭店营销管理的首要任务。

A. 发现和把握市场机会　　B. 选择饭店目标市场

C. 营销组合和营销预算　　D. 编制饭店营销计划

3. ________是营略战略评价的关键点。

A. 饭店目标　　B. 衡量实际业绩

C. 进行偏差分析　　D. 采取改进行动

4. ________主要指对为实现营销计划中所规定的目标而必需的费用总额以及营销活动所能带来的收益进行分析。

A. 为实现计划目标而确定的营销策略　　B. 营销行动方案

C. 营销预算　　D. 营销控制

5. 饭店要实现其经营目标，关键是要________，了解客人的需要和愿望，并使饭店产品适应和满足客人的需要。

A. 竞争分析　　B. 跟踪结果

C. 选择和确定目标市场　　D. 饭店自身分析

三、简答题

1. 什么是饭店营销战略？简述饭店营销战略管理的基本过程。

2. 什么是饭店营销计划？饭店营销计划的内容有哪些？

3. 如何制订饭店营销计划？

走近市场

【实训名称】

撰写饭店营销计划书。

【实训内容】

以团队为单位，模拟成立一家五星级饭店，查阅资料并作市场调研。

【实训要求】

制订某年度的饭店营销计划书。

参考文献

[1] 刘菲．饭店业营销 [M]．北京：企业管理出版社，1999.

[2] 马义爽，王春利．消费心理学 [M]．北京：首都经济贸易大学出版社，2002.

[3] 赵西萍，等．旅游市场营销学 [M]．北京：高等教育出版社，2004.

[4] 刘明会，钟建伟．饭店营销技巧 [M]．北京：中国劳动社会保障出版社，2005.

[5] 胡宇橙，王文君．饭店市场营销管理 [M]．北京：中国旅游出版社，2006.

[6] 丁钢，杨梅，陈淑君．饭店服务心理学 [M]．北京：中国劳动社会保障出版社，2006.

[7] 高燕云，杨勇岩．简明市场营销学教程 [M]．北京：北京交通大学出版社，2006.

[8] 王天佑．饭店管理概论 [M]．北京：清华大学出版社，北京交通大学出版社，2006.

[9] 郑凤萍．酒店营销实务 [M]．北京：化学工业出版社，2009.

[10] 唐赤华，戴克商．消费者心理与行为 [M]．北京：清华大学出版社，北京交通大学出版社，2007.

[11] 臧良运，等．消费心理学 [M]．北京：电子工业出版社，2007.

[12] 赵兴军，等．现代市场营销学案例教程 [M]．北京：北京交通大学出版社，2007.

[13] 黄希庭，毕重增．消费心理学 [M]．上海：华东师范大学出版社，2007.

[14] 刘志友，聂旭日．消费心理学 [M]．大连：大连理工大学出版社，2007.

[15] 叶敏，张波，平宇伟．消费者行为学 [M]．北京：北京邮电大学出版社，2008.

[16] 吴泗宗，盛敏．市场营销学 [M]．北京：清华大学出版社，2008.

[17] 汪彤彤，徐龙，金志芳．消费者行为分析 [M]．上海：复旦大学出版社，2008.

[18] 黄彪虎．市场营销原理与操作 [M]．北京：北京交通大学出版社，2008.

[19] WAYNE D. HOYER，DEBORAH J. MACLNNIS. 消费者行为学 [M]．刘伟，译．北京：中国市场出版社，2008.

[20] 季辉，王冰．服务营销 [M]．北京：高等教育出版社，2005.

[21] 郑红．现代饭店市场营销 [M]．广州：广东旅游出版社，2004.

[22] 王怡然，沈超，钱幼森．现代饭店营销策划书与案例 [M]．沈阳：辽宁科学技术出版社，2001.

[23] 方光罗．市场营销学 [M]．大连：东北财经大学出版社，2004.

[24] 钱炜，李伟，谷慧敏．饭店营销学 [M]．北京：旅游教育出版社，2003.

[25] 苟自钧．旅游市场营销学［M］．郑州：郑州大学出版社，2002.

[26] 宋文官．电子商务实用教程［M］．北京：高等教育出版社，2002.

[27] 科特勒，凯勒．营销管理［M］．梅清豪，译．上海：上海人民出版社，2006.

[28] 周亚庆．企业战略管理［M］．杭州：浙江大学出版社，2003.

[29] 邹益民，周亚庆．饭店管理——理论、方法与案例［M］．北京：高等教育出版社，2004.

[30] 张晋光，黄国辉．市场营销［M］．北京：机械工业出版社，2005.

[31] 万后芬，汤定娜，杨智．市场营销教程［M］．北京：高等教育出版社，2007.

[32] 梭伦．现代宾馆酒店营销［M］．北京：中国纺织出版社，2001.

[33] 沃恩．饭店营销学［M］．程尽能，等译．北京：中国旅游出版社，2001.

[34] 黄浏英．现代饭店营销管理艺术［M］．广州：广东旅游出版社，2002.

[35] 尼尔·沃恩．饭店营销学［M］．北京：中国旅游出版社，2001.

[36] 李强，于宁．饭店市场营销学［M］．大连：东北财经大学出版社，2001.

[37] 刘叶飙．酒店营销学［M］．北京：高等教育出版社，2004.

[38] 赵毅，叶红．新编旅游市场营销学［M］．北京：清华大学出版社，2006.

[39] 杨益新．旅游市场营销学［M］．北京：清华大学出版社，2008.

[40] 严伟．旅游饭店市场营销［M］．上海：上海交通大学出版社，2003.

[41] 黄性瑞．饭店市场营销［M］．大连：东北财经大学出版社，2001.

[42] 饶勇．现代饭店营销创新500例［M］．广州：广东旅游出版社，2000.

[43] 王文君．饭店市场营销原理与案例研究［M］．北京：中国旅游出版社，1999.

[44] 施涵蕴．旅游饭店市场营销［M］．北京：中国华侨出版社，1990.

[45] 陈云川，张洪刚．饭店市场营销［M］．北京：机械工业出版社，2009.

[46] 余春容．饭店公共关系［M］．北京：高等教育出版社，2007.

[47] 魏炳麒．市场调查与预测［M］．大连：东北财经大学出版社，2005.

[48] 雷培莉，姚飞．市场调查与预测［M］．北京：经济管理出版社，2008.

[49] 谷惠敏．旅游市场营销［M］．北京：旅游教育出版社，2002.

[50] 周帆．酒店营销方案与公文实战范本［M］．广州：广东人民出版社，2005.

[51] 拉里·帕西．市场调研［M］．文岳，译．北京：机械工业出版社，1999.

[52] 刘德寰．市场研究与应用［M］．北京：北京大学出版社，2006.

[53] 董伊人．市场调查中的访问技巧［J］．销售与市场，1996（6）.

[54] 张红明，肖春新．电子商务对分销渠道的影响［J］．中国流通经济，2001（2）.

[55] 刘玲，董瑞霞．论主题饭店的产品文化营销［J］．时代经贸，2007（5）.

[56] 张超．论度假饭店产品的差异化路径——以希尔顿为例［J］．北京第二外国语学院学报（旅游版），2007（5）.

[57] 赵焕焱．中国饭店业："危机"中的机遇［J］．搜狐旅游，2009（3）.

[58] 创新酒店个性营销．http：//www.17u.net/bbs/show_7_216502.html.

[59] 酒店经营案例．http：//www.niwota.com/submsg/620747.

[60] 中国酒店人才网．http：//www.hotelhr.cn.

[61] 管理资源网 . http：//www. m448. com.
[62] 中商行酒店联盟 . http：//www. ecoclub. hk.
[63] 微软快速成长型企业中心 . http：//www. microsoft. com.
[64] 中国酒店招聘网 . http：//www. hoteljob. cn/a/20070320/8574488. html.
[65] 香港怡和国际酒店管理集团资讯网络 . http：//www. cc-hm. com/.
[66] 四川绵阳佳辰假日酒店管理有限公司 . http：//www. myjdpx. cn/index. asp.
[67] 中国酒店网 . http：//www. china-hotel. com. cn.
[68] 携程旅行网 . http：//pages. ctrip. com/marketing/news. htm? file＝20100311.
[69] 环球旅讯 . http：//www. traveldaily. cn.
[70] 中国航空旅游网 . http：//news. cnair. com/c/201002/20668. html.
[71] 新华网 . http：//www. xinhuanet. com/.
[72] 搜狐旅游 . http：//travel. sohu. com/20090218/n262320192. shtml.
[73] 商学院（数字杂志）. http：//www. gotoread. com/s/e/? vo＝3148&p＝43.
[74] 百度百科 . http：//baike. baidu. com/.
[75] http：//www. sipac. gov. cn/sytt/200907/t20090710 _ 49098. htm.
[76] http：//www. jidiao. net/space－251－do－blog－id－5444.
[77] http：//www. sina. com. cn/2008/11/22.
[78] http：//www. fcccn. com/fcccn _ html/xcdontai1437. htm.
[79] http：//blog. 163. com/hubei-xiaojun/blog/static/10386906620098491536l.
[80] http：//www. auyou. com/auyou/lyzx _ info. asp? auto _ id＝11057.

附录　饭店营销计划范例

某五星级大饭店________年营销计划

第一章　市场形势分析

一、市场形势预测

________年本地饭店客房总量________余间，预计今年还会有________家饭店相继开业。市场竞争形势会相当激烈，“僧多粥少”的现象不会有明显改善，削价竞争仍会持续。今年与本店有直接市场竞争的饭店：____________________等。总体形势预测：新饭店相继开业，团队市场竞争更加激烈，散客市场仍保持平衡，会议市场潜力很大。

二、主要竞争对手分析

从目前情况来看，本店的主要竞争对手是________大饭店和________国际商贸饭店。

________大饭店是一家按五星级饭店标准设计的四星级豪华饭店。该饭店以前卫的娱乐业和多变的饮食风味，利用互联网进行营销，赢得了本区域豪华住宅区比较富有的商业人士、港澳台同胞和海外华人华侨的青睐。该饭店的优势在于娱乐业和饮食方面。该饭店被列为竞争对手的另一个主要原因是该饭店按五星级标准设计建造，现在它经过整改，经营日趋成熟，市场占有率不断上升，目前正在为评五星级而努力，顺利的话，今年年底就可能被评为五星级饭店。它的不足是太注重娱乐和餐饮业（也是它的优势），称不上是严格意义上的商务饭店，而来本地的客人大多是以商务活动为主，导致它们客源不稳定，也由于娱乐业和餐饮业容易模仿，饭店要不断对娱乐业和餐饮业进行创新才能保持客源。

________国际商贸饭店是一家国际知名财团控股的商务型国际饭店，虽然没有参加评星，但其按五星级标准设计的商务套间，拥有十万余平方米的高级写字楼，商务设施一应俱全，类似于有家的感觉的长住型饭店，却兼有完善的商务功能。该饭店除了拥有 30 多家国内外知名企业进驻外，在散客方面很博得西方商务客人的欢心，因此，在商务方面，该饭店牢牢掌握着一部分成功的事业型客人，原因是这部分客人偏执于工作，对于娱乐和饮食方面却不讲究，只要有一个完善的服务环境就很符合他们的心意了。它的优势是商务服务周全，家居式饭店服务体贴入微，它的不足是缺乏娱乐业和餐饮方面的服务，加之标准化的服务缺乏一种亲切感，使客人入住后有一种莫名的压抑感，不符合中国人的生活习惯，至少会缺少本地政界和商界的相关客人。

三、本饭店竞争能力分析

本饭店的优势：现今是本地唯一的一家五星级饭店，在品牌和档次上有一定的独占性和排他性，拥有庞大的高级、豪华商务活动场所和完善的商务服务，可以招揽到商务、展览、学术会议等方面的客人；拥有齐全的高档娱乐餐饮场所，可以招徕商界、政界、文化界等各界宴请和高级、豪华住宅区的客人；由于与政府的微妙关系，吸引了31家国内外知名企业进驻。此外，饭店营造的中华传统文化特色氛围很快获得政界人士、商界名流、海内外华人华侨的认同。

本饭店的劣势："高处不胜寒"，有些散客对五星级饭店有一种畏惧心理而不敢入住。本饭店在娱乐和餐饮上项目虽精品不少，但创新不多、更新不快，在与________大饭店竞争中，在价位和项目创新上处于劣势；在商务方面，本饭店虽然服务设施完善，但在宣传方面却没能很好地体现出来。在广告策划上没有反映出我们的品牌和优势，在与________国际商贸饭店的长住型客户竞争上处于守势。

四、________年本饭店客源预测

________年稳定的客源依然是政府部门关系户、饭店写字楼长租户、回国观光华人华侨、参加商业和贸易会展的商务客人以及各种各类会议的客人，这部分客源稳有70%以上的比例；机会客源，节假日、节庆日本地重要企业举行的庆功会和庆祝会，附近高级、豪华住宅小区住户举行的各种宴请，黄金周的旅游者，这种客源占到15%；潜在客源是换了口味，改变观念的其他饭店的客人（包括市区饭店的），根据过去经验，大约有10%；另有5%用于控房调剂。

第二章　市场定位

________年，饭店的主要目标市场应确立为以商务市场为主导（包括商务散客、商务会议、宴会等），以旅游市场为辅。关于商务市场的开发，我们必须着力拓展商务会议团队，不仅是周边地区的，还要把触角延伸到其他省区和国际上。通过提高饭店的知名度和美誉度，把饭店打造成为国内外知名商务品牌。同时，努力扩大和保持现有的政府部门关系户、饭店写字楼长租户、回国观光华人华侨、参加商业和贸易会展的商务客人以及各种各类会议客人，保持客人的忠诚度，为今后五年内的竞争打下基础。

第三章　目标任务

一、客房目标任务：________万元。

（一）年平均开房率：95%。

（二）每日可供租房数：饭店客房总数（间）×95%。

（三）计划每日出租房数：

1. 团体：饭店客房总数（间）×70%；

2. 散客：饭店客房总数（间）×25%。

（四）平均房价：

1. 团队：________元/间；

2. 散客：________元/间。

（五）每天收入：

1. 团队：________万元；

2. 散客：________万元。

二、会务设施和其他代理收入：________万元。

三、餐饮收入：________万元。

四、娱乐经营收入：________万元。

五、总计：________万元。

第四章 不同季节营销策略

根据淡旺季不同月份、各黄金周等情况制定不同的价格及各月份工作的重点和目标。主要做好客房、餐饮、会议和娱乐的营销工作，使客房入住率继续稳定在95%左右，按照今年饭店在餐饮和娱乐方面一直以18.5%左右的发展速度算，餐饮每天营业额在去年同期平均每天________万元的基础上增加20%，达到________万元，娱乐销售每天比去年同期增长20%，这是完全有可能的。

一、旺季：1、2、3、4、5、10、11、12月份

（一）1月份（31天）工作重点

（1）加强对春节市场调研，制订春节促销方案和做好春节团队、散客预订；

（2）加强会务促销；

（3）加强商务促销和协议签订；

（4）加强婚宴促销。

（二）2月份（本月只有28天）工作重点

（1）加强会议促销；

（2）加强婚宴促销；

（3）加强“三八节”活动促销。

（三）3月份（31天）工作重点

（1）加强会务、商务客人促销；

（2）加强婚宴促销；

（3）制订“清明节”促销及接待方案；

（4）3月中下旬完成“五一”假期客房销售、促销及接待方案。

（四）4月份（30天）工作重点

（1）加强会务、商务客人促销；

（2）加强婚宴促销；

（3）加强对“五一节”的市场调研，制订五一节促销方案和五一节团队、散客预订；

（4）制订“母亲节”活动方案并促销；母亲节（五月第二个星期天）以“献给母亲的爱”为主题进行餐、房组合销售。

（五）5月份（31天）工作重点

（1）加强对六月份市场调查，六一儿童节以“享受亲情、欢乐无限”为主题推出儿童欢乐节进行餐、娱乐组合销售。父亲节（六月第三个星期天）以“父亲也需要关怀”为主题进行餐、房组合销售。

（2）加强“六一”儿童节、父亲节活动促销。

（3）加强商务促销。

(4) 加强对"高考房"的市场调研，制订"高考房"促销方案，做好"高考房"的预订。

(5) 制订"端午节"活动方案并促销。

(六) 10月份(31天)工作重点

(1) 加强会议促销。

(2) 加强婚宴促销。

(3) 加强商务促销和协议签订。

(4) 拟订圣诞节促销方案。圣诞节——圣诞大餐。10月上旬餐饮部、销售部完成制作圣诞菜单、广告宣传促销及抽奖游戏设计方案及环境布置方案，各项工作逐步开展。

(5) 春节(客房、家宴或年夜饭)——元宵节——情人节：

①餐饮部10月下旬完成制作方案；

②销售部、餐饮部10月下旬完成广告宣传促销方案及环境布置方案，由于春节、元宵节、情人节时间相近，可贯穿起来。

(七) 11月份(30天)和12月份(31天)工作重点

(1) 加强对春节的市场调查；

(2) 加强会务促销；

(3) 加强商务促销和协议签订；

(4) 加强婚宴促销。

二、平季：7、8月份

(一) 7月份(31天)工作重点

(1) 加强暑假期间师生活动促销，加强商务散客促销；

(2) 制订"学生谢师宴"方案、中秋节活动方案和促销，7月中旬餐饮部完成菜谱方案，销售部完成广告宣传促销方案，各项工作逐步开展；

(3) 中秋节月饼促销。7月中下旬餐饮部完成制作方案，销售部完成广告宣传促销方案，各项工作逐步开展。

(二) 8月份(31天)工作重点

(1) 加强暑假期间师生活动促销；

(2) 加强"学生谢师宴"促销；

(3) 加强商务散客促销，制订出9月份团队、散客用房与月饼奖励促销方案；

(4) 国庆节客房、节后婚宴；

(5) 8月下旬餐饮部完成制作圣诞菜单方案，餐饮、销售部完成接待及促销方案。

三、淡季：6、9月份

(一) 6月份(30天)工作重点

(1) 加强暑假期间师生活动促销；

(2) 加强商务促销。

(二) 9月份(30天)工作重点

(1) 加强会务促销；

(2) 加强商务促销；

（3）加强对国庆节市场调查，制订国庆节促销方案和做好国庆节的团队、散客预订；

（4）制订“圣诞节”活动方案。

第五章 营销应对策略

当准确的定位、合理的价格、良好的合作信誉都具备的时候，宣传促销就成为最关键的环节。饭店营销在广告宣传上不可能大量投放媒体广告，即使有也只是小范围内的或是在开业初期，所以定期回访等人员促销是最主要的营销应对策略。

一、销售部

（一）旅行社客源

（1）以价格为杠杆，在旺季追求利润最大化，在淡季时追求高的出租率，吸引各社团队。

（2）稳住本地的主要大社，因为本地旅行社的客源是饭店生存的基本客源。同时，走出去寻访广东、上海、北京等地的旅行社和国内外主要目标客源地的旅行社合作，力争成为指定饭店。在旅行社客源市场的开发，主要以价格为杠杆，接待好各社的老总，保证节日用房，基本上不存在问题。价格也是竞争对手最容易突破的，怎样在同等的价格或稍高价格的情况下保证较高的开房率，那就必须对计调部人员进行公关。

（3）积极寻找港澳台等地旅行社合作和其他地区旅行社的团体客源。

（4）推出“年价团队房”（一年一个价）。

（5）为扩大餐饮消费，团队要求含早餐、正餐。

（6）加强日本团、韩国团、会议等促销。

（二）会务客源促销

（1）促销时间：上半年1～4月、下半年10～12月。

（2）促销对象：①政府各职能部门；②本地商务公司；③外地商务公司。

（3）以本地企事业单位为基础建立外地饭店联盟对接会务、散客。

（4）健全代理制，组织国内外会务客源。策划一些企业经济类的学术研讨会、培训班会议和企事业单位的会议。

（三）散客客源

散客客源的开发，是我们饭店客房追求的最主要的客源市场，要在有限的房数上提高总量，散客与团队比例的改变是根本途径。在开拓散客市场方面，重点是“珠三角”、“长三角”市场，其次是本地市场和国外市场。从战略方向来讲，最后的重点将是广东、上海和北京等一线城市。

（1）参加行业的连锁服务网，加强与各企事业单位的联系，稳定现有客户，大力开发新客户，对本地市场客户要逐一登门拜访。

（2）针对散客，进行客房、餐饮捆绑销售，客户在饭店住房，可同时在餐饮、娱乐方面享受不同程度的优惠。

（3）根据不同客人的需要，设计多种套餐（包价），含客房、餐饮。

（4）大力发展长住客户；制定内部员工合理的客房提成奖励制度。

（5）扩大司机拉客量，加强对出租车司机的促销；健全中介差价规定和订房差价提差方法。

（6）加强网络营销，扩大网络订房中心的订房。

二、餐饮部

（1）增加品种和特色菜，降低价格，提高质量。

（2）举办“美食节”以及中西餐培训班等。

（3）根据节庆推出相应的团圆宴、长寿宴、婚庆宴等。

（4）开展有奖销售活动，如福寿宴、良缘宴，赠送客房，或免费接送以及赠送小礼品、鲜花、在报刊登载祝贺广告、在电视台或电台开展送歌活动。

（5）增加旅行社指定用餐，给导游折扣，增加团队自点餐和风味餐消费。（每天前台都给餐饮部提供一份导游姓名和房号单，以便销售部和餐饮部联系。）

三、内部消费链建立

通过内外促销宣传链完成内部消费链。

1. 外部宣传和促销

（1）加强与外地新闻媒体的全面合作。除正常的广告播放和栏目的合作外，还要抓住时机策划和炒作一些临时性的新闻报道宣传，提高饭店的知名度和美誉度。

（2）交通工具上的宣传，如飞机上的介绍和代理订房业务、豪华旅游巴士的宣传和代理订房业务。

（3）依托人员促销、交易会促销、信函促销，通过旅行社宣传、电子邮件、其他媒体等，把客人吸引进来。

2. 内部宣传网

要促成客人进店后的每项消费，就必须把每项服务介绍给客人。这样就需要建立内部宣传网：自客人进入饭店开始，就能了解饭店的基本设施情况（制作总体设施灯箱和图片）；走进电梯，又能进一步看到图文并茂的宣传广告；到了客房，除了一些重点介绍的项目外，还有一本图文并茂的服务指南，除了各项设施的介绍图片、计费方法、电视节目、菜谱（含图片）外，还有饭店的背景资料和名人来访图片资料及企业文化的内容等；同时还有饭店位置图、各项交通设施和旅游景点的介绍、相应的地方风土人情等；打开电视，还能看到整点插播的饭店介绍专题片。

3. 内部消费链的促成

通过内部交叉宣传网将内部各营业部吸引客人的方法介绍给客人，并通过赠送住房折扣卡等完成内部消费链的构成。

四、提高回头率

通过促销，把客人引进来，让客人住下来。这时，如何留住客人，提高回头率就成为饭店营销应对策略的主要任务。只有留住客人，让客人满意才能提高回头率（当然是指在准确的价格定位的前提下），才能保证相对稳定和较高的开房率。留住客人的策略除了硬件配套外，还有软件（包括服务、餐饮产品质量、其他营业部门高标准的服务），同时还可以采用一些赠送或让利，如推行“住房消费积分卡”，当客人消费达到一定的金额或住房量时，享受赠送房，凭此卡享受优惠折扣，住房消费积分达到一定数量后，凭卡可申请VIP金、银卡，赠送娱乐消费。

五、改变客源结构

通过市场分析，除留住客人外，改变客源结构也是提高利润和效益的重要手段。首先要改变团队结构。其次要改变团散比例。改变团队结构，提高团队房价。先增加合作旅行社（中小社）数量，不求每社单量，但求积少成多（中小社因量相对较小，价格相对较高）。再次要提高旅行社接团档次，也就是提高开房客人档次，减少对客房物品的损耗，增加入住后的潜在消费。采用交替更换的方法，达到提高团队房价的目的。

改变团散比例是指在散客市场开拓客源稳定增加的情况下，降低团队接待量，力争在一年内能达到散团各占50%，这是除营业指标外的另一个重要指标，也是饭店后期发展的根本途径。

六、增收节流、强化管理

（1）健全团体、散客下单程序、复查程序，公开旅游、车、票等代理价格，堵塞营销漏洞。

（2）进一步强化营销员工培训，提高员工素质和业务水平。

（3）调配部门层级设置，定岗定编，降低营销成本。

（4）目标考核，制定内外激励机制，调动全体员工的积极性。

第六章　激励方案

一、销售部

（一）目标考核指标

按淡旺季各月任务标准执行。

（二）工资发放

（1）总监、经理（助理）：50%保底，30%按完成部门目标比例发给，20%按饭店完成目标比例发给，每月扣除，半年总评，完成任务补发。

（2）部门员工按工资总额50%保底，50%浮动（按当月部门完成任务比例发给）每月扣除，半年总评，完成任务补发。

（3）超额完成任务，按超出比例×工资总额奖励，当月兑现超出部分奖金。

（4）给散客销售代表房价提成奖励：

①每天散客开房数：按方案中的标准执行。

②散客房达到________元/间或以上奖励________元/间（给散客销售代表80%，部门20%）当月兑现奖金。

③为了便于对代表进行考核，凡协议单位、销售部下单散客均计散客任务和提成（总公司客人计入任务，但不计提成）。以此给全部员工施加压力，也给予动力。

（5）给旅行社计调团队用房倒扣：

①按当月饭店定团队价给旅行社计调部倒扣五间以上：________元/间；散客：________元/间。（为了在淡旺季同等的价格或稍高的价格的情况下保证较高的开房率，对计调部人员进行公关）

②为防止漏洞、确保倒扣促销费到位，由财务部办理空银行卡、销售部安排两人以上进行记名派发，每月底由销售部统计各社用房数，财务部核对，次月10日前转账至各社

银行卡。（请按时结算，此事仅限总经理、财务部经理、会计、销售部知会，谁泄露消息，严肃处理）

（6）销售部编制：9人。

①总监：1人；

②副总监：1人（负责大客户）；

③高级经理：3人（分别负责旅行社团队业务、商务、会务散客）；

④经理：3人（负责日常工作、网络订房销售业务）；

⑤美工：1人。

（7）销售费用：

通信、交通、招待、办公等费用可按财务现行标准执行；但总监个人交通、通信费用有明确标准。各项宣传促销费用按促销方案提前另制订方案。

二、前厅部

（一）目标考核指标

________万元/月（在客房销售总任务之内）。

（二）工资发放

（1）经理（助理）：50%保底，30%按完成部门目标比例发给，20%按饭店完成目标比例发给，每月扣除，半年总评，完成任务补发。

（2）部门员工按工资总额50%保底，50%浮动（按当月部门完成任务比例发给）每月扣除，半年总评，完成任务补发。

（三）超额完成任务

按超出比例×工资总额奖励，当月兑现超出部分奖金。

（四）给散客高价房提成奖励

（1）每间普标散客房价达到________元/间、豪标________元/间、套房________元/间以上部分50%奖励，其中给当班人（组）40%，部门10%，当月兑现奖金。

（2）为了便于考核，除协议单位、销售部下单散客外均计入前厅部散客任务和提成。

三、餐饮部

（一）目标考核指标

________万元/月。

（二）工资发放

（1）经理（助理）：50%保底，30%按完成部门目标比例发给，20%按饭店完成目标比例发给，每月扣除，半年总评，完成任务补发。

（2）部门员工按工资总额50%保底，50%浮动（按当月部门完成任务比例发给）每月扣除，半年总评，完成任务补发。

（三）超额完成任务

按超出比例×工资总额奖励，当月兑现超出部分奖金。

（四）成本节约奖励

以餐饮成本在财务规定的比例以下节约部分的50%作为奖励，其中给当班人（组）40%，给部门10%，当月兑现奖金。

第七章 营销危机补救

(1) 对销售目标和任务要及时进行评估，做到每天一汇报，每周一小结，每月一总结，分析原因，总结经验教训，及时找出原因并研究好对策。

(2) 建立应急机制，有不可抗拒的事件如禽流感、非典、甲型 H1N1 流感等发生时可以从容应对。加强安全卫生检查，树立“安全第一，预防为主”的安全观，在实际操作中，对送来饭店的瓜果、菜蔬禽类进行检疫测试。

(3) 建立一套稳健、公平的管理机制，明确任务，赏罚分明，以便在营销目标不理想时可以稳定员工，努力创造一流的工作平台环境。

第八章 饭店营销预算

________年，饭店营销费用预算总额：________万元。具体明细分列如下。

一、全年日常营销支出：________万元。

(一) 一季度：________万元。

1. 一月：________万元。
2. 二月：________万元。
3. 三月：________万元。

(二) 二季度：________万元。

1. 四月：________万元。
2. 五月：________万元。
3. 六月：________万元。

(三) 三季度：________万元。

1. 七月：________万元。
2. 八月：________万元。
3. 九月：________万元。

(四) 四季度：________万元。

1. 十月：________万元。
2. 十一月：________万元。
3. 十二月：________万元。

二、工资福利：________万元。

三、办公用品：________万元。

四、其他：________万元。

五、促销及广告：________万元。

六、交际费：________万元。

七、制服：________万元。

八、培训：________万元。

九、其他总费用：________万元。

第九章 评估控制

一、年度计划控制

由总经理负责，其目的是检查计划指标是否实现，通过进行营销分析、市场占有率分析、费用百分比分析、客户态度分析及其他比率的分析来衡量计划实现的质量。

二、获利性控制

由营销控制员负责，通过对产品、营销区域、目标市场、营销渠道及预定数等进行分析以加强控制，检查饭店的赢利或亏损情况。

三、战略性控制

由营销主管及饭店特派员负责，通过核对营销清单来检查饭店是否抓住最佳营销机会，检查产品、市场、营销总体情况及整体营销活动情况。

（来源：根据职业餐饮网、价值中国网等相关资料编写）